최고의 조직

리더가
지켜야 할 것과
버려야 할 것

최고의 조직

김성준 지음

포르체

들어가며

여러분의 조직은 누구와 경쟁하고 있으며, 무엇을 위해 목소리를 내고 있나요? 이는 조직의 성패를 결정짓는 중요한 문제입니다. 경쟁과 싸움은 에너지를 크게 소모하는 행위이며, 따라서 그 에너지를 어디에 쓰느냐에 따라 사업의 성패도 좌우되기 마련이기 때문입니다. 어떤 조직은 어제보다 더 나은 기술을 만들기 위해서 애쓰며, 고객을 위해 불합리한 업계 관행과 싸웁니다. 반면, 자존심과 자기 본위를 위해 주변 부서와 경쟁하고 파벌 싸움을 하는 데만 몰두하는 조직도 있지요. 어느 기업의 관리자는 "경쟁사한테 지는 것보다 바로 옆 부서한테 지는 게 더 싫습니다. 배 아파서 못 살죠. 경쟁사에 뒤처지더라도 옆 부서보다는 잘나가야 마음이 편합니다"라고 노골적으로 고백하기도 했습니다.

여러분의 조직은 문제가 터졌을 때 어떤 반응을 보이나요? 흔한 반응 중에 하나는 이 문제와 관련해서 탓할 사람을 찾기 시작하는 것입니다. 누군가 책임질 사람을 찾아내고 그 사람을 비난해야 직성이 풀리는 것이지요. 문제 자체를 해결하려고 노력하거나 재발 방지를 위한 대안을 치밀하게 고민하기보다, 그저 '나쁜 놈'을 찾아 공개 처형하는 데에만 열을 올립니다. 누군가를 비난하고 축출하는 것은 어쩌면 문제 해결에 가장 쉽고 빠른 길입니다. 기존 시스템을 변경할 필요 없이 특정 인물만 처벌하면 되니까요. 하지만 문제가 발생할 소지는 여전히 남아 있습니다. 문제를 일으키는 '나쁜 놈'은 계속해서 생겨납니다. 그러다 보면 조직은 경쟁력을 잃을 수밖에 없는데, 아이러니한 것은 마지막 순간까지도 '우리가 이렇게 된 건 저 사람 때문이야!'라며 남 탓만 한다는 겁니다.

여러분의 조직은 구성원이 도전하다가 실패했을 때 그를 어떻게 대하나요? 삼성 이건희 회장은 자신의 에세이를 통해 이런 이야기를 했습니다. "기업 경영에서 실패 경험만큼 귀중한 자산이 없다. (중략) 작은 성공으로 자만심에 빠져 더 큰 실패를 가져오는 경우를 많이 보아 왔다. 작은 성공에 만족하는 평범한 사람보다 실패를 두려워하지 않는 도전적인 인물이 조직을 살찌울 수 있다."[1] 그만큼 실패를 대하는 방식은 조직문화를 결정하는 상징적이고도 중요한 부분입니다.

어느 조직은 실패에 연연하지 말라고 독려하지만 실상은 작은 실패도 용납하지 않습니다. 작게는 인사 고과에서 최하점을 주거나, 크게는 시말서를 쓰게 하고 한직으로 발령을 내 버리기도 합니다. 그렇게까지 하지 않더라도 은근히 조롱하거나 무시하는 경우도 있지요. 반면, 어떤 조직은 실패를 학습과 원가 절감의 계기로 삼습니다. 어느 글로벌 기업의 마케팅 담당자는 이런 경험을 들려주었습니다.

"아시아 지역을 대상으로 새로운 프로모션을 기획했습니다. 만일 시장 반응이 좋으면 다른 나라와 타지역으로 확대될 예정이었습니다. 그런데 아무리 애를 써도 시장에서 반응이 없더군요. 시장이 생각처럼 움직여 주지 않는다는 걸 깨닫고, 프로젝트를 접어야겠다 싶었지요. 제 자존심을 생각하면 어떻게 해서든 끝까지 해 보거나, 최소한 보기 좋게 포장해서 윗사람들에게 보고할 수도 있었을 겁니다. 하지만 그렇게 하면 회사에 막대한 손해를 안기게 됩니다. 그래서 새로운 프로모션이 실패했음을 솔직하게 고백하고, 이를 회사에 투명하게 공유했습니다. 그러자 경영진이 격려를 해 주시더라고요. 제가 새로운 아이디어를 내고, 주도적으로 빠르게 시도한 일도 매우 좋았고, 또 비록 실패를 했지만 신속하게 그 결과를 공유해서 회사 비용을 크게 절감할 수 있었다고요. 만일 실패를 은폐했으면 다른 나라에서 똑같은 프로모션을 진행했을 텐데, 그러면 손해가 막심했을 거라고 말씀하셨습니다."

여러분의 조직은 구성원이 새로운 아이디어를 냈을 때 어떤 반응을 보이나요? 특히나 연차가 낮은 신입사원이 무언가 제안했을 때 어떤 조직은 한 귀로 흘려듣거나 대뜸 무시하며 타박을 하는 경우가 많습니다. "그거 옛날에 다 시도해본 일이야", "네가 뭘 안다고 그래?" 하면서요. 혹은 "그 사업 아이템이 실제로 시장에서 먹힐 수 있다는 탄탄한 근거부터 가져와라" 하며 발전 가능성의 싹을 잘라 버리기도 하지요.

실리콘밸리의 전설적인 엔지니어이자 애플을 공동으로 창업한 스티브 워즈니악Steve Wozniak도 비슷한 일을 겪었습니다. 그는 어릴 때부터 괴짜 천재였습니다. 이성 친구에 관심도 두지 않고, 오로지 컴퓨터 기술에만 온 정신을 쏟다가 성인이 되자 어릴 때부터 선망하던 HP에 입사를 했습니다. 낮에는 회사에서 공학용 계산기를 설계하고, 밤과 주말에는 취미로 애플 IApple I이라는 개인용 컴퓨터를 만들었습니다. 그 당시에는 기업용 컴퓨터인 메인 프레임 산업만 존재하던 시절로, 개인용 컴퓨터 산업은 상상조차 하지 못했지요. 그는 애플 I을 구상하자마자 설계도를 회사로 가져가서 HP 관리자들에게 팔자고 조릅니다. 하지만 관

리자들은 거절하지요. 그는 이후에도 무려 다섯 번이나 제안을 했지만, 모두 거절당합니다.[2]

그의 상품성을 제대로 알아본 사람은 동네에서 친하게 지내던 다섯 살 어린 스티브 잡스였습니다. 결국, 워즈니악은 HP에서 퇴사하고 잡스와 함께 애플을 차립니다. 그 결과, 애플은 다들 아시다시피 불과 몇 년 만에 엄청난 회사로 성장합니다. HP는 새로운 장르와 새로운 산업을 여는 위대한 전략이 그 조직에서 이미 싹을 틔우려 했음에도 그것을 알아보지 못하고 떡잎을 잘라 버렸던 겁니다.

한편 아마존은 HP와 사뭇 다른 모습을 보입니다. 2003년에 웹사이트 개발팀에서 근무하고 있던 벤자민 블랙Benjamin Black은 한 가지 아이디어를 떠올립니다. 쇼핑몰 회사인 아마존은 전 세계에서 동시에 수십만 명이 웹사이트에 접속해도 안정적으로 운영하는 전문성을 갖고 있었습니다. 어느 날, 블랙은 '우리 노하우를 다른 기업들도 원하지 않을까?'라는 생각이 들었습니다. 그리고는 그들이 갖고 있는 서버 운영 능력을 제공하는 사업을 구상해 상사인 크리스 핑크햄Chris Pinkham에게 제안합니다. 핑크햄은 어떤 반응을 보였을까요? 그는 너무 좋은 생각이라면서 둘이 함께 논의해 가다듬자고 격려했습니다. 그들은 그 사업 구상을 A4용지 몇 장으로 정리해서 아마존 창업자이자 경영자인 제프 베조스Jeff Bezos에게 가져갑니다. 베조스의 반응은 어땠을까요? "그는 그 아이디어를 매우 좋아했습니다He liked a lot of it"라고 블랙은 회상했습니다.[3] 그렇게 클라우드 컴퓨팅 서비스를 제공하는 AWSAmazon Web Services가 탄생했습니다. 현재 아마존 영업 이익의 60~70%를 차지하는 효자 사업입니다.

　HP는 구성원의 아이디어를 단칼에 무시한 반면, 아마존은 어떻게 해서든 그 구상을 발전시키려 했습니다. 이것은 각 기업 관리자의 관점과 영민함의 차이였을까요? 그보다는 조직문화가 미친 영향이 더 컸을 것입니다. HP는 기업용 컴퓨터, 즉 메인 프레임 산업에만 시선이 고정되어 있었습니다. 그들의 눈에 개인용 컴퓨터는 하찮은 기술에 불과했고, 이익도 별로 크지 않은 장난감 수준이었지요. 기존에 종사하던 산업이 최고이고 그것만이 중요하다는 인식, 즉 심리적 감옥에 갇혀 있었기에 워즈니악이 제안한 아이디어의 잠재력을 제대로 알아보지 못한 겁니다. 반면 아마존에는 'Day 1 정신(첫날 정신)'이라는 핵심 철학이 명시적으로 존재하고, 또 실제로 이를 지키려 하는 문화를 가지고 있습니다. '구성원이 제시한 아이디어가 아마존의 첫날과도 같은 모습일 수 있다', '그 아이디어가 수년 후에 엄청난 산업이 될 수 있다'는 믿음으로 구성원이 제안한 아이디어를 적극 반영하려고 합니다. 아마존에 근무하던 어느 한국인은 이렇게 말하기도 했습니다. "아마존은 Day 1 정신이 강하기 때문에 어떻게 해서든 구성원들의 아이디어를 실행하려고 합니다. 그래서 망한 사업도 적지 않아요. 그런데 벤처 투자자들이 보통 그런 이야기를 하잖아요. '10개를 투자했는데 9개가 망하더라도 남은 1개가 그 손실을 충분히 상쇄하고도 이익이 남는다'고요."

많은 CEO와 경영자가 조직문화를 고민합니다. 문화를 바꿔보려고 고심을 하지만, 무엇을 어떻게 해야 하는지 알지 못해서 답답해합니다. 그래서 이 책에서는 수많은 CEO와 경영자들에게 앞으로 나아가야 할 조직문화에 대해 차근차근 가이드를 제공하고자 합니다.

1부에서는 조직문화의 기본적인 개념부터 살펴봅니다. 세간에 여러 오해가 많습니다. 조직문화는 복지에 불과하다든가, 단순히 잘해주면 그만이라든가, 생일 파티 같은 이벤트를 해 주면 성과가 높아진다든가 하는 믿음을 가진 경우가 많지요. 이것이 왜 편견이자 오해인지를 하나하나 짚어 보려고 합니다. 또한 조직문화가 어떤 과정을 거쳐 형성되는지도 고찰해 보겠습니다. 조직문화에 대한 불만과 고민이 많으셨던 경영자라면 문화 현상이 어떻게 만들어지는지 주의 깊게 들여다보시길 바랍니다. 원인을 제대로 볼 수 있어야 어떻게 바꿀 수 있는지도 정확히 처방할 수 있습니다.

2부에서는 앞으로 젊은 밀레니얼과 소통하는 조직문화를 만들기 위해 경영자가 갖춰야 할 관점, 태도, 행동을 사례를 통해 살펴보겠습니다. 밀레니얼의 등장은 이전에 회사를 성장시키기 위해 갖췄던 문화와는 다른 새로운 조직문화의 등장을 필요로 하고 있습니다. 그렇다고 기존의 글로벌 기업 문화를 무조건 답습하는 것만이 정답은 아닙니다. 새로운 변화와 상황에 맞추어 주체성을 가지고 비판적인 관점에서도 볼 수 있어야 합니다. 그러자면 우리 조직에 좋고 나쁜 문화를 어떻게 가늠할 수 있을지도 알아야겠지요. 또한 바람직한 문화, 좋고 나쁜 문화를 가늠하며 조직문화를 바꾸어 간 거인들도 살펴보겠습니다. 양 문화를 질 문화로 바꾼 삼성 이건희 회장, 고객 중심 문화를 뿌리내린 구자경 회장, 회사의 영혼을 찾아서 강화한 마이크로소프트 사티아 나델라Satya Nadella 등의 사례로부터 시사점을 모색합니다.

3부에서는 좋은 조직문화를 향한 구체적인 실천 방향을 탐구합니다. 밀레니얼과 공존하며 공감 가능한 가치를 추구하는 바람직한 조직문화로 변화하려면 '무엇what'을 바꾸고, 무엇을 지켜야 하는가를 살펴보고자 합니다. 많은 기업이 자신의 강점보다는 오히려 잘못하거나 잘 안 되는 현상에 집중하곤 합니다. 리더는 조직을 균형 있게 관조해야 합니다. 두 번째로 '누가who' 바꿔야 하는가, 즉 문화 변화의 주체를 생각해 봅니다. 마지막으로 '어떤 과정how'을 거쳐서 바꿀 수 있는지 고찰합니다. 특히, 경영자가 문화 창조자로서 직접 수행해 나갈 때 고려해야 할 점을 짚어보겠습니다.

저는 오랫동안 기업 현장에서 연구자처럼 살아왔습니다. 수많은 데이터를 분석하면서 탁월한 성과를 거두는 이들에게서 나타나는 두드러진 특성 하나를 발견할 수 있었습니다. 그것은 바로 '자신의 성과 수준을 끊임없이 의심한다'는 점이었습니다. 그들은 계속해서 자신에게 질문합니다. '이게 최선인가?', '과연 이런 방법밖에 없을까?', '이 분야 구루가 이 직무를 맡는다면 어떻게 바꿔 놓을까?' 저 너머에 있을지 모르는, 질적으로 다른 차원을 보려고 항상 조바심을 냅니다. 이 점을 알게 된 이후로 저도 스스로에게 끊임없이 자문해 왔습니다. '이게 과연 최선인가? 저 너머에 더 넓고 더 심오한 차원이 있지는 않은가?' 이 책을 집필하면서도 제 영혼을 계속해서 자극하고 괴롭힌 질문이었습니다.

많이 부족하지만, 지금부터 새로운 세대와 함께 새로운 미래를 만들어갈 경영자 여러분을 제가 바라본 세상 속으로 초대합니다.

2부
소통하는 리더가 최고의 조직을 만든다

3부
최고의 조직을 만드는 질문

1. What: 조직문화, 무엇을 고쳐야 할까?

2. Who: 조직문화, 누가 바꿔야 할까?

3. How: 조직문화, 어떻게 바꿀 수 있을까?

1부

지금까지의
조직은
잊어라

1 조직과 문화가 결합된 시대

조직문화는 왜 중요할까?

"조직문화가 왜 중요한가요?" 많은 리더들이 한 번쯤 떠올리는 질문입니다. "도대체 조직문화란 무엇인가요?" 아예 명확한 개념부터 알고자 하는 이들도 있습니다. 여러 학자들이 조직문화를 정의하려 했지만, 다양한 사람이 공감하는 만족스러운 정의는 없습니다. 그래서 어느 학자는 조직문화를 '불가사의', '미스터리 같은 수수께끼'라고 표현합니다.[4] 여러 정의를 살펴보면 머리가 지끈하게 아프니, 이 개념을 좀 더 풀어보고자 합니다.

먼저 조직문화라는 단어에 주목해 보겠습니다. '조직'과 '문화', 추상적 개념이 연달아 붙어 있습니다. 개념어로 조합된 단어는 머리를 복잡하게만 합니다. 그러니 우선 조직문화에서 '조직'을 떼어 보겠습니다. 이제 '문화'라는 단어가 남습니다. 문화 연구자마다 관점이 다르지만, 협소하게 문화를 정의하자면 '다양한 사람들이 함께 살아가는 방식'이라고 할 수 있습니다.[5]

어느 개념 또는 어느 현상이 왜 필요한지 살펴보려면 역으로 그 현상이 없으면 어떻게 되는가를 돌아볼 필요가 있습니다. 예를 들면, '우리 조직에 전략이 없으면 어떻게 되는가?', '영업이 없으면 어떻게 되는가?', '관리자 직급을 없애면 어떻게 되는가?'라고 자문하는 방식입니다. 문화 현상도 그리 해 봅시다. 우리 사회에 문화가 없으면 어떻게 될까요?

비근한 예시로, 매일 출근길에 이용하는 지하철 에스컬레이터를 보겠습니다. 오른쪽에는 천천히 여유 있게 가려는 사람들이 서 있습니다. 반면, 왼쪽에는 빨리 올라가려는 이들이 부리나케 발을 움직여 이동합니다. 이와 같은 암묵적인 질서는 국가에서 법으로 정하지도 않았고, 권위자가 명령을 내린 것도 아닙니다. 하지만 우리는 에스컬레이터를 이용할 때면 그렇게 해야 한다는 것을 알고 있습니다. 이와 같은 암묵적인 행동 양식이 없으면, 즉 문화가 없으면 세상은 온통 혼란 그 자체가 될 것입니다. 이처럼 문화는 서로 다른 욕망을 가진 인간들이 함께 어울려서 살 수 있도록 해 주는 '정신적 소프트웨어'입니다.

다음으로 '조직'에 주목해 보겠습니다. 이 단어는 '문화'의 뒤가 아니라 앞에 붙어 있습니다. '문화'라는 광범위한 현상을 '조직'이라는 단어로 제한하는 셈입니다. 조직문화를 이해하려면 조직이 무엇인지를 알아야겠지요.

조직은 가족이나 동네와는 달리, 자연적으로 발생한 집단은 아닙니다. 지극히 인위적인 집합체로, 특수한 목표를 달성하기 위해 만들어진 개체라고 볼 수 있지요. 한 사람만의 힘으로는 그 목표를 달성할 수 없기에 여럿이 함께 모였습니다. 성별과 학력도 다르고, 나이와 성격도 천차만별입니다. 더구나 서로 추구하는 가치관도 확연히 다른 사람들입니다. 이들이 한 장소에 모인 조직에 '문화'라는 현상이 없다면 어떻게 될까요? 구성원들이 특정한 방식으로 교류하지 못한다면, 그야말로 이합집산離合集散 오합지졸烏合之卒이 따로 없을 것입니다. 애초에 그 조직이 의도한 목표조차 달성할 수 없겠지요. 조직문화는 조직의 목표를 달성하도록 돕기 위해 탄생한 산물입니다.

책상 위에 있는 컴퓨터를 한번 볼까요? 중앙처리장치는 인텔이나 AMD, 그래픽 카드는 지포스나 라데온, 메모리는 삼성전자나 SK하이닉스, 그 외에도 무수히 많은 부품이 있습니다. 이들이 하나의 집단을 이루어 케이스에 담겼습니다. 케이블을 연결해서 전원을 켜면 화면은 켜지겠지만, 우리가 목표하는 작업은 수행할 수 없습니다. 인터넷 쇼핑을 할 수도, 문서를 만들 수도, 동영상을 볼 수도 없습니다. 다양한 부품들이 서로 조화롭게 상호작용하게 만드는 운영체제가 있어야만 비로소 그 존재 목표를 이룰 수 있습니다.

그런데 어떤 운영체제는 목표를 달성하는 데 매우 효율적으로 만들어져 있습니다. 이를테면 애플이 만든 운영체제는 군더더기 없이 깔끔합니다. 다양한 응용 프로그램을 동시에 실행해도 리소스를 유연하게 할당하면서 서로 충돌이 일어나지 않게 조율해 줍니다. 반면, 컴퓨터를 움직이기는 하나 비효율적인 운영체제도 있습니다. 마이크로소프트가 1995년에 출시한 윈도우 95가 대표적입니다. 컴퓨터 부팅 과정에서 에러가 나고, 응용 프로그램 간에 충돌이 일어나서 블루 스크린(에러 알림 화면)이 뜨곤 했습니다.

조직도 마찬가지입니다. 어떤 조직의 문화는 목표를 달성하는 측면에서 매우 효율적이고 효과적으로 형성되어 있습니다. 다양한 기능이 조화롭게 상호작용하며, 부서 간에 이해 충돌이 일어나도 빠르게 정리하고 협업합니다. 때로는 조직의 목표 달성을 위해 다른 부서에 자원을 양보하고 희생하기도 하지요. 물론 반대로 목표 달성에 비효율적인 문화를 가진 조직도 있습니다. 이는 군더더기 코드가 덕지덕지 붙어 있는 컴퓨터 운영체제와 같습니다. 부서 간에 심각한 이해 충돌이 벌어지고, 서로 책임을 회피합니다. 위기가 닥쳐도 옴짝달싹하지 않습니다. 얼마간은 그 조직이 생존해 있겠지만, 시나브로 경쟁력을 잃고 시장에서 사라질 가능성이 높습니다. 이것이 각각의 조직이 가지고 있는 문화, 즉 암묵적인 행동 양식에 따른 결과입니다.

미국 실리콘밸리의 전설적인 창업자 데이비드 패커드David Packard의 견해를 잠시 빌려오겠습니다. 그는 휴렛팩커드

Hewlet-Packard를 창업한 초기에 이런저런 투자자를 만나고 다녔습니다. 회사 규모가 조금씩 커지자, 드디어 거대 은행 중 하나인 웰스 파고Wells Fargo에 손을 내밀 수 있게 되었습니다. 웰스 파고는 연륜 많은 은행원을 보내서 데이비드 패커드를 만나게 합니다. 그날 오후 내내 패커드는 그에게 다양한 조언을 듣는데, 그중에서도 이 말이 가장 기억에 남았다고 합니다. "많은 기업이 굶주림보다는 소화불량으로 죽는다More businesses die from indigestion than starvation"고 말입니다.[6] 굶주림, 즉 돈줄이 말라서 죽기보다는 소화불량, 즉 내부에서 발생한 군더더기와 비효율로 인해 망하게 된다는 말입니다. 패커드는 그로부터 수십 년 동안 그 말이 옳다는 걸 확인할 수 있었다고 밝혔습니다.

여러분의 조직문화는 지금 어떤 상태인가요?

분위기가 좋은 조직은 성과도 좋을까?

어느 날, 한 CEO가 신랄한 어조로 이렇게 말했습니다.

> "제가 보기엔 조직문화는 성과와 전혀 관련이 없습니다. 많은 미디어에서 구글이나 페이스북처럼 회사가 즐겁고 신나는 분위기를 만들어 줘야 한다고 강조합니다. 업무

시간에 탁구나 다트 게임도 하고, 해먹에서 잠도 자고, 시원한 맥주도 마실 수 있는 분위기를 만들어야 한다고 말이죠. 그러면 구성원들이 몰입하고, 곧 조직 성과가 좋아진다고 합니다. 그런데 저는 그게 말이 안 된다고 생각합니다. 성과가 좋기 때문에 회사가 쓸 돈이 많아 그런 좋은 여건을 제공해 줄 수 있는 것이죠. 회사가 돈을 못 벌면 그럴 여유도 없어요. 좋은 조직문화를 만든다고 해서 성과가 높아지는 게 아니라, 돈을 많이 벌기 때문에 조직문화를 좋게 만들 수 있는 게 아니겠습니까?"

이처럼 '좋은 조직문화는 성과와 아무런 관련 없다'고 주장하는 분들에게는 두 가지 공통점이 있습니다.

첫째, 무엇이 좋은 조직문화인지를 구분하지 않습니다. 이들은 조직문화를 단지 임직원에게 제공하는 복지나 복리후생이라고 간주합니다. 또는 무조건 즐겁고 신나고 자유로운 분위기를 만드는 것으로 생각합니다. 좀 더 고차원적으로 말하자면, '인간다운 삶'을 보장하는 측면의 문화만을 생각하는 거지요. 그렇기 때문에 조직문화가 성과를 내는 동력이 아니라, 역으로 회사가 돈을 벌었기에 제공해 줄 수 있는 결과물로만 보이는 것입니다.

그런데 '좋은 조직문화'란 무엇에 좋다는 의미일까요? '좋은'이라는 형용사 앞에 생략된 단어는 무엇일까요? 조직문화란 애초에 조직의 목표를 달성하기 위해 탄생한 것입니다. 이제 막 시작한 새로운 조직의 예를 살펴보겠습니다. 대기업에서 개발자로 일하던 홍길동은 창업을 고민합니다. 아내가 매일 가계부를 수기로 작성하는 모습을 보고, 모바일 애플리케이션을 만들면 좋겠다는 아이디어를 떠올리지요. 그는 반대하는 아내를 여러 번 설득하여 본격적으로 창업의 길에 들어섭니다. 홍길동은 안드로이드 프로그래밍에는 자신이 있었지만, 앱을 기획하고 애플리케이션을 편하게 사용하도록 하는 일은 역부족이었습니다. 그래서 기획자와 UX/UIuser experience and user interface 디자이너를 물색합니다. "모바일 가계부를 만드는 게 목표다, 각 사용자의 수입 및 지출 빅데이터로 여러 분석을 할 수 있다, 그리고 다양한 금융 상품을 연계할 수 있다"는 포부를 내세웠지요. 그렇게 천신만고 끝에 기획자와 디자이너를 모았고, 3명이 공동으로 ABC사를 창업했습니다.

이들은 어떻게 일했을까요? 일을 시작하려면 목표부터 세워야겠지요. 그들은 5개월 안에 초기 버전 어플을 만들어 구글 플레이 스토어에 공개하자는 목표를 세웠습니다. 이제 이들은 정해진 시간 안에 애플리케이션을 구현하기 위해 최선을 다해야 합니다. 공동 작업이기에 일단 무의식적으로 서로의 스타일을 탐색하게 됩니다. 각자의 장단점, 싫어하는 태도와 행동을 파악하게 되지요. 이 과정에서 각자 일하는 합을 맞춰 가는 것입니다. 목표 달성에 도움이 되었던 방식은 지속하고, 삐걱거리게 만드는 방식은 버립니다. 이렇게 최초의 조직문화가 생깁니다. 그런데 몇 주간 일하다가 그만 불협화음이 발생하고 맙니다. 그러자 저녁에 맥주를 마시면서 의식적으로 일하는 방식을 수정하기로 합니다. "지금까지 이렇게 해 왔지만, 서로 잘 맞지 않으니 앞으론 이렇게 해 보자"라고 말입니다.

이렇게 그들 나름대로 목표를 효율적으로 달성하기 위해 형성한 공동 규약이 바로 조직문화입니다. 컴퓨터 시스템을 움직이는 운영체제 같은 느낌이 들지요? 그래서 문화 연구자 헤이르트 호프스테더Geert Hofstede는 문화를 '멘탈 프로그램', '정신 소프트웨어'라고 불렀습니다.[7] ABC사의 정신 소프트웨어가 목표 달성에 효율적으로 형성되어 있다면 그들의 목표를 달성하는 데 기여할 것입니다. 그러나 효율적이지 못하다면 오히려 뒷걸음질치게 만들 수도 있습니다.

둘째, 조직문화와 성과는 관련이 없다고 믿는 분들은 대개 목표 달성performance과 실질 성과results를 구분하지 못하는 경향이 있습니다. 어느 스타트업 대표는 이렇게 말하기도 했습니다. "대기업이라면 조직문화와 성과가 관련이 있겠죠. 조직문화가 핵심 역량이라고 하니까. 그러나 스타트업은 그렇지 않습니다. 조직문화가 최악이어도 투자를 엄청나게 잘 받는 회사도 있고, 문화가 좋아도 투자 받는 일에 어려움을 겪는 경우도 왕왕 있습니다. XYZ사를 보세요, 그렇게 조직문화가 안 좋다고 암암리에 소문이 났는데도 잘 나가잖아요!"

앞서 홍길동이 만든 조직을 생각해 볼까요? 이들은 서로 협업하는 효율적인 방식 덕분에, 초기 목표를 1개월이나 앞당겨 불과 4개월 만에 가계부 애플리케이션을 만들었습니다. 조직문화가 수행 목표 달성에 크게 기여한 셈입니다. 그런데 그 수행이 실질적인 결과로 이어지느냐는 전혀 다른 차원의 문제입니다. 즉 그 애플리케이션을 통해 많은 투자를 받거나 커다란 매출로 이어지는 일과는 다릅니다. '내부 수행 목표 달성'부터 '실질 성과'에 이르는 과정 사이에는 수많은 외부 요인들이 존재하기 때문입니다. 초기 버전이 허술하더라도 어느 유명 연예인이 자발적으로 사용하는 장면이 방송에 나와서 다운로드 수가 폭증할수도 있습니다. 반대로 애플리케이션 완성도는 좋지만 투자자들에게 주목을 받지 못해 자금을 끌어오기가 힘들 수 있습니다.

대기업은 수행 목표 달성부터 실질 성과 사이의 외부 변수마저도 일정 부분 통제할 수 있는 힘이 있습니다. 이들에게는 우수한 인재가 몰려 있을 뿐만 아니라 정계, 관계, 재계에서 쌓아온 다양한 인맥을 동원할 수도 있기 때문이지요. 또한 사회적으로 신뢰를 많이 쌓아 왔기 때문에 투자자들의 이목을 쉽게 이끌 수도 있습니다. 대기업에서는 수행 목표 달성과 실질 성과 사이의 외부 변수를 통제하려는 특성마저도 조직문화에 스며들어 있습니다.

착취당하거나 혹은 한량이 되거나

앞서 짚은 대로, 조직문화는 애당초 목표를 달성하고 성과를 내기 위해 형성된 정신적 소프트웨어입니다. 당연하게도 조직문화는 목표 달성에 효과적일 때 비로소 '좋은 조직문화'라 평할 수 있는 조건을 갖출 수 있습니다. 그와 동시에 인류 보편적 가치에 부합하는 인간다운 삶을 보장하는 양식일 때 역시 '좋은 조직문화'라고 할 수 있습니다. 이를 다음과 같은 프레임워크로 생각해 보겠습니다.

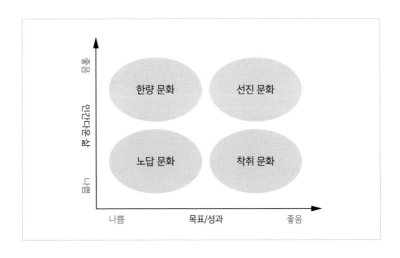

x축은 목표 및 성과 달성에 좋거나 나쁜 조직문화입니다. y축은 인간다운 삶에 좋거나 나쁜 조직문화입니다. 인간다운 삶이란 인간으로서 존엄을 지키고 자유의지를 발휘할 수 있는 삶을

의미합니다. 자발적으로 밤 늦게까지 야근하더라도 그 과정에서 성장과 보람을 느낄 수 있다면, 또한 어려운 책임을 맡고 있지만 자신의 의견과 생각을 자유로이 표출하고 실현할 수 있다면, 그 역시 인간다운 삶이라 할 수 있을 겁니다. 반면 8시간 근무 후 정시 퇴근을 할 수는 있지만 상사가 인격 모독을 일삼고 동료끼리 협잡하는 직장은 인간다운 삶을 보장하는 곳이라고 하기 어렵겠지요. 이제 각 유형을 살펴보겠습니다.

선진 문화

목표를 효과적으로 달성하면서, 그와 동시에 인간다운 삶을 보장하는 문화입니다. 우리가 미디어를 통해서 익히 접하는 글로벌 기업들이 이 유형에 든다고 볼 수 있겠지요. 그런데 미디어에서는 이들의 '인간다운 삶'만을 조명하는 경향이 있습니다. 즐겁고 신나고 자유로운 분위기만 집중적으로 묘사하며 그 저변에 흐르는 목표 달성에 최적화된 문화, 또는 일하는 방식을 복호화decoding하지는 않습니다. 그 기업의 여러 부서에서 직접 일해 보거나 오랜 시간 상주하면서 관찰하고 탐구해야만 알 수 있는 부분이기 때문입니다. 미디어가 탐사 보도를 하기에는 시간도 오래 걸릴 뿐더러, 경쟁 우위 원천이라 해당 기업이 꺼릴 터입니다. 그러다 보니 일부 면모만 접한 대중들은 '좋은 조직문화'에 대해서 오해하기도 합니다. 단지 즐겁고 신나고 자유로운 직장이 좋은 조직문화를 가진 것이라고 말이지요.

착취 문화

2016년 중국의 〈환구시보〉에서는 기괴한 장면을 취재합니다. 지린성 바이산시의 어느 쇼핑몰 앞에서 정장을 입은 회사원들이 더러운 땅바닥을 기어다니는 모습이 포착된 것입니다. 그 앞에서는 관리자로 보이는 사람이 화내면서 명령을 내리고 있었습니다. 확인을 해 보니, 특정 부서가 매출 목표를 달성하지 못했다는 이유로 그와 같은 처벌을 내린 것이었습니다. 성과 달성을 위해서 인간의 존엄을 파괴한 사례입니다. 전형적인 착취 문화라 할 수 있습니다.

과거 우리나라에서도 성과를 위해 구성원을 착취하다가 외부에 밝혀지며 사회적 지탄을 받았던 사례들이 있었습니다. 생산량을 늘리기 위해 비인간적으로 엄격하게 시간을 통제하고 강제로 야근하게 하며, 영업 매출을 높이기 위해 영업사원을 무자비하게 압박하는 행위를 했습니다. 이것은 극단적으로 목표 달성과 성과 창출에만 경도된 조직문화입니다. 그러나 우리 사회의 보편적인 가치는 점점 '인간다운 삶'을 보장하는 방향으로 나아가고 있습니다. 앞으로 착취 문화와 같은 유형은 조금 줄어들지 않을까 기대해 봅니다.

한량 문화

인간다운 삶을 사는 데는 좋지만, 목표 달성과 성과 창출에는 좋지 못한 문화입니다. 세계 여러 나라에서 극히 일부의 공무원 조직에서 나타나는 현상일 듯합니다. 처음에 저는 '낭만 문화'라고 명명하였습니다만, 조직문화를 함께 학습하고 연구하는 동료들이 '한량 문화'가 더 와 닿는다고 제안해 줬습니다. 어떤 분들은 '띵까띵까 문화', '베짱이 문화'라는 이름을 붙여 주기도 했습니다.

모 국가 기관에 가서 네 가지 문화 유형을 말씀드리자 책임자급 두 분이 "야, 우리는 한량 문화야, 한량 문화"라고 소곤거리더니 서로 얼굴을 마주보며 웃더군요. 물론, 오늘날 모든 국가 기관이 이렇지는 않습니다.

노답 문화

동료 연구자들이 이구동성으로 '답이 없다, 그래서 노답이다'라는 의미로 이름을 붙여 주었습니다. 업무적으로도 아무런 보람을 느낄 수 없을 뿐더러, 인간다운 삶을 살기도 어렵기 때문에 탈출 러시가 벌어질 문화입니다.

한 기업의 밀레니얼 구성원들에게 소속사가 어느 유형에 가까운지 평가해 보도록 했습니다. 프로젝터 화면에 x축과 y축으로 이루어진 2 X 2 매트릭스를 띄워 놓고, 각기 앞으로 나와서 자신이 생각하는 분면에 스티커를 붙여 달라고 했습니다. 그랬더니 우르르 몰려 나와서 모두 '노답 문화'에 붙이는 게 아니겠습니까. 깜짝 놀라서 그 이유를 물었더니, 이구동성으로 "일하면서 한번도 보람을 느낀 적이 없습니다. 회사에서 시키는 일이 도대체 어떤 의미가 있는지 잘 모르겠습니다", "매일 위에서는 성과를 내라고 쫍니다. 그런데 성과를 낼 수 있는 환경을 만들어 주지 않습니다", "의사결정 과정을 이해할 수가 없습니다. 도대체 어떤 기준으로 그런 결정을 내리는지 모르겠습니다", "우리 회사는 사람을 귀하게 여기지 않는 것 같습니다. 나갈 사람은 나가라고, 시장에 사람은 널리고 널렸으니 얼마든지 또 뽑으면 된다는 말을 경영진들이 암암리에 하곤 합니다"라고 말했습니다. 이들의 얼굴에는 무력감, 실망감이 가득했습니다.

여러분의 조직은 어떤 유형에 가깝나요? 한 가지만 기억해주시기 바랍니다. 조직문화는 무엇보다도 조직의 목표 달성을 위한 정신 프로그램이라는 점을 말입니다.

행복한 직장에 대한 어떤 오해

목표 달성에 좋은 문화와 인간다운 삶을 보장하는 문화, 두 축 중에서 저는 무엇보다 전자를 건설적인 관점으로 살펴봐야 한다고 주장합니다. 목표 달성과 생존에 효과적인 문화인지를 먼저 집중적으로 들여다봐야 한다는 것이지요. 그 이유는 무엇일까요? 조직은 무엇보다 생존이 중요하고, 성과를 내야 임직원에게 월급을 줄 수 있다는 논리는 너무 당연하니 굳이 강조하지 않겠습니다. 그 외에 또 다른 학문적인 이유가 있습니다.

하버드 경영대학원 테레사 에머빌Terresa Amabile은 창의성 분야에서 권위자로 불립니다. 전 세계 학자들이 '창의성 연구자'로 가장 먼저 그녀를 손에 꼽습니다. 어느 날 그녀는 '직장인이 언제 창의성을 발휘할지' 궁금해졌습니다.[8] 그래서 여러 산업에 종사하는 직장인 238명을 모집해서 그들에게 매일 일기를 써 달라고 요청했습니다. 그날 무슨 일을 겪었는지, 어떤 생각을 했는지, 어떤 감정을 느꼈는지에 대해서 말이지요. 그렇게 해서 총 1만 2,000여 건의 일기를 확보했습니다. 에머빌은 연구팀과 함께 그 일기 내용을 하나씩 분해해 나갑니다. 그런데 어느새 그녀의 눈에서 '창의성'이라는 화두는 사라지고, 두드러진 패턴 하나를 발견합니다. 그것은 바로 '직장인은 언제 행복한가'였습니다.

직장인은 언제 행복할까요? 여러 조직에서 이런 질문을 드리면 어떤 구성원은 웃으면서 이렇게 말합니다. "통장에 월급 찍힐 때"라고요. 그런데 월급은 직장인에게 너무 당연한 것입니다. 월급을 받기 위해 자신의 소중한 시간을 회사에 제공하고 있는 거니까요.

에머빌이 발견한 사실은 이렇습니다. 직장인은 언제 행복을 느끼는가, 바로 자기 업무에서 한 발 전진했다는 자각이 들 때였습니다. 에머빌은 이를 '전진의 법칙'이라 명명했습니다. 그녀가 소개한 몇 가지 일기 중 일부를 여기에 인용하겠습니다.

> "오늘, 우리 팀 전체가 다시 한번 진짜 팀이 된 것처럼 일했다. 정말 기분이 좋았다. (중략) 사무실에서 15시간이나 일했지만 이런 최고의 날을 보낸 것은 몇 달 만에 처음이다!"[9]

그간 우리는 행복한 직장에 대해서 오해하고 있었던 것은 아닐까요? 구성원을 즐겁게 해서 성과를 내기 위해 다양한 사내 이벤트를 의무화한 사례가 많습니다. 무비데이, 패밀리데이, 칭찬 릴레이, 생일 파티 등을 진행하고 심지어는 주말에 운동회를 하거나 등산을 하기도 하지요.

그런데 테레사 에머빌의 연구 결과는 전혀 다르게 나타난 겁니다. 직장인들은 부가적인 이벤트보다는 자신의 일에서 진정한 행복과 즐거움을 느끼고 있었습니다.

물론 해당 연구는 미국에서 수행된 것이기 때문에 우리나라 직장인들은 다를 거라는 반론을 제기하는 분들도 있을 겁니다. 저도 개인적으로 우리나라 사람들을 대상으로 연구를 진행하고 싶었으나, 에머빌처럼 일기를 요청하고 분석하기는 어려웠기 때문에 단도직입적으로 물었습니다. "당신은 직장에서 언제 행복을 느끼십니까?" 직장인 6,000여 명을 대상으로 설문한 결과를 분석해 보면, 가장 많이 나오는 대답은 다음과 같습니다.

- 성장할 수 있는 과제를 부여받았을 때
- 과제에 대한 방향성을 함께 고민할 때
- 업무를 추진하는 과정에서 적절히 가이드를 받을 때
- 장애가 발생하면 모두 함께 적극적으로 해결하고자 노력할 때
- 어려운 문제를 해결해 나가는 과정에 응원을 받을 때
- 업무 목표를 달성할 수 있도록 격려하고 도전 의식을 고취할 때
- 무슨 일이든 함께 적극적으로 추진할 때

반대 질문도 던져봤습니다. "직장에서 언제 불행을 느낍니까?" 이 결과를 요약하면 이렇습니다. 우리나라 직장인은 자기 업무가 알 수 없는 절차로 무너져 내리거나, 불합리하고 불공정한 의사 결정을 기준으로 허물어질 때 극도의 불행을 느낀다고 고백했습니다.

- 업무 방향성이 불명확할 때
- 조직과 나의 R&R(역할과 책임)이 혼란스러울 때
- 과제가 진척되지 않거나 목적이 불분명할 때
- 지나치게 단기 목표 달성에만 목을 맬 때
- 노력과 성과를 인정받지 못하고 감정적인 피드백만 받을 때

테레사 애머빌의 연구와 제가 직장인 6,000명을 대상으로 질문해서 분석한 결과가 비슷한 셈입니다. 직장인들은 일을 수행하는 데 있어 조직문화가 방해된다고 여겨질 때 좌절감을 느끼고, 반대로 업무가 잘 이루어지는 문화 속에서는 기운을 받아 몰입할 수 있다는 것입니다. 대표적으로 서로 다른 회사를 다니는 MZ세대 직장인 두 명의 상반된 이야기를 들어볼까요? A는 제게 이렇게 말했습니다. "아침에 회사 나가는 게 재밌습니다. 일 자체가 재밌기도 하고, 무엇보다 상사나 팀원들이 많이 도와주고 격려해 주거든요. 일이 착착 진행되고 목표를 이루는 맛이 있다고나 할까요." 반면 B는 어두운 낯빛으로 이런 이야기를 했습니다. "회사 가기 너무 싫어요. 한때는 일을 제대로 해보려고 했죠. 하지만 그래 봤자 뭐하나요. 의사 결정 속도는 굼벵이처럼 더디죠. 그나마도 제대로 결정이 되면 꾹 참고 일하겠지만, 중간 보고 과정에서 일이 틀어지는 경우가 비일비재해요. 그때 무력감이 오더라고요. 참 비참하죠."

CEO들은 '출근하고 싶은 직장'을 만들고 싶어 합니다. 그러자면 무엇보다 구성원들이 자신의 업무를 제대로 진척시킬 수 있는 환경을 조성해야 합니다. 일을 수행하고 목표를 달성하는 측면에서 효과적인 문화를 만들어야 합니다. 그리하면 구성원들이 심연에서 솟아오르는 본연의 행복과 즐거움을 느낄 가능성도 그만큼 커질 것입니다.

2 조직은 문화가 좌우한다

유쾌한 과장이 회의실에서는 입을 다무는 이유

한 사회가 만들어 낸 산물은 눈으로 보고 손으로 만질 수 있습니다. 그러나 그것을 잉태하는 근원은 보이지도 만져지지도 않습니다.

2019년에 넷플릭스에서 방영된 한국 드라마 〈킹덤〉은 전 세계적으로 반향을 일으켰습니다. 이때 외국인들이 다양한 우리나라 전통 모자에 주목하고 매력을 느꼈다고 합니다. 조선시대는 신분, 장소, 상황에 따라 각기 다른 모자를 썼습니다. 사대부가 집에 있을 때는 정자관을 썼고, 양반이 외출할 때는 '갓'이라 불리던 흑립을 썼으며, 관료로서 나랏일을 볼 때는 사모를 썼습니다. 일반 백성이 쓰는 모자는 패랭이라고 불렸습니다.

조선의 다양한 모자 중에서도 갓이 갖는 의미는 특별합니다.

조선 후기의 속담에서는 양반을 비유적으로 '흑립자'(黑笠子: 흑립을 쓴 사람)라 칭하곤 했습니다. 즉 검은 갓이야말로 양반을 대표하는 물건이었던 것입니다. 선비는 손님을 맞이할 때는 물론이고 심지어는 혼자 있을 때마저 갓을 단정하게 착용해야 했습니다.[10] 그런데 갓은 상당히 불편하고 비효율적입니다. 갓은 보통 말의 꼬리털을 꼬아서 만드는데, 일상 생활에서 망가지기도 쉽고 물에 닿거나 비를 맞으면 금방 해졌습니다. 또한 갓 자체가 가벼웠기 때문에 머리에 쓸 때는 갓끈으로 고정시켜야만 했습니다. 그래서 연암 박지원은 갓끈이 실용적이지 못하다고 은근빗대어 말하기도 했습니다. 그럼에도 조상들이 모자를 즐겨 썼던 이유는 무엇일까요?

조선이라는 나라에 내재되어 있던 지배적인 논리가 그와 같은 복식을 탄생시켰습니다. 조선의 지배적인 혼은 '유교'였습니다. 유교는 수기치인修己治人, 즉 자기 자신의 수양을 통해서 천하를 이상적으로 다스리는 일을 목표로 하는 학문입니다. 야만스러운 풍속을 정리하고 세상 만물에 질서를 부여하려 했지요. 그러다 보니 사회학자 피에르 부르디외Pierre Bourdieu가 말한 의도적인 구별짓기가 특징이었습니다.[11] 장유유서, 남녀유별, 조상숭배 사상에 더해 사농공상士農工商이라는 사회적 신분 구별이 더욱 확고해졌습니다. 인간에게는 귀천이 구별되어 있으며 선비, 농민, 공장, 상인, 그리고 천민으로 이루어졌다고 믿었습니다. 사회의 최상층을 구성하는 선비는 그 지위를 유지하려면 그에 맞는 품위를 스스로 지켜낼 수 있어야 했습니다. 그 상징이 바로 갓이었던 것이지요. 갓은 곧 선비로서 자부심이자 신분을 나타내는 표식이었으며, 한편으로는 선비가 지켜야 할 의무를 상징했습니다.

갓처럼 우리는 그 문화권이 만들어 낸 산물을 직접 눈으로 관찰하고 손으로 만져볼 수 있지만 그것을 잉태하게 한 논리는 만질 수 없습니다. 조직문화도 마찬가지입니다. 그 조직이 탄생시킨 산물은 눈으로 관찰할 수 있습니다. 그런데 그 조직에 내재되어 있는 논리는 만질 수 없습니다. 그러면 도대체 그 내재된 논리, 즉 조직문화는 어디에 있는 것일까요?

한 회사를 예로 보겠습니다. 임직원이 300명으로 구성된 회사입니다. 창업자이자 경영자는 강한 카리스마를 가진 인물로, 그가 업무 지시를 내리면 그 밑에 임원과 구성원이 일사불란하게 움직입니다. 그 누구도 경영자, 그리고 상사의 말에 이견을 제시하거나 이의를 제기하지 못합니다. 한편 경영자는 소통이 중요하다고 믿습니다. 임원 팀장 회의를 하면 왜 관리자들이 적극적으로 의견을 말하지 않느냐고 답답해합니다. 구성원들은 사무실에서 시종일관 조용히 침묵을 지킵니다. 이 회사에 유독 과묵한 직원들이 모인 탓일까요?

시간이 흘러 임직원 300명이 모두 퇴근을 했습니다. 300명 모두가 회사에서 보였던 바로 그 모습, 침묵을 지키며 보수적인 태도와 행동을 보일까요? 퇴근하고 나서 그들이 집으로 가든, 동창회 모임을 가든, 교회 행사에 가든, 학원에 가든, 같은 모습을 보일까요? 전혀 그렇지 않을 겁니다. 집에서는 편안하게 식구들과 대화를 나누고, 동창회에서는 신나게 웃고 떠들기도 할 것입니다. 교회에서는 예배 시간에 엄숙한 태도로 임하지만, 예배가 끝나고 나면 다른 교인들에게 안부를 묻고 말을 건네겠지요. 학원에서는 자주 질문도 하고 토론도 합니다. 다음 날, 임직원 300명이 다시 회사로 출근을 합니다. 이들은 어떤 모습을 보여줄까요? 여전히 어제 사무실에서 봤던 그 모습을 보여 줍니다. 마치 무언가 사무실을 짓누르기라도 하는 듯, 다들 무겁게 침묵을 지킵니다.

창업자인 CEO는 이런 상황이 못마땅합니다. 혹시 건물이 위치한 곳에 지박령地縛靈, 즉 땅에 얽매여 저승으로 떠나지 못하는 영혼들 때문에 회사 분위기가 이 모양인가 싶어서 사무실 이전을 검토합니다. 하지만 그의 바람대로 이사를 가면 달라질까요? 전혀 그렇지 않습니다. 문화는 그 장소에 배태된 것이 아니라, 사람들의 머릿속에 있는 정신 소프트웨어이기 때문입니다.[12]

이 회사에 근무하는 한 개인, 홍길동 과장의 내면을 살펴보면 더욱 명확해집니다. 그는 대리 시절에 이 회사로 이직을 했습니다. 전 회사는 출퇴근 거리가 왕복 3시간이 걸려 힘들어하던 차에, 지하철로 몇 정거장 떨어진 회사에 채용 공고가 난 걸 보고 지원하여 이직하게 된 것이지요. 이제 그는 아침 8시쯤 일어나 출근 준비를 합니다. 지하철역으로 천천히 걸어갑니다. 지하철 에스컬레이터에 타서는 뒷사람의 빠른 걸음에 방해가 되지 않도록 왼쪽으로 속도를 맞춰 걷습니다. 지하철 플랫폼에 가까이 가 보니, 출근 시간인 터라 줄을 서서 기다리는 사람들이 많습니다. 법령으로 일일이 정해 놓지 않았는데도 마치 '보이지 않는 손'이 시민을 조정하는 것처럼 질서 정연합니다. 홍길동 대리는 '이 상황에서는 원래 이렇게 해야 돼, 질서를 지켜야 돼'라는 생각이 무의식적으로 떠오릅니다. 자연스레 홍길동 대리도 줄을 서서 기다립니다.

그렇게 회사 사무실에 들어갑니다. 사무실이 조용합니다. 모두가 컴퓨터만 바라보면서 업무를 시작합니다. 잠시 후에 아내로부터 전화가 와서 홍길동 과장은 조용히 근처 회의실로 들어가 전화를 받습니다. 밖에 들리지 않도록 작은 목소리로 통화를 하고 다시 사무실 자리로 돌아왔습니다. 10시가 되자마자 본부장이 "전체 구성원 미팅을 하자" 하여 회의에 들어갑니다. 본부장이 아이디어를 내라고 닦달하지만, 구성원들은 침묵하고 있습니다. 홍길동 과장도 마음속으로 하고 싶은 말은 많지만 마냥 입을 굳게 다물고 있습니다. '이런 자리에서는 말을 아껴야 해'라는 생각이 강하게 들었기 때문입니다. 본부장이 여러 번 일갈을 하다가, 그렇게 회의가 끝났습니다. 여전히 사무실 전체가 고요합니다. 회사에서 조용히 하라고 사규로 정하지도, 경영진이 명하지도 않았는데, 모두가 입을 다물고 있습니다. 홍길동 과장도 똑같습니다.

저녁 약속이 있어서 팀장 눈치를 보며 겨우 빠져나왔습니다. 언젠가부터 직장 생활에 회의를 느껴, 수제 맥주집을 창업하고 싶어졌습니다. 수제 맥주를 배우고 연구하는 모임에 들어간 지 벌써 여섯 달째입니다. 월요일 저녁부터 십여 명의 인원이 모였습니다. 술을 매개로 한 학습 모임이라서 그런지 몰라도, 서로가 끈끈한 정이 있습니다. 너나 할 것 없이 서로 놀리면서 깔깔대다가, 수업을 할 때는 진지하게 학습합니다. 홍길동 과장도 회사에서 지퍼로 잠그고 있었던 입을 이 모임에서는 풀어 놓습니다. '여기서는 이 정도는 해도 돼'라는 무의식이 작동했기 때문입니다. 궁금한 사항을 적극적으로 질문하기도 하고, 맥주를 담그다가 겪은 실패담을 우스꽝스러운 표정으로 말하기도 합니다.

홍길동 과장이 직장에 있을 때와 맥주 연구 모임에 있을 때의 모습은 이처럼 다릅니다. 그 집단의 문화에 맞게 자신이 처신해야 할 태도와 행동을 무의식적으로 구분하기 때문입니다. 이처럼 조직문화는 회사 사무실 그 자체에 배태된 게 아니라 구성원의 정신 속에 존재하는 소프트웨어입니다. 그리고 그 핵심적인 프로그래밍 코드는 '해야 할 것', '하지 말아야 할 것', '해도 되는 것'으로 대변되는 모든 것입니다. 회사 법규로 정한 것도 아니고 누가 그렇게 하라고 명령을 내리지도 않았는데 자연스레 구성원들 정신에 뿌리 깊이 박혀 있습니다.

문화는 학습된다

조직문화가 구성원들의 머리와 몸속에 체화되어 있다는 말은 곧 인류학 역사상 유명한 대변혁을 일으킨 전제로 귀결됩니다. 바로 '문화는 배움의 산물'이라는 점입니다.[13] 왜 이 명제가 학문적 변혁을 일으켰던 것일까요? 인류학이 태동되던 초기에 문화를 연구하던 학자들은 '문화를 배운다', '문화를 학습한다'고 생각하지 못했습니다. 그들은 아프리카, 태평양, 아시아 등에 사는 원주민들에 관심을 갖고 연구를 시작했습니다. 그들 중 한 사람이었던, 인류학의 아버지라 불리는 말리노프스키Bronisław Kasper Malinowski는 뉴기니 섬, 트로브리안드 군도에 사는 원주민을 장기간 관찰했습니다.[14] 그들이 어떻게 삶을 영위하는지, 그들 부족의 지배적인 정신 사상은 무엇인지 관심을 가졌던 것이지요.

그런데 서양 학자들에게는 성기가 그대로 드러나도 부끄러워하지 않는 원주민들이 매우 충격적으로 다가왔을 터입니다. 족장이 부족 내 여성들을 대부분 독점하여 여성이 부족해지는 바람에 남자 간의 동성애를 공식적으로 허용하는 관행도 비정상으로 비춰졌을 것입니다.[15] 쌍둥이가 태어나면 어느 한 아이를 반드시 죽이는 풍습도 지극히 동물적인 모습이었겠지요.

또한 그들은 지적으로도 빈곤해 보였습니다. 대부분의 원시 부족에는 상위 개념어가 없었습니다. 소나무, 자작나무, 너도밤나무, 참나무 등 각각을 칭하는 고유한 이름은 가지고 있지만, 이들을 통칭하는 상위 범주인 '나무'라는 단어가 없는 경우가 많았던 것이지요. 상위 개념의 단어가 없거나 부족하면 추상적인 사고를 하기 어렵습니다. 이는 원시인들의 지적 빈곤을 증명하는 예로 설명되어 왔습니다. 그래서 원주민을 '미개인', '야만인'이라 부르며 열등한 존재로 간주하기도 했지요.[16] 오죽하면, 20세기 초반의 인류학자인 레비-브륄Lucien Lévy-Bruhl은 자신의 저서에 《미개인의 사고Les Fonctions mentales dans les sociétés primitives》라는 제목을 달았겠습니까.

　그렇기 때문에 일부 인류학자들은 인종차별주의나 종족결정론의 관점으로 문화를 대하곤 했지요. 그들은 유전인자가 문화와 서로 밀접하게 연관되어 있다고 믿었습니다.[17] 즉 어떤 부족은 우수해서 훌륭한 문화를 형성하고, 어떤 부족은 생물학적으로 열등하기 때문에 문화가 제대로 발전하지 못했다고 보았던 것입니다.

　그런데 문화 인류학자들의 견해가 점차 바뀌기 시작합니다. 그 첫 번째 계기가 된 것은 제국주의 세계관을 비판하는 일이었습니다. 미국, 영국, 프랑스는 20세기 초에 아프리카, 아시아, 남극, 북극 등으로 영역을 확장해 나가면서 제국주의 시각을 갖게 됩니다. 서구 열방은 우수하지만, 그 외는 미개하다는 가정을 했던 겁니다. 하지만 20세기 중반에 자성의 목소리가 일어납니다. 나와 다를 뿐이지 미개하거나 그르다고 평할 수는 없다고 말입니다. 그 대표적 인물이 프랑스의 인류학자 레비 스트로스Claude Levi Strauss였습니다.

그는 상위 개념어가 없다는 것 자체만으로 그들이 미개한 것은 아니라고 주장합니다. 오히려 원주민의 눈으로 보기에는 서양인들이 더 미개할 수 있다고 말이지요. 이를테면 뉴멕시코의 테와족 인디언은 그 지역 모든 침엽수마다 각각의 명칭을 따로 부르지만, 서양인들은 이를 좀처럼 구별하지 못합니다. 그의 동료가 겪은 난처한 일도 있었습니다. 동료가 아프리카에 도착하자마자 그곳 부족의 언어를 익히기 시작했는데, 그 부족민은 식물을 잔뜩 수집해 와서는 하나하나 그 이름을 일러 주었다고 합니다. 그렇지만 그는 그것들을 제대로 식별할 수가 없었습니다. 식물 종이 얼마나 풍부하고 다양한지 한 번도 관심을 가져 본 적이 없었기 때문입니다. 이를 두고, 레비 스트로스는 언어를 사용하는 방식으로 그 집단의 지적 수준을 판단할 수는 없으며 다만 그 집단이 가지고 있는 관심의 차이를 보여 줄 뿐이라고 주장합니다. 그리고는 이렇게 결론을 내립니다.

"원시인은 단순하며 거칠다고 믿는 편견 때문에 인류학자들은 그들의 복잡하면서도 일관성 있는 의식적인 분류 체계(동물, 식물 등)를 조사하지 못하는 경우가 종종 있었다. 인류학자들에게는 이처럼 우수한 분류 체계가 낮은 경제적 수준과 공존할 수 있다는 사실을 감히 생각하지 못한 것이다. 지적 수준 역시 경제적 기술 수준 정도일 것이라고 너무 성급하게 결론지었기 때문이다. (중략) 따라서 우리들이 원시성에 대해 갖고 있는 전통적 이미지는 바뀌어야 한다. 야만인은 사람들이 즐겨 상상하듯 동물적 상태를 겨우 탈피하여 욕구와 본능에 내던져진 존재가 아니며, 감정에만 지배되어 혼돈과 이익 분배에 급급한 것도 물론 아니다.”

문화 인류학자들의 견해가 바뀌게 된 두 번째 계기는 앞서 말한 대로, '문화는 학습된다learned'는 관점을 갖게 된 것입니다. 문화는 개인이 속한 부족으로부터 물려받은 유전학적 유산 biological heritage의 문제가 아니라는 생각을 하게 된 것이지요.

이는 지금의 견지로 보면 너무나도 당연한 견해입니다. 잠시 생각해 볼까요? 불과 30여 년 전만 하더라도, 해외 여행을 하는 사람은 소수에 불과했습니다. 하지만 오늘날은 완전히 달라졌지요. 관광지식정보시스템에 따르면 2019년 기준으로 전 세계 관광객 수는 14.6억 명입니다.[18] 전 세계 인구가 77억인데, 그중에서 약 20%가 다른 국가로 매년 이동하여 다른 문화를 접한다는 의미입니다. 코로나가 종식된 이후에는 관광객이 더욱 크게 폭증하겠지요.

우리가 가까운 일본으로 처음 여행을 갔다고 가정해 보겠습니다. 공항에서 나와 지하철을 타러 가다 보면 에스컬레이터가 나옵니다. 우리나라는 에스컬레이터를 탈 때 서 있는 방향은 오른쪽이고, 왼쪽은 걸어 올라가는 열입니다. 일본 관동 지방은 그 반대입니다. 왼쪽이 서 있는 방향이고, 오른쪽이 걸어 올라가는 방향입니다. 우리는 일본 사람들이 어떻게 하는지 관찰하고 있다가, '어? 여기는 원래 이렇게 하나 보네' 하며 그들처럼 행동합니다. 그렇게 몇 번 지하철을 타다 보면 여행하는 내내 자연스럽게 한국과 반대 방향으로 행동하게 되지요. 일본 사람들의 삶의 양식이 자연스레 체화, 즉 학습된 것입니다.

행동 규칙뿐만 아니라 그 나라에 암묵적으로 내재된 논리마저 어느 순간 학습되고 감정으로 이어집니다. 서양인들이 우리나라에 와서 사람들과 어울릴 때 처음 접하는 문화 중 하나가 유교적 세계관에서 유래된 서열 관계입니다. 처음에는 왜 서로 나이를 따지는지, 친족이 아닌데도 형, 누나, 동생이라 부르는지 이해하지 못합니다. 반말과 존댓말도 어색하고 헷갈리기만 하지요. 하지만 지내다 보면 점차 그 세계관에 친숙해집니다. 어느새 자신보다 나이 어린 사람이 반말을 하면 기분이 나빠질 정도로 말입니다. 이것이 바로 문화를 학습한 결과입니다.

조직 속의 눈치 게임

전혀 다른 문화라 하더라도 학습을 통해 체화되듯이, 조직문화 역시도 학습의 결과입니다. 앞서 살펴본 홍길동 과장은 대리 시절에 현 회사로 이직을 했습니다. 그가 경력직으로 입사한 날, 무의식적으로 시작했던 일은 무엇일까요? 자신도 모르게 다음 세 가지를 구분해서 학습했을 겁니다. '이 회사에서 반드시 해야만 하는 일은 무엇인가?', '하지 말아야 할 것은 무엇인가?', '해도 되는 말과 행동의 범위는 어디까지인가?'

다양한 조직들을 관찰하다 보면 아주 짧은 순간에도 조직마다 직관적으로 감지되는 문화 차원이 하나 있습니다. 저는 이를 '자극-반응 거리'라고 부릅니다. 보수적인 조직들은 자극과 반응 사이의 거리가 멉니다. 특정한 자극을 보거나 들어도 그에 즉각적으로 반응하지 않습니다. 입은 굳게 다물어져 있고 얼굴에도 표정이 없습니다. 질문을 해도 누구 하나 답변을 하지 않고, 그저 머릿속으로만 생각합니다. 자극이 있어도 반응을 하기까지 거리가 멀기 때문입니다.

하루는 어느 회사에서 대표이사, 임원, 그리고 관리자들을 대상으로 특강 의뢰를 받았습니다. 아침 10시에 시작한다 하여 조금 일찍 도착했습니다. 제가 서서 강의할 장소를 미리 살펴봤더니, 자극-반응 거리가 어지간히 먼 듯한 조직이었습니다. 큰 강당에 책상은 오와 열이 정확히 맞춰져 있고 맨 앞에서 뒤로 갈수록 직급이 높은 사람이 앉게 되어 있었습니다. 그 정점으로 맨 뒤에 사장님 자리가 있었습니다. 유달리 큰 책상이 배치되어 있어 한눈에 알아볼 수 있었지요. 물리적인 자리만 봐도 이 회사가 매우 위계적이고 보수적일 것 같다는 생각이 들었습니다. 시간이 되어 참석자들이 속속 모여드는데, 상의는 유니폼이고 하의는 검정색 바지를 입고 있었습니다. 앞 열에 앉을수록 각 잡힌 자세로, 뒷 열로 갈수록 조금씩 여유롭게 앉는 경향이 보였습니다. 그리고 강의가 시작되었습니다. 아니나 다를까, 자극-반응 거리가 정말로 먼 조직이었습니다. 아무런 반응이 없이 무표정한 모습이 대부분이었지요. 이들이 입사하기 전부터 그런 성향을 지녔던 건 아닐 겁니다. 처음에는 아이디어가 번뜩이고 열정적으로 소통하는 사람이었다 해도, 회사에 입사한 뒤 문화를 학습하면 어느새 그에 익숙해집니다. 그래서 회사에 있을 때면 무의식적으로 자극에 반응을 보이지 않는 것입니다.

반면에 상당수 스타트업 조직들은 그 간극이 매우 짧습니다. 대기업보다 자유로운 분위기이기 때문에 자연인의 모습 그대로를 드러내기 쉽습니다. 제가 관찰한 어느 스타트업 회사는 영어 닉네임을 쓰는데, 게다가 반말이 공식 표준어입니다. 가장 어린 구성원이 스물, 가장 나이가 많은 구성원이 사십대 중반입니다. 이십여 년 차이가 나는데도 서로가 반말을 사용합니다. 입사한 지 불과 몇 주밖에 되지 않은 구성원도 대표에게 반말로 이렇게 말합니다. "마이크, 이거 내일까지 결정해야 하는데 어떻게 할 거야?"

이 조직은 자극-반응 거리가 거의 제로에 가까웠습니다. 현장 조사를 하면서 제가 무언가를 물어도 바로 솔직하게 답을 하고, 또 저에게 이것저것을 묻기도 했지요. 이 조직을 관찰하면서 저는 현장 노트에 이렇게 적어 두었습니다. '생각을 필터로 거르지 않고 그냥 내지르는 조직', '남을 의식하지 않고 본심을 꺼내 보여 주는 조직'이라고 말입니다. 그래서 현장 조사가 수월했습니다. 대부분의 기업에서는 저 같은 외부인을 경계하고 조심합니다. 그래서 제가 근처에 가면 서로 나누던 대화를 중지하거나 더 작은 소리로 이야기하곤 합니다. 그런데 이들은 낯선 이조차도 경계하지 않고 그들끼리 솔직하게 소통하고 있었습니다.

가장 인상 깊었던 사례 한 가지만 더 언급해 보겠습니다. 이 회사는 구성원이 약 100여 명으로 위워크 한 층을 임대하여 사용하고 있었습니다. 현장 조사를 하면서 벽에 걸려 있는 포스터를 보고 있는데, 갑자기 사무실 입구 쪽에서 어느 여자 구성원이 "여기 박스 테이프 가져다가 쓴 사람이 누굴까!"라고 크게 소리를 질렀습니다. 대부분의 기업에서는 팀과 팀 간에 목소리가 넘나들지 않습니다. 팀원끼리 대화할 때면 인접한 팀에 방해가 되지 않게, 또는 내밀한 이야기가 들리지 않게 소곤소곤 말합니다. 그런데 이 스타트업 회사에서는 소곤대는 모습을 거의 보기 어려웠습니다. 입구에서 크게 소리치자, 사무실 정 반대편 안쪽에서 또 다른 여자 구성원이 이렇게 소리치더군요. "미안! 내가 가져다 썼어. 바로 제자리에 갖다 놓을게!" 이 대화가 사무실 입구와 안쪽, 그 사이에 있는 십여 개의 팀들을 뛰어넘어서 이루어졌습니다.

좀 더 관찰해 보니, '여기서 하지 말아야 할 것은 무엇인가?'

에 대한 암묵적인 규칙은 거의 무無에 가까운 반면, '여기서 해도 되는 것은 무엇인가?'에 대한 해석의 반경은 무척 넓었습니다. 이들 역시도 이 회사에 입사하고나서 문화를 학습했습니다. '여기서는 머릿속 거름종이에 거르지 않고 내 생각을 솔직하게 말해도 된다', '여기서는 큰 소리로 떠들고 웃어도 된다', '여기서는 남에게 피해를 주지 않는 한, 내 마음대로 해도 된다'를 암묵적으로 익혀온 것입니다.

지금까지 우리는 문화가 배움의 산물이며, 조직문화도 학습된다는 사실을 길게 살펴봤습니다. 문화가 학습된다는 것이 왜 중요하고, 어떤 의미가 있는 걸까요?

두 가지 의의가 있습니다. 하나는 조직문화가 형성되는, 즉 학습되는 원천은 매우 다양할 수 있다는 것을 적시하고자 했습니다. 문화 현상은 매우 복잡한 과정을 거쳐 형성되며 원인과 결과를 명확하게 규명하기 어렵습니다. 학습하는 원천이 매우 다양하고, 또 그렇게 습득한 신념들이 서로 복잡하게 영향을 주고받기 때문입니다. 만일 학습의 원천이 하나이며, 산업적 특성만을 체득한 결과로 문화가 형성된다고 보겠습니다. 그렇다면 그 산업에 종사하는 모든 조직은 문화가 똑같아야 합니다. 그런데 자동차 산업만 하더라도 각 회사마다 서로 다른 문화를 가지고 있습니다. 현대자동차와 기아가 다르고, GM자동차와 르노 자동차가 다릅니다.

다른 하나는 '조직문화는 변화가 가능하다'라는 명제에 미리

주춧돌을 놓고자 했습니다. 과거 인종차별주의, 종족결정론으로 문화를 보던 초창기 시절에 문화는 바꿀 수 없는 상수였습니다. 그 부족이 선대에게서 물려받은 유전적 형질이 문화를 좌우한다고 보았기 때문입니다. DNA를 바꾸지 않고서는 문화도 바꿀 수 없다고 가정했습니다. 그런데 문화가 학습의 결과라는 인식이 확산되자, 문화 불변성은 과거의 패러다임이 되었습니다. 조직문화를 바꾸고자 할 때 그 핵심에는 '변화'가 아니라 '학습'이 있습니다.

그렇다면 이제는 문화가 형성되는 원인을 자세히 살펴보도록 하겠습니다. 원인을 제대로 알아야, 문화를 어떻게 변화시킬 수 있는지도 보이기 때문입니다.

조직의 원동력: 리더의 철학

오늘날 삼성그룹은 '관리의 삼성'으로 유명합니다. 무슨 일이든 철저하고 완벽하게 관리한다고 말입니다. 이 거대한 하나의 부족은 조직문화 연구자에게 매우 흥미로운 대상입니다. 창업주의 성격적 특성이 그대로 투영된 기업이기 때문입니다. 삼성 창업자 이병철 회장은 1986년에《호암자전》을 출간합니다.[19] '호암'은 그의 호로, 어린 시절과 사업을 하면서 겪었던 자신의 경험을 엮은 자전입니다. 또한 그의 장남 이맹희 회장은 1993년에 두 권의 책을 씁니다.[20] 어릴 적 겪었던 일, 아버지 이병철 회장이 사카린 사건으로 물러나고 회장직을 이어 받았던 일, 셋째 동생인 이건희에게 삼성그룹이 넘어가면서 벌어진 일 등에 대한 회고와 회한을 담았습니다. 이들 문헌에는 이병철 회장의 성격을 추론할 수 있는 실마리들이 담겨 있습니다.

우선 이병철 회장의 회고에 의하면 어릴 때 '뛰어나다, 우수하다, 똑똑하다'는 말을 별로 듣지 못했다고 합니다. 조선어와 일본어는 100점 만점에 겨우 60~70점, 창가나 도화는 간신히 낙제점을 면할 수준이었습니다. 반 등수는 50명 중에서 35~40등 정도였다고 하지요. 그런데 어릴 때부터 두 가지 남다른 점이 있었습니다. 하나는 산수를 무척 잘해서 그 과목만큼은 늘 반에서 최고점을 받았다는 것, 또 하나는 유별나게 남들에게 지는 걸 싫어했다는 것입니다. 친구들과 즐겁게 놀 때라도 어떻게든 이겨야만 직성이 풀렸습니다. 수리와 이문에 밝고 승부욕이 강한 아이였다고 할 수 있겠지요.

한편, 장남 이맹희 회장의 회고에 따르면 아버지는 흐트러짐 없이 완벽한 상태를 좋아했다고 합니다. 일례로 그의 복장을 들 수 있습니다. 이병철은 청년 시절부터 정장을 입었고, 바지 길이도 칼처럼 맞추었습니다. 오전에 외부에서 일을 보고 점심 먹으러 들어오면서 옷을 갈아 입었습니다. 당시의 옷 주름은 자주 무뎌졌기 때문입니다. 그래서 어머니 박두을 여사(이병철 회장의 배우자)는 옷을 수시로 다려야 했다고 합니다. 그 정도로 철두철미하고 완벽한 상태를 좋아했습니다.

그가 첫 사업에 실패하고 재기하는 과정에서도 완벽을 추구하는 성향이 드러납니다. 그는 토지에 투자하는 일을 첫 사업으로 시작했습니다. 1937년경에는 은행 융자에 의지하여 200만 평을 소유한 대지주가 되었습니다. 그런데 일본이 중국과 전쟁을 치르면서 점차 재정 상태가 악화되고, 그 결과 일본 정부는 조선에 있었던 은행들에 대출 금지령을 내립니다. 대출은 안 나오고 땅값은 폭락하여 일대 혼란이 벌어집니다. 그 결과, 그는 첫 사업에 실패합니다. 그리고 그로부터 배운 점을 이렇게 성찰합니다. '국내외 정세 변동을 적확하게 통찰'해야 하며, '자기 능력과 한계를 냉철하게 판단'해야 한다고 말이지요. 그리고 재기를 위해서 새로운 사업 아이템을 찾습니다. 부산에서 출발하여 서울, 평양, 신의주 등을 거쳐서 중국 베이징, 칭다오, 상하이까지 시장 조사를 합니다. 그렇게 몇 개월간 철저히 조사하고 연구하고 나서야 무역 회사를 차리게 됩니다. 그의 철저함, 완벽주의가 드러나는 대목이지요.

그의 성격, 즉 승부욕, 철저함, 완벽함이 어떻게 그 조직에 투영되었는지 살펴보겠습니다. 단적으로 회사 이름을 지을 때만 봐도 특유의 성향이 드러납니다. 대부분의 나라에서 아이 이름을 지을 때 드러나는 문화 현상이 있습니다. 바로 부모의 희망과 염원을 아이 이름에 담는 일입니다. 제 이름은 거룩할 성聖에 준

걸 준(俊)으로, 영어로 번역하면 거룩한 남자holy man입니다. 독실한 그리스도교인 부모님은 아들이 성직자가 되길 염원하는 마음으로 성준이라 이름을 지었습니다. 회사 이름을 짓는 행위도 비슷합니다. 창업자의 가치, 이상, 염원이 그 이름에 투영되곤 합니다.

'삼성'이란 이름에는 이병철 회장의 무엇이 담겨 있을까요? 회사 이름에 숫자 삼三이 포함되어 있습니다. 참고로 우리 민족은 홀수를 좋아하는 문화권입니다.[21] 그래서 홀수가 중첩되는 날을 길일(吉日)로 여겼습니다. 1월 1일 설날, 3월 3일 삼짇날, 5월 5일 단오, 7월 7일 칠석, 9월 9일 중양절이 바로 그 예입니다.[22] 그중에서도 숫자 3은 우리나라 문화에서 완벽함을 상징합니다.[23] 대표적으로 단군 신화만 봐도 3이라는 숫자가 여러 번 등장하지요. 하늘의 신 환인이 서자 환웅에게 인간 세상을 다스리게 하면서 천부인 3개와 3000명의 무리를 내려줍니다. 어느 날 태백산에 내려와서 360여 가지 업무를 보던 차에 곰과 호랑이가 인간이 되게 해 달라며 그에게 다가옵니다. 그러자 환웅은 100일간 마늘과 쑥을 먹고 버티면 인간이 될 거라고 합니다. 호랑이는 못 견디고 도망쳤고, 곰은 삼칠일, 즉 3일이 7번 지난 스무 하루 만에 인간으로 변합니다. 이처럼 숫자 3이 계속 중첩되는 것은 3이 완벽함, 완전함을 상징하는 숫자였기 때문입니다. 이병철 회장은 거기에 별 '성'을 붙였습니다. 하늘 위의 별처럼 높은 이상을 의미한 것입니다. 그는 자전에 이렇게 회고하기도 했습니다. "재출발하는 사업에 이러한 소원을 담아 나 스스로 이 상호를 택했다. 지금 생각해봐도 의욕에 넘치는 상호였다."

또한 그는 '제일'이라는 표현도 좋아했습니다. 그래서 설탕 사업을 하면서 '제일제당'이라 이름 지었고, 섬유 사업을 하면서 '제일모직'이라 이름을 지었습니다. 저는 그 이름이 어릴 때부터 남달랐던 이병철 회장의 승부욕, 경쟁심에서 연원한 결과라 해석합니다. 제가 경영자와 일대일로 내밀한 이야기를 나눌 때마다 느끼게 되는 것이 있습니다. 그의 기질적 특성과 맞닿아 있는 단어와 표현을 무의식적으로 반복해 사용한다는 점입니다. 이를테면 여러 사람들과 사이좋게 지내기를 선호하는 경영자는 '관계', '만남', '교류'라는 표현을 자주 사용하는 식입니다. 이병철 회장도 어릴 적부터 남들보다 앞서야 하며 서로 합을 겨루는 상황이라면 반드시 이겨야만 하는 성격이 '제일'이라는 표현에 주목하게 만든 것이 아닐까 싶습니다.

지금까지 살펴본 것처럼, 이병철 회장은 승부욕, 철저함, 완벽함을 추구했고, 그 특성이 오늘날 삼성그룹의 특성에 고스란히 스며들어 있습니다. 삼성그룹을 물려받은 이건희 회장은 그런 점을 더욱 강화해 나갔습니다. 그는 철두철미하고 완벽함을 추구하는 경영자를 선호했습니다. 전직 삼성 임원이 제게 이런 일화를 들려주더군요. 이 일화가 실제로 일어난 사건이든, 또는 어디선가 꾸며낸 이야기든, 그 사실 여부를 따지는 건 의미가 없습니다.[24] 관련 일화가 조직에서 회자되고 있다는 점은 사실이고,

또 그게 구성원들에게 어떤 의미와 메시지를 주느냐가 더 중요합니다.

"제가 예전에 들은 이야기입니다. 이건희 회장님이 미국으로 출장 가는 비행기에 타셨습니다. 일등석에 타셨겠지요. 그런데 피곤하셨는지 타자마자 누워서 잠을 청하시더랍니다. 그 당시 임원급 비서가 같이 탔는데, 그의 이름을 그냥 박 상무라 칭하겠습니다. 회장님은 보통 '박군'이라 부른다 하더군요. 비행기는 이륙해서 하늘을 날고 있는데, 세 시간쯤 지나서 회장님이 일어나시더랍니다. 그러더니 "박군! 지금 우리가 어디쯤 왔나?"라고 물으시기에, "네, 회장님! 출발한지 세 시간 지났고 현재 태평양 상공을 날고 있습니다"라고 답했답니다. 그러자 회장님은 "그래?" 하시고는 다시 누워서 주무시더랍니다. 그리고 또 세 시간이 지났을까, 회장님이 일어나서는 "박군! 지금 어디쯤 왔나?"라고 물으셨답니다. 그래서 박 상무는 "네, 회장님. 여섯 시간 지났고 여전히 태평양 상공입니다"라는 답밖에 할 수 없었습니다. 그러자 회장님이 "그래?" 하시고는 다시 누워서 주무시는데, 박 상무는 뭔가 뒷목이 싸하더라는 겁니다. 다음에 회장님이 여쭈실 때는 더 이상 그런 식으로 보고를 드리면 안 될 것 같아서, 승무원을 통해서 기장에게 정보를 얻어냈다고 합니다. 각 시간대별로 지나온 거리와 남은 거리를 다 체크한 뒤에 도착 시간과 도착지의 날씨까지 모두 파악하고 준비를 하고 있었습니다. 아니나 다를까. 회장님이 두 시간 뒤에 일어나셔서는 "박군! 지금 우리가 어디쯤 와 있나?"라고 물으시기에, 박 상무는 철저하게 준비한 대로 답변을 드렸습니다. 그러자 회장님이 입꼬리를 살짝 올리며 웃으면서 "그래, 박군! 일은 그렇게 하는 거야"라고 하시고는 다시 누워서 주무시더랍니다."

지금까지 우리는 창업자가 어떻게 조직문화에 뿌리를 형성하는지 살펴봤습니다. 창업자 입장에서 조직문화가 만족스럽지 않게 느껴진다면 답답해하기 전에 잠시 멈추고 돌아볼 필요가 있습니다. '우리 조직에 투영된 나의 특성은 무엇일까?'를 한 번쯤 자문해 보면 분명 중요한 힌트를 얻을 수 있을 것이라 생각합니다.

결국 비슷한 사람끼리 일한다

창업자를 제외하고, 삼성그룹의 다른 리더들은 어떨까요? 이병철 회장은 철저하고 완벽하게 일하는 관리자를 좋아했습니다. 그들에게는 점점 높은 자리가 주어졌지요. 이런 현상을 사자성어로 설명하자면 유유상종類類相從이라 할 수 있겠습니다. 비슷한 사람들끼리 모여서 어울린다는 말입니다. 기원은 명확히 알 수 없으나, 일부는 유교 경전 중에서 《주역 周易》의 계사 상편에 나온 "삼라만상은 그 성질이 유사한 것끼리 모이고, 만물은 무리를 지어 나뉘어 산다. 거기서 길흉이 생긴 다"는 말에서 근거를 찾기도 합니다. 유유상종을 유명하게 만든 이는 제나라 사람 순우곤입니다.

제나라는 기원전 300년경에 산둥성 지방을 다스리던 나라였 습니다. 다섯 번째로 대를 이었던 선왕은 인재를 중시하던 아버 지에 이어 천하에서 날고 기는 인재를 초빙하는 데 욕심을 부렸 습니다. 일례로, 그는 당대 대학자였던 맹자를 궁에 초빙해서 그 의 통치 철학을 청강하기도 했습니다. 그 정도로는 성에 차지 않 았는지 기원전 318년에는 수도인 임치성에 대학원을 설립합니 다. 유능한 학자들을 초빙해서 서로 토론하고 가르쳐 학문을 발 전시키고자 한 것이지요. 임치성의 남쪽 문을 '직문'이라 불렀 는데, 그 근처에 많은 저택을 짓고 학자들을 살게 했습니다. 그 곳을 직문 밑에 있는 학교라는 의미로 '직하학궁'稷下學宮, Jixia Academy이라 불렀습니다.

그리고는 신하 순우곤에게 이런 명을 내립니다. "지방을 돌아 다니면서 인재들을 찾아서 데려오시오." 순우곤은 맹자와 평소 교류하던 인물로, 그와 문답을 나눈 내용이 《맹자》에 남아 있을 정도로 유능한 학자였습니다. 그는 왕명을 받들고 여러 지방을 돌아본 후에 인재 일곱 명을 데리고 왔습니다. 그러자 선왕이 놀 라서 이렇게 말합니다. "단번에 귀한 인재를 일곱 명이나 데려오다니, 너무 많은 것이 아닌가?"라고요. 아마도 왕은 순우곤의 안목을 잠시 의심했던 모양입니다. 인재 한 명도 제대로 찾기도 어려운데 일곱 명이나 데려왔으니 말입니다. 하지만 순우곤은 아주 자신 있는 표정으로 이렇게 대답합니다. "원래 새는 비슷한 종끼리 무리 지어 삽니다. 인재도 그와 크게 다르지 않습니다. 인재는 인재를 알아보고, 그들끼리 모여 교류하는 법입니다."

이처럼 사람은 자신과 비슷한 사람에게 이끌립니다. 특히 거대한 부를 쌓았거나, 탁월한 학문적 성취를 이루거나, 어느 분야에서 명성을 얻어 성공한 사람일수록 자신과 유사한 타인을 보면 그도 성공할 개연성이 높다고 가정하곤 합니다. 성공한 사람들이 멘토로 활동하면서 자신과 비슷한 청년을 보면 이렇게 말하는 경우가 있지요. "저랑 많이 비슷하셨네요. 마치 제 청년 시절 모습을 보는 것 같습니다."

창업자나 경영자들은 "내 분신 같은 사람이 여러 명 있으면 좋겠습니다"라고 말하기도 합니다. 그 이유는 조금씩 다를 수 있겠으나, 대개는 본인이 사업과 회사를 대하는 스타일대로 일할 수 있는 사람이 필요하다는 의미일 겁니다. 그래서 성격과 신념이 비슷한 사람에게 더 이끌리고, 그 사람을 중요한 자리에 앉히려고 하게 됩니다. 자신을 대신해서 분신처럼 일해 주리라 믿고서 말입니다. 이병철 회장과 이건희 회장은 어땠을까요?

유유상종을 '동종애의 원칙Homophily Principle'이라 부르기도 합니다.[25] 이병철 회장이 삼성그룹을 물려주는 과정에서도 동종애 원칙이 작동한 것으로 저는 해석합니다. 그는 자서전에 후계자를 누구로 세울 것인지 고민했던 과정을 남겼습니다. "창업보다 수성이라 한다. 사업을 일으키는 것은 결코 쉽지 않다. 그러나 이미 이룩해 놓은 사업을 지켜간다는 것은 그 이상으로 어렵다"라고 운을 뗍니다. 그리고는 아들 셋을 지켜보고 평가하는데, 장남 이맹희에게 일부 경영을 맡긴 지 6개월도 채 되지 않아 기업이 흔들렸고 이후 본인이 스스로 물러났다고 말합니다. 흥미롭게도 이 말을 두고 이맹희 회장은 아버지가 돌아가신 후에 이렇게 반박합니다. "아버지께서는 장남에게 경영을 맡겼더니 6개월 만에 기업이 혼란에 빠졌다고 밝혔지만 사실 그 기간은 7년이었다."

잠시 이 맥락을 이해해야 합니다. 1965년 경남 울산시에서는 한국 비료 공장을 짓고 있었습니다. 이를 위해 정부의 지급 보증을 받아 미쓰이사로부터 4천만여 달러에 달하는 공장 기계를 들여왔지요. 미쓰이사는 감사의 표시로 삼성에 100만 달러 리베이트를 전달합니다. 그런데 현찰 100만 달러를 가져오는 작업은 쉽지 않았습니다. 그래서 사카린 이천여 포대를 건설 자재로 꾸며 들여와서 판매하려다가 그만 부산 세관에 적발당합니다. 세관은 천여 포대를 압수하고 벌금 2천여만 원을 부과했습니다. 별일 아니라고 스쳐 보낼 법한 사건이 갑자기 산불처럼 커졌습니다. 그 당시 삼성은 중앙일보를 만들면서 언론 산업에 진출하려던 시기였습니다. 이에 경쟁 언론사들이 이 사건에 집중 포화를 가하기 시작했습니다. 마침 박정희 정부는 부정부패 척결을 외치고 있었던 상황이었고 상황이 복합적으로 작용하면서 삼성은 구석으로 몰리게 되었습니다. 그 결과, 삼성그룹은 특단의 조치를 취할 수밖에 없었습니다. 첫째, 비료를 국가에 헌납하기로 합니다. 둘째, 이병철 회장은 그 직을 내려 놓고 야인으로 돌아가기로 합니다.

이병철 회장은 장남 이맹희에게 그룹 회장직을 넘겨줍니다. 1960년대 초부터 장남 이맹희는 삼성전자, 삼성물산, 제일제당 등 17개 주요 계열사에서 부사장, 전무직을 담당하고 있었으며 사실상 대권을 이어받을 후계자였습니다. 게다가 이병철 회장이 사카린 사건으로 물러나면서 회장직까지 대행하게 되어, 명실상부하게 옥쇄를 움켜쥔 왕이 된 셈입니다. 그런데 이맹희 부회장은 아버지 이병철 회장의 가신과 마찰을 빚습니다. 엎친 데 덮친 격으로, 경영 실적마저도 좋지 않았습니다. 끝내 그룹 전체가 휘청거리는 지경에 이르게 되었고 결국 이병철 회장은 1968년에 회장 복귀를 선언합니다. 그 다음 해에는 차남 이창희가 왕자의 난을 일으켰고, 이맹희는 그에 관여했다는 의심을 받으며 아버지 눈 밖에 나기 시작했습니다. 결국 1973년경에는 중요한 직책에서 배제되었습니다.

장남 이맹희는 아버지 이병철 회장과는 성격이나 스타일이 매우 다른 사람이었습니다. 아버지는 매우 디테일한 부분까지 완벽하고 꼼꼼하며 철저한 사람으로, 한번 호기심을 가지면 끝까지 파고들어 분석하고 연구하는 성향이었지요. 유통업을 하던 삼성상회를 만들 때도, 그리고 설탕 사업을 준비하여 제일제당을 세울 때도, 그는 몇 개월이고 치밀하게 조사하고 완벽하게 분석하여 접근했습니다. 그가 사업을 하는 방식을 한마디로 묘사하면 '무한 탐구'라 할 수 있습니다. 반면, 이맹희는 선이 굵은 사람입니다. 그는 자전을 통해서 자기 사주에 '불'이 많다고 고백합니다. 불은 공격적이고 성격이 급하며 강한 것을 의미하는데, 본인 사주는 유사시엔 사주의 여덟 글자가 모두 불의 성격으로 변하는 특이한 특성을 지녔다고 합니다. 즉 앞뒤를 재지 않고 밀고 나가는 스타일입니다. 사람은 자기 기질에 맞는 취미를 선택하는 경향이 있는데, 이맹희 회장은 우리나라와 일본을 돌아다니며 사냥을 즐겨 했다는 점을 보면, 문신보다는 무관에 가까웠던 것 같습니다. 아마도 창업 공신들과 갈등을 겪은 원인 중에는 그의 괄괄한 기질도 작용을 하지 않았을까 싶습니다.

그런데 셋째 아들인 이건희는 아버지를 많이 닮았습니다. 이건희의 성격을 보기 이전에, 아버지가 후계 구도를 선언하는 장면을 장남 이맹희의 시점으로 잠시 살펴보겠습니다. 1977년에 이병철 회장에게서 암이 발견됩니다. 그는 평소 성격대로 자신의 병에 대해 다각도로 연구한 끝에 일본에서 수술을 받기로 결정합니다. 출국하기 전날 밤에 가족회의를 열었습니다. 가족이 모두 모였고, 삼남 이건희만 해외 출장이라 참석하지 못했지요. 그 자리에서 이병철 회장은 "앞으로 삼성은 건희가 이끌어 가도록 하겠다"라고 밝힙니다. 장남 이맹희는 이렇게 소회를 남겼습니다. "그 말을 듣는 순간의 충격을 나는 잊지 못한다. 그 무렵엔 벌써 아버지와 나 사이에 상당한 틈새가 있었지만 그래도 언젠가는 나에게 삼성의 대권이 주어질 것이라 믿고 있었다."

반면, 삼남 이건희는 그야말로 디테일, 완벽함, 철저함, 집요함, 용의주도함을 가진 인물입니다. 그는 무언가 한번 빠지면 다각도로 살펴보면서 그 끝을 봐야만 직성이 풀리는 사람이었습니다. 이전 장에서 전직 삼성 임원이 들려준 일화에서도 그의 철저함을 엿볼 수 있지만, 이는 그가 1997년에 출간한 에세이에서도 잘 드러납니다. 그는 초등학교 5학년 때 일본 도쿄에 홀로 유학을 갑니다. 선진국을 보고 배워야 한다는 아버지의 말 때문이었습니다. 말도 안 통하는 타국에 혼자 기거하다 보니 할 일이 없어 영화를 보기 시작했습니다. 그런데 그가 영화를 감상하는 방식이 범상치 않습니다. 평범한 사람들은 보통 주인공에 집중해서 영화를 보곤 합니다. 그런데 그는 한 영화를 여러 번 반복해서 관찰했습니다. 처음에는 주연의 관점에서 보다가, 그 다음에는 각 조연들의 관점에서 영화를 보고, 그 다음에는 카메라맨, 조연출, 감독의 자리에서 들여다봅니다. 그러다 보면 '또 다른 감동을 맛볼 수 있다'며 말입니다. 집요함, 철저함에 더해 다각도로 사물을 보려 하는 완벽성이 드러나는 대목입니다.

회장직을 물려받은 직후에도 그 성격이 상징적으로 드러나는 사례들이 있습니다. 어느 날 이건희 회장은 "지난 1981년부터 그동안 계열사 및 비서실에 내가 지시한 내용을 모두 취합하고, 그 지시사항이 지금까지 어떻게 이행되었는지 각 사별로 종합해서 보고하라"고 지시했습니다.[26] 그룹 비서실은 부랴부랴 지시사항들을 종합했고, 그 결과가 284페이지에 달했습니다. 그리고 각 계열사별로 지시사항 이행 여부를 추적하기 위해서 각 사기획실에서 서너 명의 인력을 차출했습니다. 이들은 합숙하면서 이건희 회장의 지시 내용과 시행 결과를 확인했습니다. 그 결과 상당수가 이행되지 않고 사라졌음이 드러났습니다. 이건희 회장은 그 보고를 받으면서, 우리나라에서 철두철미하게 관리하기로 유명한 삼성그룹조차도 이 정도에 지나지 않는다며 한탄합니다.

이병철 회장에게는 삼남 이건희가 가장 자신과 비슷하고, 그게 장점이라 느껴졌을 수 있습니다. 그리고 자신의 사후에도 삼성그룹을 더욱 발전시켜 나갈 인물이라고 생각했을 겁니다. 그 대권을 이어받은 이건희 회장도 역시 자신과 비슷한 사람을 채용해 중요한 역할을 맡겼습니다. 대표적인 인물이 이학수 부회장입니다. 그는 경영학과를 졸업하고 제일모직 경리과에서 경력을 시작합니다. 이후 IMF를 기점으로 그룹의 실세가 됩니다. 회장실 바로 옆에 사무실을 둘 정도로 이건희에게 총애를 받았는데, 그도 철두철미하고 꼼꼼하며 완벽함을 추구하는 스타일이었습니다.

이처럼 동종애의 원칙이 반영되어 사람들은 자신과 비슷한 사람들을 곁에 두려고 합니다. 초기 창업자가 후계자를 선택할 때도, 경영자가 주요 직책자를 선발할 때도, 그리고 그들 관리자가 경력 사원과 신입 사원을 선택할 때도 비슷한 경향이 나타나게 됩니다. 그로 인해 그 부족의 지배적인 세계관이 형성되고 강화되는 것이지요.

이와 같은 현상을 밝히는 이론은 서양 심리학에도 존재합니다. 바로 유사성 유인 이론similarity attraction theory입니다. 인간은 자신과 비슷한 사람들에게 이끌린다는 이론으로, 다양한 상황에서 발견할 수 있습니다. 소개팅 자리에서 취미나 가치관이 비슷하면 서로에게 이끌리는 마음이 들기도 하지요. 면접관은 자신과 업무 경험, 소신, 배경이 유사한 지원자를 더 우호적으로 평가하곤 합니다. 이 이론은 워낙 유명해서 메타 연구들도 있습니다. 메타 연구는 '연구들의 연구'라 부르는데, 학자들이 수행한 개별 연구를 모두 한데 모아서 공통적인 패턴을 찾고 그 시사점을 종합하는 방식입니다. 그만큼 연구가 충분히 진행되고 그 결과가 많이 쌓여 있어야 가능한 방식입니다. 2008년에 일군의 연구자들은 1800년 후반부터 2004년까지 출간된 연구 중에서 유사성 유인 이론을 다루는 총 313편의 논문을 찾아냈습니다.[27] 이들 논문을 다 합하니 총 3만 5천여 명의 샘플이 구성되었습니다. 이들의 분석에 의하면, 인간과 인간 사이에는 유사성 유인이 상당히 강력하게 작용하는 것으로 드러났습니다.

의사와 환자 간의 관계를 탐구한 의학 분야의 연구 하나를 살펴보겠습니다. 환자는 자신과 유사하게 느껴지는 의사에게 더 만족할까요, 유사성을 찾지 못한 의사에게 더 만족할까요? 연구자들은 200여 명의 환자를 대상으로 자신의 주치의를 평가하게 했습니다.[28] 그들이 말하는 방식이 자신과 얼마나 유사한지, 그들의 가치관과 종교적 신념이 자신과 얼마나 같은지, 또한 그들의 인종이나 성별, 그리고 문화적 배경이 얼마나 유사한지를 판단하게 한 뒤 의사가 제공하는 의료 서비스가 얼마나 효과적인지를 평가했습니다. 그 결과, 환자는 의사가 자신과 비슷하다고 느낄수록 의료 서비스에 대한 만족도가 높았습니다.

저는 업무적으로 다양한 부류의 경영자를 만납니다. 그중에는 오너 창업자도 있고, 후계를 물려 받을 준비를 하는 2~3세도 있습니다. 어느 경영자 2세는 이런 고민을 은근 내비쳤습니다.

"저희 아버지는 성격이 괄괄하십니다. 테스토스테론이 항상 뿜뿜하시는 분 같습니다. '이건 된다'라고 본인이 생각하면 앞뒤 안 가리십니다. 저돌적으로 밀어붙이시지요. 그 과정에서 밉보인 관리자도 적지 않고요. 반면, 장남인 저는 온화하고 합리적인 스타일입니다. 어머니를 많이 닮았어요. 여섯 살 아래인 제 남동생은 아버지를 그대로 빼다 닮았습니다. 그래서 그런지 저보다는 제 동생을 더 좋아하시는 것 같습니다. 간혹 아버지가 제게 이런 뉘앙스로 말씀하시는 경우가 있습니다. "그렇게 물러 터져서 회사를 제대로 끌고 갈 수 있겠냐, 최소한 내 반이라도 닮게 태어났어야 했는데……"라고요. 앞으로 누가 이 회사를 이끌고 나갈지는 모르겠습니다. 불안하냐고요? 꼭 그렇다고 할 순 없지만, 아니라고 하기도 애매합니다."

지금까지 유유상종, 동종애의 원칙이 어떻게 작동하는지 살펴봤습니다. 창업자와 비슷한 사람들이 모이면서 조직문화는 의도치 않게 창업자나 경영자의 스타일과 비슷한 방향으로 더 강화되고 있을 수 있습니다. 우리 조직문화를 다시 들여다볼 때에는 지근거리에서 함께 일하는 임원과 관리자의 성향도 함께 살펴보는 것이 좋습니다.

나에게 맞는 조직은 따로 있다

어느 날, 성폭력과 가정폭력 방지를 위해 노력하는 종사자들과 워크숍을 할 기회가 있었습니다. 정부에서 위탁을 받아 공익 사업을 수행하는 기관의 대표를 수행하는 분들로, 대부분 40대 후반에서 60대 초반의 여성들이었습니다. 작은 조직일수록 대표가 조직문화의 알파와 오메가인 경우가 많습니다. 즉, 그 대표의 특성이 고스란히 문화에 투영되는 사례가 종종 있습니다. 그래서 대표들의 성격을 해석하고, 그걸 바탕으로 본인이 조직에 어떤 영향을 미칠 수 있는지를 성찰해 보는 시간을 갖고자 했습니다. 130여 명의 대상자가 성격 검사를 완료했습니다. 이들 결과를 평균하면, 그 분야 종사자들의 두드러지고 지배적인 특성을 볼 수 있습니다. 전체 평균 그래프를 보고 나서 개인적으로 조금 놀랐습니다. 여태까지 제가 알고 있던 대기업과 스타트업에서는 한 번도 볼 수 없었던 패턴이었기 때문입니다. 그 대표적인 특성을 여기에 옮겨 보고자 합니다.

아래 그래프를 보면 좌측은 성격 검사, 우측은 가치관 검사의 일부 결과입니다. 성격은 내가 외부 환경에 대응할 때 더 편하거나 선호하는 쪽을 측정한 결과입니다. 예를 들어 승부욕이라면, 남들과 능력 및 우열을 겨루는 상황에서 승리하는 게 마음 편한

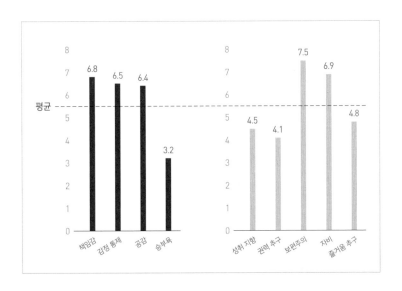

지 아니면 져주는 게 편한지를 의미합니다. 또한 가치관은 내 인생에서 가장 중요하게 여기는 신념입니다. 예를 들어 성취지향적이라면 자신의 인생에서 목표를 달성하고 업적을 남기는 일이 다른 것보다 더 중요하다고 믿는 편이라고 할 수 있습니다.

먼저 성격 검사 결과를 보겠습니다. 평균 선을 기준으로 높고 낮은 점수를 보면 되는데, 무엇보다도 책임감이 강하게 나타났습니다. 자신에게 주어진 의무와 역할을 다해야 마음이 편한 사람들이지요. 또한 감정적으로 어려운 일이 발생한다 하더라도 이를 겉으로 표출하기보다 굳건한 마음으로 통제하고 상대방의 슬픔, 고통, 비통, 두려움을 역지사지 심정으로 공감할 수 있는 특성이 두드러집니다. 이들이 상대하는 사람들이 성폭력이나 가정폭력 피해자라는 점을 감안한다면, 이런 특성이 반드시 필요하겠지요. 그리고 보니 승부욕은 현저히 낮습니다. 남을 누르거나 또는 짓밟고 올라서는 상황 자체를 싫어한다는 뜻입니다.

그렇다면 가치관 검사 결과는 어떨까요? 성취 지향과 권력 추구는 개인적인 영달榮達에 대한 신념이고, 보편주의와 자비는 집단에 대한 태도를 말합니다. 이들 패턴을 보면 개인의 영달은 별로 중요하지 않게 여기는 반면에, 평등, 평화, 공평, 공정 등 인류를 위한 가치를 가장 중시하고(보편주의), 아울러 자신이 소중하게 여기는 주변 사람들의 평안과 복지를 챙기는 일도 중요하게 여기고 있습니다. 한편으로는 자신의 삶에서 즐거움, 쾌락, 행복을 추구하는 일은 별로 중요하지 않다고 믿습니다(즐거움 추구).

이러한 특성을 보면 어떤 이미지가 떠오르시나요? 저는 이분들께 "여러분의 성향은 테레사 수녀와 비슷하다"고 설명했습니다. 개인의 성공과 성취에는 크게 관심이 없고, 다른 사람들의 심리적, 감정적, 육체적인 안녕을 향상하는 일에 더 관심이 많은 성격과 가치관을 지녔기 때문입니다. 어떻게 이런 특성을 가진 사람들만 모이게 된 것일까요?

몇몇 분들에게 이 분야로 발을 들이게 된 계기를 여쭤봤습니다. 그러자 한 분은 이런 이야기를 했습니다.

> "저는 여성이긴 하지만 대학교 들어가기 전까지만 해도 성폭력에 아무런 관심이 없었어요. 그런데 대학교 들어가서 정말 친했던 친구가 성폭력을 당한 이후로 속이 부글거리더라고요. 그 친구의 아픔이 그대로 저에게 전해졌고, 불합리한 사회 구조에 화가 났어요. 가만히 있어서는 안 되겠다 싶었죠."

또 다른 분은 이렇게 말했습니다.

> "직장에 다니다가 불편한 일을 겪었던 적이 있어요. 그런데 주변에서는 아무도 도와주지 않는 거예요. 인사부에서는 그저 덮으려고만 하고요. 내가 이상한 사람인가 싶어서 결국엔 그만둬야 했죠. 다른 직장을 잡았지만 잊을 수

없더군요. 저 같은 피해자들이 이 사회에 또 어딘가에 있을 것 같았고 그들을 돕고 싶었어요."

이 기관들은 그와 유사한 성격과 가치관을 가진 사람들을 노동 시장에서 끌어모은 셈입니다. 가정폭력으로 피해를 입은 사람들, 성폭력으로 고통받은 사람들을 돕고 싶다는 열망을 가진 이들이 서로의 곁에 모이게 되는 것이지요.

그런데 이들 조직에서 일하는 것이 잘 맞지 않으면 어떻게 될까요? 워크숍 참가자들에게 여쭤봤습니다. "소신을 가지고 온 신규 직원이 만일 승부욕이 강하면 어떻게 되나요?"라고요. 그랬더니 모두가 "아이고, 그러면 같이 일하기 너무 어렵죠. 우리 일이라는 게 서로 합심해야 하는 일인데, 그 와중에 누가 잘나고 누가 잘못했니 따지면 클라이언트(피해자)를 제대로 도울 수 없으니까요"라며 손사래를 치는 겁니다.

어떤 분은 실제로 이런 사례도 있었다고 합니다. "최근에 직원이 한 명 들어왔어요. 이쪽 일을 한 경험은 없었던 초보였지요. 그런데 제가 보기에도 경쟁심이 강한 친구였어요. 저는 속으로 '저 친구를 어떻게 해야 하나' 하고 고민이 많았죠. 몇 번 피드백을 했는데 결국 그 친구가 그만두더군요."

이 현상은 학문적으로도 잘 정립되어 있습니다. 메릴랜드 대학교 심리학과의 벤자민 슈나이더Benjamin Schneider는 조직이 그들과 유사한 사람들을 유인하고 선택하며, 맞지 않는 사람들은 시냅스로 배제하고 축출하게 된다는 이론을 1980년대에 발표했습니다. 그 이후로 수많은 논문이 이 이론의 타당성을 뒷받침했지요.

간단한 사례 하나를 더 살펴보겠습니다. 어느 스타트업 대표를 만나서 이야기하던 중이었습니다. 그 회사는 규모는 작지만, 좌충우돌 다양한 시도를 하면서 시장에서 입지를 다져 나가고 있었습니다. 그런데 얼마 전에 구성원 한 명이 퇴사를 했다고 합니다.

"콘텐츠 기획자를 한 명 뽑으려 했습니다. 스타트업은 고용 브랜드가 없잖습니까? 사회적으로 알아주지도 않고, 그렇다고 연봉을 많이 주는 회사도 아니고. 그래서 실력 있는 인재를 구하기가 정말 어렵습니다. 그런데 그 직무에 이제 갓 졸업한 S대학교 출신이 지원을 한 겁니다. 저도 좀 놀랐죠. 도대체 뭘 보고 우리 회사에 지원했나 싶었어요. 만나서 인터뷰를 했더니, 우리 회사 서비스를 좋아해서 지원했다고 합니다. 바로 같이 일하자고 했지요. 그런데 같이 일하면서 좀 힘들었습니다. 아시다시피 스타트업은 변화무쌍하거든요. 정해진 일을 하는 게 아니라 그날 그날 다른 일을 해야 할 수도, 또 스스로 일을 찾아서 만들기도 해야죠. 그런데 이 친구는 그게 잘 맞지 않았나 봐요. 새로운 일을 시키면 그걸 왜 자기가 해야 하냐고 여러 번 말하더군요. 같이 일한 지 6개월 즈음 지났을까 어느 날 면담을 하자고 하더니 지난 6개월간 자신을 돌아보고 깨달은 바가 있었답니다. 안정적이고 규칙적이며 예측 가능한 환경에서 일해야만 스트레스가 적은 사람인 것 같다고요. 결국 공무원 시험을 준비한다고 회사를 그만두었습니다."

사회적 동조의 힘

사회심리학에는 '사회적 동조social-conformity'라 부르는 유명한 현상이 있습니다. 이 분야의 대표적인 연구자인 스탠리 밀그램Stanley Milgram 교수는 유동 인구가 많은 뉴욕 길거리에서 지나가는 사람들을 대상으로 실험을 했습니다.[29] 그가 섭외한 연기자들이 길을 걷다가 갑자기 멈춰섭니다. 그리고는 60초 동안 건너편 6층 건물의 유리창을 뚫어져라 쳐다봅니다. 이에 지나가는 사람들의 반응이 어떤지 살피는 겁니다. 결과는 어땠을까요? 연기자 한 명이 뚫어져라 쳐다볼 때는 지나가는 사람의 40%가 그가 바라보는 방향을 쳐다봤습니다. 두 명일 때는 60%가, 세 명일 때는 65%가, 네 명이 쳐다볼 때는 약 80%가 가던 길을 멈추고 서서 '무슨 일이야'라는 표정으로 그 방향을 향해 고개를 돌렸지요. 이유를 모른 채로 남들이 하는 행동을 그대로 따라서 행하는 현상입니다.

진화 심리학자들은 이를 생존과 연관지어 설명합니다. 원시 시대로 거슬러 올라가, 우리가 먹을 것을 구하러 동료들과 사냥을 나갔다고 가정해 볼까요? 들판과 숲 여기저기에 알 수 없는 위험이 도사리고 있을 것입니다. 갑자기 맹수가 나타날 수도, 적대적인 부족이 나타날 수도 있습니다. 그때 저만치 먼저 앞서 가던 동료들이 갑자기 뒤로 돌아 고함을 치며 도망치는 모습이 보입니다. 동료들이 왜 도망치는지 이유를 알려고 하기보다는, 함께 뒤돌아서 꽁지 빠져라 달려야 생존 가능성이 높아지겠지요. 이를 '동조 본능'이라 표현하기도 합니다.

동조 본능이 어떻게 조직문화와 관련이 있는지 보다 직접적인 실험을 하나 더 살펴보겠습니다. 안과 의사를 만나러 병원에 갔더니 10명 정도의 환자가 대기를 하고 있습니다. 마침 한 자리가 비어 있어서 그 소파에 앉아, 시간을 때우려고 스마트폰을 들여다봅니다. 그런데 갑자기 병원 대기실 어딘가에서 '띵' 하는 벨소리가 울립니다. 그러자 대기하던 사람들이 스물스물 일어섭니다. 무슨 일인가 싶어 주변을 둘러보는데, 이내 사람들은 다시 자리에 앉습니다. 속으로 '이게 뭐지?' 하는 생각이 들겠지요? 다시 자리에서 스마트폰을 들여다보는데 몇 분 지나지 않아 다시 '띵' 소리가 들리고, 또 사람들이 자리에서 일어납니다. 이때 우리는 어떤 생각을 하게 될까요? '거참 이상한 사람들이 다 있네' 하면서 혀를 차고 가만히 앉아 있을까요? 제3자의 입장에서 이 상황만 놓고 보면 다른 이들의 행동에 무심하게 넘어갈 수 있을지도 모릅니다. 하지만 실제로 그 상황에 직면한 사람들의 행동은 달랐습니다.

내셔널지오그래픽은 펜실베이니아 대학교의 조나 버거Jonah Berger 교수와 함께 위와 같은 세팅으로 실험을 합니다.[30] 이미 대기하고 있던 10명의 연기자는 한 자리만 비워 놓고 모두 자리에 앉아서 딴 짓을 하는 척합니다. 이내 사전 예약한 일반인 여성이 시간 맞춰 들어옵니다. 그녀는 하나밖에 남지 않은 자리에 착석합니다. 띵 소리가 울리자 연기자들이 미적미적 자리에서 일어섭니다. 그녀는 처음에 '이게 무슨 일인가' 하고 속으로 놀라는 듯합니다. 두 번째 띵 소리가 울리자 또 연기자들이 일어섭니다. 그녀는 주변 눈치를 봅니다. 세 번째 띵 소리가 울리자 연기자들이 또 일어섰고, 그녀는 보고 있던 잡지를 잠시 덮더니 주저하면서 일어섭니다.

그 후로 제작진은 대기하던 사람들 한 명씩을 의사 상담실로 불러냅니다. 그 사이에도 계속 띵 소리와 일어서는 행동이 반복됩니다. 대기실에서 열 명이 모두 사라져서 혼자 있는데도, 그녀는 소리에 맞춰 일어서는 행동을 반복합니다. 마침 그때 또 사전 예약한 일반인이 병원 대기실에 들어섭니다. 그는 어떻게 할까요? 그 역시도 한두 번 눈치를 보다가, 띵 소리에 일어서기 시작합니다. 그 뒤로 도착한 사람들도 비슷한 행동을 보였습니다. 왜 이럴까요? 조나 버거 교수는 이렇게 설명합니다. "우리는 집단 구성원의 행동을 지켜보며 자랍니다. 우리가 그들을 따라할 때마다 뇌는 우리에게 보상을 주죠."

구체적으로 사회적 동조가 어떻게 작용하는지 제가 직접 체감한 사례도 있었습니다. 제가 자문하는 어느 회사는 20층 건물을 통으로 사용하고 있는데, 첫날에 1층에서 엘리베이터를 기다리고 있었습니다. 잠시 후 엘리베이터가 1층에 멈춰서자 사원증을 목에 건 한 구성원이 내리면서 넙죽 인사를 하더군요. 속으로 '신입 사원이라서 모르는 사람한테도 일단 인사를 하나 보다' 싶었습니다. 그날 자문을 마치고 다시 엘리베이터를 타려는데, 그 안에서 내린 두 명의 구성원이 또 "안녕하십니까?" 하고 인사를 하는 겁니다. 엉겁결에 저도 꾸벅 하면서 "안녕하세요"라고 인사를 드렸습니다. 요즘에는 얼굴을 모르는 사이에 인사하는 사람들이 별로 없다 보니, 조금 독특한 일이다 싶었습니다.

이후 두 번째로 방문한 날이었습니다. 그날도 1층에서 엘리베이터를 기다리면서 자문할 내용을 곱씹고 있는데, 엘리베이터 문이 열리자 과장급으로 보이는 구성원 세 명이 담배를 태울 요량으로 나오더군요. 그런데 저를 보면서 다짜고짜 또 "안녕하십니까?" 하는 겁니다. 머릿속으로 자문 내용을 숙고하는 상황이었는데 갑자기 인사를 받으니, 저도 정신을 차리고 허둥지둥 답인사를 드렸습니다. "안녕하십니까?" 하고요. 그 다음부터 저는 어떻게 했을까요? 그 회사 건물에만 들어가면 자동적으로 인사부터 먼저 하는 저를 발견하게 됐습니다. 앞서 다루었듯이, 그 부족의 문화를 제가 학습한 것이고 그 원인은 사회적 동조 현상 때문이었지요.

변화의 결정적인 순간

결정적 국면critical juncture이 문화가 바뀌는 변곡점을 만들기도 합니다. 이는 곧 사회, 정치, 경제, 문화 각 분야에서 지속해 온 기존의 균형을 뒤엎는 시발점을 말합니다. 2020년 3월부터 세계적으로 확산된 코로나 바이러스가 대표적인 결정적 국면입니다. 팬데믹은 기존의 모든 질서를 일거에 무너뜨리고 바꿔 놓았습니다. 단적인 사례로 우리에게 익숙한 인사법인 '악수'가 있지요. 이는 기원전 9세기경에 고대 그리스에서 시작된 관습이라 추정됩니다.³¹ 일부 학자들은 낯선 이들끼리 만나서 각자 그 어떤 흉기도 숨기고 있지 않다는 것을 보여주려고 고안한 동작이라고 말합니다. 그 관습은 수백, 수천 년을 지나 지금에 이르기까지 전 세계로 퍼진 채 이어져 왔습니다. 그런데 코로나 바이러스가 지구촌 전역에 퍼지자 악수는 전염의 매개 중 하나로 지목됩니다. 이제는 각자 바이러스를 옮길 수도 있다는 우려를 전제하여 악수를 하지 않는 게 매너 있는 인사법이 됐습니다. 그뿐만이 아니지요. 아이들의 학습이나 직장에서의 회의, 일하는 방식까지 모든 분야에 변화가 찾아왔습니다. 코로나 바이러스라는 결정적 국면이 사회적으로 중요한 변곡점을 만들어 낸 것입니다.

이처럼 조직에도 결정적 국면이 있는데, 크게 3가지로 구분할 수 있습니다. 첫 번째는 경영자가 상징적으로 만들어 낸 결정적 국면입니다. 대표적인 사례가 이건희 회장의 휴대폰 화형식입니다. 양을 중시하던 문화를 품질을 중시하는 문화로 바꾸기 위해, 구미 사업장에서 수천 명의 임직원들이 보는 앞에서 그들이 조립한 휴대폰을 망치로 부수고 불을 질러 종국에는 불도저로 그 잔해까지 바스러뜨린 일입니다. 이건희 회장이 문화를 바꾼 일은 제 2부에서 자세히 살펴볼 예정입니다.

두 번째는 내부에서 발생해서 조직 역사에 획을 긋는 일입니다. 우리나라 의약개발업체는 20여 년간 신약을 개발하기 위해서 2000억 원을 투자해 왔습니다. 사람의 연골에서 추출한 세포로 관절염을 치료하는 약이었습니다. 우리나라 식품의약품안전처 뿐만 아니라, 미국의 FDA(미국 식품의약국)의 허가를 받아서 3상 임상 실험을 진행하기로 하였습니다. 연일 뉴스에 보도가 되었고, 증권 시장에서도 한창 뜨거웠습니다. 그런데 비보가 들립니다. 미국 FDA에서 임상 실험을 준비하던 과정에서 유전자 검증을 했는데, 애당초 제출한 자료와 전혀 다른 세포가 나온 것이 밝혀진 것입니다. 연골에서 추출한 세포가 아니라 신장유래 세포로, 이는 종양 유발 가능성이 있다고 보고되었습니다. 그러자 우리나라 식약처는 즉각 감사를 벌였고 약품 허가를 취소합니다. 감사 결과, 임상 실험 허가를 받기 위해 서류에 기재한 세포와 실제 세포가 달랐던 이유는 개발진들의 착오 때문이었습니다. 약품 개발에 착수한 당시에는 아주 작은 소기업에 불과했고, 연구 인프라와 업무 체계가 빈약했습니다. 당시 신장유래세포로부터 일부 유전자를 분리해 연골세포에 삽입하는 과정에서 각각의 물질을 혼동했던 것입니다. 무려 10여 년 전에 벌어진 실수를 그동안 아무도 발견하지 못했다가, 수천 억을 쏟아붓고 나서야 밝혀졌으니 망연자실할 수밖에 없었습니다. 국내 식약처, 미국 FDA, 그리고 정부기관에 감사를 받는 사이 사내 분위기가 크게 요동쳤습니다. 이를 기점으로 이 회사의 문화는 크게 바뀝니다.

세 번째는 외부에서 강한 충격타가 가해질 때입니다. 이는 코로나19로 위기를 맞은 에어비앤비AirBnB의 사례에서 살펴볼 수 있습니다. 창업자 브라이언 체스키Brian Chesky는 샌프란시스코의 어느 회사에 취직을 합니다. 그런데 이 지역은 실리콘밸리가 가까워서 임대료가 상상을 초월할 정도였습니다. 회사 연봉의 대부분을 임대료로 지출하는 수준이었지요. 그는 어느 날 기막힌 아이디어를 생각해 냅니다. 거실에 공기를 주입한 매트리스를 놓고 다른 사람에게 잠자리를 빌려주는 일이었습니다. 간단한 아침 식사도 제공하면 하루에 식비 몇 달러라도 벌 수 있겠다 싶었습니다. 그런데 의외로 수요가 꾸준히 늘어나면서, 그는 이 아이디어가 상당한 기회가 될 수 있겠다는 생각을 하게 됩니다. 그렇게 포화에 가까운 호텔업, 부동산업에서 새로운 가치를 만들어 보겠다는 다짐으로 애플리케이션 개발자를 영입하고 '공기 침대와 아침 식사AirBed & Breakfast'라는 이름의 회사를 설립했습니다. 그 이후 에어비앤비는 호텔업, 여행업의 판도를 바꿔

왔습니다. 불과 10년 만에 전 세계 21개 도시에 임직원 7000여 명이 근무하는, 기업 가치 50조 원에 육박하는 기업으로 성장합니다.[32] 기업공개(IPO, 기업이 경영 내역을 시장에 공개하는 것)에 대한 기대감도 컸습니다.

그런데 2020년 코로나19가 전 세계에 확산되면서 여행과 숙박업이 급격히 위축되었고, 에어비앤비도 이를 피해갈 수 없었습니다. 2020년 3월에 유럽과 미국에 바이러스가 확산되면서 에어비앤비를 통한 숙소 예약이 크게 줄어듭니다. 그러자 풍선에 바람이 빠져서 허공으로 날아가듯 기업 가치가 크게 하락하기 시작했습니다. 에어비앤비는 모든 마케팅 활동을 취소하고 창립자와 경영진의 연봉을 절반으로 줄였습니다. 더 나아가 창업자는 1년 동안 월급을 받지 않기로 하고, 임원들은 사무실을 대폭 축소했습니다. 그렇게 절감한 돈으로 회사 손해를 메우기 위해서였습니다. 하지만 일부 미디어는 에어비앤비의 미래를 비관적으로 전망했습니다. 코로나 광풍이 지나간다 하더라도, 그들의 비즈니스 모델은 상당 기간 어려움을 겪을 수 있다고 말입니다.[33] 3개월 가량을 버티다가 결국 에어비앤비는 구조 조정을 발표합니다. 임직원의 25% 수준인 1900명을 내보내는 계획이었습니다.

이처럼 성과가 하늘 높이 치솟다가 갑자기 추락하여 구조 조정을 단행해야만 하는 기업의 문화는 크게 혼탁해질 수 있습니다. 그런데 현재까지 에어비앤비는 이 위기를 슬기롭게 헤쳐 나가고 있는 것 같습니다. 코로나19로 발생한 결정적 국면을 건설적으로 활용해서, 외려 조직을 강하게 결집시키는 모습을 보이고 있습니다. 전현직 임직원이 에어비앤비의 사내 문화와 경영진을 평가한 내용을 보면 그 이유를 짐작할 수 있습니다. (아래 데이터는 미국의 회사원들이 자신의 회사를 평가하는 사이트인 글래스도어 glassdoor에서 2021년 12월까지 에어비앤비를 평가한 약 1900여 건의 응답을 웹크롤링 기법으로 분석한 결과입니다.)

외부에서 강한 충격타가 오면 경영진이 우왕좌왕하면서 무능한 모습을 보이는 경우가 있습니다. 그래서 경영진 평가 점수가 낮아지고, 사내 문화도 나쁘게 평가되곤 합니다. 그런데 에어비앤비 추세를 보면 2020년에 코로나로 어려운 상황에 처했

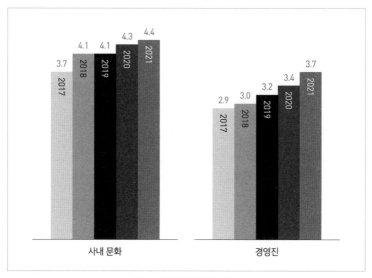

AirBnB 임직원의 평가 점수

음에도 불구하고, 되려 전년보다 경영진을 우호적으로 평가하고 있습니다. 아울러 사내 문화도 좋게 나타납니다. 5점 척도로 4.3~4.4점이면 세계 최고 수준이라 봐도 될 정도입니다. 어떻게 이럴 수 있을까요?

브라이언 체스키는 코로나19가 닥치면서 진정성 있는 여러 시도를 해 왔습니다. 그와 경영진이 먼저 연봉을 삭감하고 심지어 1년간 받지 않기로 했던 것뿐 아니라, 고객이 예약을 취소하는 상황에서도 진정성을 보였습니다. 코로나가 확산되면서 기존에 예약했던 고객들이 예약을 취소하며 에어비앤비에 전액 환불을 요청했습니다. 보통은 사전에 취소를 하면 일정 수수료를 떼고 환불해 주는 시스템이었으나, 고객들은 천재지변 때문에 벌어진 취소라면서 전액 환불을 요청하기 시작합니다. 에어비앤비 경영진은 이를 두고 고심하다가 모두의 건강과 안전을 위해서 무엇이 최선의 결정인가를 두고 판단을 내렸습니다. 전액을 환불하기로 결정한 것입니다. 다만 집을 임차해 주는 호스트들과 미리 상의를 하지 못하고 에어비앤비 본사 단독으로 결정을 내렸는데, 그로 인해서 일부 호스트들이 피해를 입었습니다. 그러자 경영진은 이런 편지를 씁니다.

"건강과 안전을 우선시한 이 결정이 올바른 선택이었다고 믿지만, 함께하는 동반자로서 호스트 여러분과 상의를 거치지 않고 일방적으로 통보하게 된 것을 정말 안타깝게 느끼고 있으며, 진심으로 사과의 말씀을 드립니다. 함께하는 동반자로서 호스트 여러분의 생각을 좀 더 경청했어야 한다는 의견에 깊이 공감합니다. 호스트의 어려움이 곧 에어비앤비 비즈니스 전체의 어려움이라는 측면에서 호스트 여러분은 에어비앤비의 소중한 동반자입니다. 에어비앤비는 현재 많은 분이 어려움을 겪고 계시며, 단순한 응원의 말이 아닌 실질적인 도움을 필요로 하신다는 것을 알고 있습니다. 그리하여 이 위기를 극복하는 데 도움이 될 몇 가지 조치들을 마련했습니다." 그러면서 호스트를 돕기 위해서 한화로 3천 억 규모의 지원금을 책정하고, 실질적인 지원 제도를 발표했습니다.[34]

그럼에도 더 이상 회사가 버틸 수 없게 되자, 브라이언 체스키는 2020년 5월 5일에 편지를 써서 임직원에게 정리 해고를 공지합니다. 그 과정에서 그는 모든 내용을 솔직하고 투명하게 알렸습니다. 우선 정리 해고라는 카드를 꺼낸 이유를 밝히고, 앞으로 에어비앤비가 생존하기 위해 집중해야 할 영역을 명확히 전달합니다. 아울러 인력 감축 기준과 그 절차를 구체적으로 적시했으며, 해고 대상이 되는 임직원에게는 퇴직금, 의료보험, 주식 등을 후하게 제공하겠다고 밝혔습니다. 뿐만 아니라 이들의 재취업을 돕기 위한 5가지 방안을 마련합니다. 그중 하나는 다른 회사가 인재들과 쉽게 접촉할 수 있도록 웹사이트를 만드는 것으로,[35] 퇴사 대상 임직원이 원하는 경우에 한해 이 사이트에서 검색이 될 수 있도록 했습니다. 특히 회사가 업무용으로 지급한 최신형 노트북을 반납하지 않고 가져가도록 한 부분에서는 세심한 배려가 드러납니다. 새로 구직을 하기 위해서는 컴퓨터가 필수라는 이유였습니다. 그는 편지를 이렇게 끝맺었습니다.[36]

맺음말

지난 8주를 보내면서 저는 진정 중요한 것이 무엇인지는 위기가 닥친 후에야 비로소 알 수 있다는 것을 깨달았습니다. 모두가 격변의 시기를 보내고 있는 지금이지만, 이런 상황에서 보다 명확해지는 것들이 있습니다.

무엇보다도 에어비앤비의 모든 임직원 여러분께 감사하다는 말씀을 전합니다. 코로나19로 인한 암담한 상황 속에서도 여러분 모두는 저에게 깊은 영감과 감동을 주셨습니다. 최악의 상황에서도 모두가 최고의 모습을 보여 주셨습니다. 그 어느 때보다도 사람과 사람 간의 소통과 교감이 필요한 상황에서 저는 에어비앤비가 중요한 역할을 할 수 있다고 믿습니다. 그리고 여러분 모두의 뛰어난 역량으로 이 위기를 극복할 것임을 믿어 의심치 않습니다.

위기를 겪으며 명확하게 깨달은 또 다른 점은, 여러분에 대한 깊은 애정입니다. 에어비앤비의 사명은 단순히 여행에 관한 것이 아닙니다. 처음 에어비앤비를 설립했을 때 내세웠던 슬로건은 '사람답게 즐기는 여행'이었습니다. 그동안 에어비앤비를 운영하면서도 항상 여행보다 인간적인 부분을 더 중요하게 생각해 왔습니다. 에어비앤비의 사명은 소속감이고, 그 중심에는 사랑이 있습니다.

에어비앤비와 계속 함께하게 된 임직원 여러분께,
에어비앤비를 떠나는 동료를 기리는 가장 좋은 방법은 지금까지의 기여가 헛되지 않았음을, 그리고 언제나 에어비앤비의 일부로 남을 것이라는 사실을 보여 주는 것입니다. 에어비앤비의 사명이 영원한 것처럼, 퇴사자들이 지금까지 달성한 성과를 계속 이어가 주시길 바랍니다.

에어비앤비를 떠나게 된 임직원 여러분께,
이런 안타까운 소식을 전하게 되어 정말 면목이 없습니다. 결코 여러분이 잘못해서 퇴사 결정이 내려진 것이 아님을 알아주셨으면 합니다. 에어비앤비의 현재를 만든 여러분의 뛰어난 역량과 재능은 전 세계 어디에서도 환영받을 것이라 믿어 의심치 않습니다. 그동안 에어비앤비를 위해 귀중한 역량과 재능을 아낌없이 보여 주신 여러분, 진심으로 고맙고, 감사했습니다.

우리나라의 직장인들 역시 이 글을 통해 경영자의 솔직한 진심이 전해진다며 공감하는 이들이 많았습니다. 누군가는 이렇게 말하기도 했습니다. "이 결정에 이르기까지 얼마나 고민했으며, 이 글을 쓰면서 얼마나 고통스러웠을까. 어쩌면 약함을 약하다고 고백하고 미안함을 미안하다고 표현하는 것이 가장 어려운 리더십 같다. 에어비앤비 경영진의 진정성과 투명성에 감탄하게 된다. 함께 일하고 싶은 회사라고 느껴질 정도다."

직원들 역시 자신들이 처한 상황에 힘들고 슬픈 마음이겠지만, CEO의 의사 결정 과정 역시 얼마나 힘들었을지 깊이 이해할 수 있었을 것입니다. 이와 같은 브라이언 체스키와 경영진의 행동은 실제로 내부 구성원들에게 큰 공감과 지지를 얻었습니다. 그 결과 무려 1900명이 정리 해고되는 일이 있었음에도, 임직원들은 전년 대비 경영진에게 더욱 신뢰감을 표명했으며 사내 문화가 투명하고 건설적이라고 평가했습니다. 구조 조정을 당한 임직원들조차 "회사의 리더십 팀은 매우 훌륭하며, 사내 문화도 정말 좋습니다", "회사가 진정으로 우리를 염려하고 신경쓴다는 게 느껴집니다"라고 말하기도 했습니다.

에어비앤비의 사례에서 볼 수 있듯이 외부에서 강한 충격이 가해지면 조직은 결정적 국면을 맞이하게 됩니다. 그런데 흥미롭게도, 에어비앤비는 이를 내부에서 잘 소화시켜서 또 다른 결정적 국면으로 전환합니다. 경영진이 투명하고 진정 어린 모습을 보여줌으로써 위기 속에서 내부 결속을 강화한 것이지요. 정리 해고 과정에서 살아 남은 에어비앤비 구성원들은 '또다시 이런 어려움이 닥치더라도, 내가 다른 회사 직장인처럼 비인간적인 대우를 받으며 해고되는 일은 없겠구나', '회사가 나를 위해 최선을 다해 노력을 하겠구나'라는 인식이 극도로 강화되었을 것입니다.

더 나아가서 에어비앤비를 바라보는 외부의 시선까지도 매우 긍정적으로 바꾸어 놓았습니다. 구직자들은 이 회사를 선망의 대상으로 여기게 되었습니다. 고용 브랜드 가치가 높아진 것입니다. 또한 에어비앤비를 이용하는 고객들은 그들이 불합리한 문제를 겪더라도 이 회사가 최대한 진솔하게 소통하고 합리적으로 결정하리라 믿게 되었습니다. 회사 이미지가 좋아진 것이지요.

이처럼 결정적 국면은 조직에서 문화의 변곡점을 만듭니다.

겉바속촉? 아니, 겉풍속문!

TV에서 미식 프로그램을 보면 패널이 유명한 튀김 집을 찾아가 맛보면서 "겉바속촉! 맛있네요!"라고 감탄사를 내뱉는 장면을 종종 마주합니다. 겉은 바삭하고 속은 촉촉하다는 뜻의 준말입니다. 이처럼 겉과 속의 물성이 다른 경우가 있는데, 조직도 이와 유사합니다.

학자들은 조직문화를 표면과 심층으로 구분합니다. 이를 '풍토'와 '문화'로 표현하는데, 이들의 차이는 무엇일까요? 풍토 climate의 어원은 라틴어로는 'clima', 그리스어로는 'klima'입니다.[37] 이는 적도에서 북극까지 지구의 경사면을 의미했습니다. 경사면이 달라지면 햇빛 일조량에 따라 온도 차이가 나고 그로 인한 기후 차이도 발생하게 됩니다. 그래서 14세기 후반에는 기후로 확연히 구분되는 지구의 특정 지역을 지칭하는 데 사용되었지요. 17세기 중반에는 단어의 사용이 정신적인 영역으로 확장되어서 '분위기가 뜨겁다, 차갑다'와 같은 의미를 담게 되었습니다.

한편 문화culture는 15세기 중반의 라틴어 'cultura'에서 유래되었으며[38] 땅을 일구는 일, 경작하는 행위를 의미했습니다. 그러다가 식물을 키우고 재배하는 행위로 확장되었고, 1800년 초에는 물고기 등을 양식하는 일을 뜻하기도 했습니다. 나중에는 교육을 받아서 정신적으로 세련된 상태를 지칭하는 말로 사용되기도 했습니다. 야만인과 대비되는 사람을 '문화인'이라 칭하듯이 말입니다. 1800년대 후반에는 오늘날의 뜻과 비슷한 '인간의 관습, 또는 그들이 집단적으로 발전시킨 특별한 형태의 지식'을 의미하게 되었습니다.

여담이지만 개인적으로 '문화'라는 우리나라 글자에 아쉬움이 많습니다. 앞서 언급한 대로 영어 'culture'는 '땅을 경작하다'라는 의미로, 원래는 흙 냄새가 폴폴 풍기는 단어입니다. 사뭇 수묵화가 연상될 만큼 땅(자연)에 그것을 일구는 사람(인간)이 함께 녹아든 아름다운 단어이지요. 그런데 한국어 문화文化에는 흙 냄새가 전혀 없습니다. 글월 문文은 가슴에 문신한 사람을 본

떠서 만든 글자입니다. 문신도 사람이 만든 인공물이고, 그것이 새겨진 대상도 사람이니 그 안에는 땅(자연)이 없는 겁니다. 자연과 인간이 상호작용한다는 원래 의미를 살리려면 오히려 밭갈경耕자가 더 적합했을지도 모르겠습니다. 문화가 아니라 경화耕化가 되는 겁니다.

아무튼 풍토와 문화를 비교해 보겠습니다. 먼저 풍토를 살펴보면, 학자들은 조직풍토organizational climate를 '근무 환경에 대한 구성원들의 공유된 지각shared perceptions'으로 정의합니다.[39] 풍토는 구성원들이 사무실에서 감각하고 느끼는 수준이기에 비교적 유연하게 변화하는 특성을 보입니다. 반도체를 제조하는 A사의 예를 들어볼까요? 창립 이후로 이런저런 굴곡과 풍파를 겪어 온 A사는 어느 해인가 상당히 저조한 실적을 냅니다. 영업 이익이 마이너스에 가깝게 나타나자 회사에는 싸늘한 바람이 붑니다. 이 회사를 10년간 다닌 김 과장은 동기들과 술 한 잔하며 한탄합니다. "요즘 회사에 냉기가 가득해. 선배님들 말로는 IMF 때만큼 힘들다는데, 너희 부서는 어때?" 동기들도 이구동성으로 분위기가 안 좋다, 힘들고 눈치 보인다고 입을 모읍니다. 그런데 어느 해에는 매출이 크게 상승했습니다. 천문학적인 영업 이익이 기대되는 상황에서 이번엔 회사에 훈훈한 기운이 감돕니다. 임직원들의 얼굴에도 웃음이 가득하고요. 김 과장은 동기들과의 술자리에서 이번엔 이렇게 외칩니다. "우리 회사 최고다. 요즘 정말 살 맛 난다!"

이 현상을 두고 학자들은 표면적 수준의 문화, 이를 따로 칭해서 조직풍토라 말합니다.[40] 작업장이나 사무실에서 구성원들이 접하는 현상에 대한 감각과 감정을 의미합니다. 주변 환경이 달라지면 구성원들의 인식이 달라지듯이, 풍토는 그때마다 달라지는 경향이 있습니다.

반면 학자들이 심층 수준이라 부르는 '문화culture'는 고집스럽습니다. 조직문화organizational culture는 '한 집단이 외부 환경에 적응하고 내부를 통합하는 문제를 해결해 나가는 과정에서 그 집단이 학습하여 공유한 암묵적인 신념'으로 정의됩니다.[41] 특히 여기서 가장 중요한 표현은 '암묵적인 신념'입니다. 기업 문화의 아버지라고 불리는 에드거 샤인Edgar Schein은 다음과 같은 체계로 설명합니다.

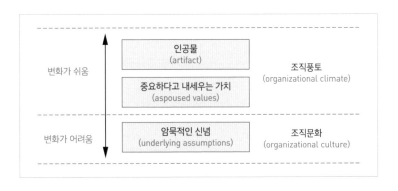

그는 문화를 '인공물', '중요하다고 내세우는 가치', '암묵적인 신념'이라는 세 차원으로 구분했습니다. 위의 두 가지 차원

은 표면적인 풍토를 의미하고, 맨 밑의 차원은 심층 수준의 문화를 의미합니다. 조직문화의 또 다른 연구자인 스위스 IMD 대학 교수 대니얼 데니슨Daniel Denison은 이를 두고 이렇게 평했습니다. "피상적인 인공물, 중요하다고 내세우는 가치, 그리고 그 기저에 깔린 암묵적인 신념을 구분하는 일은 매우 중요합니다."[42]

'인공물'은 그 조직이 만들어 낸 문화적 산물입니다. 예를 들면 기업 로고, 사가, 근무 복장, 고유한 용어, 의례 등이 있습니다. 또한 조직이 만들어 낸 제품과 서비스, 이를 효과적으로 수행하기 위한 조직 구조, 제도, 정책 등도 포함합니다. 즉 우리가 직접 인식하고 지각하는 그 모든 것을 말합니다.

앞서 언급한 A사에 가면 여러 개의 건물이 있습니다. 이들 건물은 모두 직선으로 이루어진 사각형 빌딩입니다. 천편일률적으로 단조로운 외관을 하고 있는 것을 보면, 극도의 효율을 추구하는 조직일 거라고 추측할 수 있을 겁니다. 또한 흔히 대학 캠퍼스에서 볼 수 있을 법한 예술적인 인공 조형물은 전혀 없습니다. 이러한 조형물은 '인간은 어디에서 왔는가', '삶은 무엇인가', '행복은 어디에서 오는가' 등의 질문을 떠올리게 하며 정신을 풍요롭게 하는 장치라고 볼 수 있습니다. 하지만 A사에 있는 유일한 조형물은 '특허 벽patent wall'이라고 불리는 것으로 그 회사 연구원들이 특허를 받은 서류를 자랑스럽게 벽에 걸어 둔 것입니다. 이는 감성과 영감을 추구하기보다는 논리에 기반한 기술적 우위를 추구하는 신념이 녹아든 것일 수 있습니다. 다만 이러한 내용은 인공물만을 보고 그들의 신념을 추정한 것입니다. 눈으로 관찰한 인공물을 통해 추론할 수는 있겠지만, 그것에만 의지해서는 안 됩니다. 이 조직에 대해 좀 더 깊이 들여다보기 위해서는 궁극적으로 암묵적인 신념을 살펴야 합니다.

그 이전에 '중요하다고 내세우는 가치'를 살펴보겠습니다. 이는 흔히 회사 사무실 벽에 포스터와 액자로 붙여지곤 합니다. 그 회사의 미션, 비전, 목표, 그리고 핵심 가치들입니다. 이 회사는 "첨단기술의 중심, 더 나은 세상을 만듭니다"라는 기업 브랜드를 내세우고 있었습니다. 그리고 임직원이 지켜야 할 태도와 행동으로 강한 집념, 기술 혁신, 함께하는 성장을 강조했습니다.

'암묵적인 신념'은 그 구성원들이 집단적으로 갖는 가정이자, 세상을 바라보는 관점입니다. 보통은 그 신념이 무의식적으로 형성되고, 또 그런 신념이 있는지조차 자각하지 못하기에 '암묵적'이란 표현을 붙였습니다. 암묵적인 신념은 주로 자금, 시간, 공간, 인간, 재료, 제품, 생산 등 희소한 자원에서 형성됩니다. 조직은 본질적으로 이런 것들이 부족한 집단이기 때문에, 이를 어떻게 활용해야만 가장 효과적으로 사용할 수 있는지에 대해 그들 나름의 신념 체계를 가지고 있습니다.

A 반도체 회사는 '제품'과 '생산'에 얽힌 신념이 강했습니다. 이 회사가 중요하게 여기는 지표 중에 하나는 '수율yield rate'입니다. 웨이퍼 한 장에 설계된 최대 칩의 개수 대비 실제로 정상

작동하는 칩의 개수를 백분율로 계산한 지표로, 불량률의 반대 말입니다.[43] 수율이 높을수록 생산성이 향상된다는 뜻이고, 이는 곧 수익성으로 직결됩니다. 그래서 반도체 연구원들은 0.1%의 차이에도 몹시 민감할 수밖에 없습니다.[44] 그러다 보니, 이 회사는 극도의 효율성, 생산성, 채산성을 추구해야 한다는 신념이 매우 강합니다. 그게 최선의 미덕입니다. 이 회사 건물들이 오로지 직선과 사각으로만 이루어져 있고, 아름다운 조형물이 없는 이유도 충분히 이해할 만합니다.

또 다른 신념 하나는 '시간'입니다. 그들 스스로는 의식하지 못했지만 관리자들에게서 두드러지게 드러나는 경향이 있었으며 흔히 말하는 '책상에 오래 엉덩이를 붙이고 있는 사람이 우수 사원이다', '야근을 많이 하는 사원이 우리 회사를 이끌어나갈 미래다' 같은 가정이 관찰되었습니다.

이처럼 조직에는 여러 신념이 뿌리 깊게 자리하고 있기 마련입니다. 이들 신념은 조직의 내면에 깊이 박혀 있어서 잘 변하지 않습니다. 고집스럽지요.

가치 vs 신념

우리는 앞서 살펴본 세 가지 차원을 바탕으로 문화를 보다 입체적으로 해석해 볼 수 있습니다. 그 전에, '암묵적인 신념'을 좀 더 피부에 와닿게 이해할 수 있는 사례를 하나 살펴보겠습니다.

어느 날, 미디어 산업에서 새로운 가치를 만들어 가고 있는 스타트업 대표로부터 연락이 왔습니다. 그런데 회사 이름이 독특하기에 무슨 뜻을 담고 있는지 궁금해졌습니다. 앞서 살펴본 대로 부모는 자녀 이름에 그들의 염원을 담고 창업자는 회사 이름에 자신의 이상을 담곤 하기 때문입니다. 회사 이름의 기원을 묻자 그는 그에 얽힌 긴 서사를 들려주었습니다.

그는 지난 십여 년간 우리나라 유력 일간지에서 사회부 기자로 일해 왔습니다. 그러던 중 2016년에 알파고로 대변되는 인공지능이 우리 사회를 강타하자, 그는 퓨쳐스futures 즉 '미래를 내다보다'라는 뜻을 가진 이름의 프로젝트를 추진합니다. 인공지능이 직업 세계에 미칠 영향에 대한 시리즈 기획 기사를 쓰기 시작한 것입니다. 전국 방방곡곡에 내로라 하는 전문가들을 만나서 인공지능과 직업의 미래를 논합니다. 그 과정에서 그는 '미래를 내다보기는 너무 어렵다'는 걸 느끼는 동시에 우리나라에 숨은 전문가들이 정말 많음을 깨달았습니다. 이들을 규합해서 한곳에 모이게 하면, 이들이 서로 영향을 주고받으면서 미래를 창조해 내지 않을까 싶었답니다. 언젠가 기회가 되면 그런 자리를 마련해 보고자 했습니다.

마침 본사에서 공문이 하나 내려옵니다. 사내 벤처를 키우려하니 아이디어를 내보라고 말입니다. 그는 '퓨쳐스'라는 이름으로 계획서를 제출했습니다. 그러자 불과 두 달 만에 그를 포함해서 총 9명이 팀으로 꾸려집니다. 현직 기자 3명에 기획자, 개발자, 마케터, 디자이너까지 총 6명이었습니다. 이들이 모여서 가장 먼저 한 일은 회사 이름을 짓는 것이었습니다. 그는 '퓨처스'라는 이름으로 하고 싶었답니다. '미래를 내다보다', 누가 들어도 무엇을 하는 회사인지 직관적으로 이해할 수 있을 거라는 이유였습니다. 그런데 구성원 중에 한 명이 계속 회사 이름이 촌스럽다며 반대 의사를 내비쳤습니다. 브랜드 작가에게 부탁해서 회사 이름을 하나 새롭게 받아보자고 졸랐던 것이죠. 그렇게 해서 회사 이름 후보 하나를 더 만들었습니다.

1안은 퓨처스로, 2안은 브랜딩 작가가 새로 지어준 이름을 두고 9명이 투표를 했습니다. 결과는 어땠을까요? 1안인 퓨처스에는 세 표, 2안에는 여섯 표가 나왔습니다. 그런데 흥미롭게도 기자 출신들 세 명은 1안에 몰표를 주었고, 그 외 비기자 출신인 기획자들은 모두 2안에 투표를 했습니다. 어떻게 이런 현상이 벌어진 것일까요? 왜 기자들은 1안이 더 좋다고 생각했을까요?

이후, 팀원들의 의견을 받아들여 이번에는 1안을 브랜딩 작가의 의견으로, 2안을 퓨처스로 놓고 국장실로 올라갔습니다. 본사에서 육성하는 벤처기업이다 보니 최소한 회사 이름만큼은 허락을 받아야 했겠지요. 국장님에게 "저는 퓨처스가 더 좋은데, 과반수 팀원들은 다른 이름이 더 좋다고 합니다"라고 보고했습니다. 그러자 국장님은 이렇게 대답합니다. "퓨처스, 미래를 내다보다. 얼마나 좋아. 누구나 들어도 어떤 일을 하는 회사인지 직관적으로 척 알아볼 수 있겠네. 그냥 퓨처스로 해!" 그런데 국장님도 기자 출신입니다. 국장님의 의견에 힘이 실린 그는 의기양양하게 구성원들을 모아 퓨처스로 결정되었다고 전달했습니다. 그러자 어느 디자이너가 다시 이의를 제기했습니다. "대표님, 지금 맥북 컴퓨터 쓰고 계시지요? 그거 어디서 만들었어요? 애플이죠? 그럼 그 회사가 사과 농장인가요? 아침마다 멜론으로 음악 들으시죠? 근데 그 회사가 멜론 농장이에요? 아니잖아요. 회사 이름을 듣고 그 회사가 무슨 일을 하는지 알게 만들 필요 없어요. 오히려 우리가 회사를 브랜딩하기 좋게 만드는 일이 더 중요해요. 퓨처스라는 이름은 미디어 산업에서 브랜드 이미지를 만들어 내기 어려워요."

유독 기자들만 '퓨처스'가 더 좋다고 생각한 데에는 직업적으로 그들이 가진 암묵적인 신념과 관련이 있습니다. 기자들이 만들어 내는 산물은 궁극적으로 '기사'입니다. 기사에서 가장 중요한 것은 무엇일까요? 팩트, 논리, 문장도 중요하지만 일단 제목에서 눈길을 끌어야 합니다. 제목만 봐도 누구나 그 기사가 무엇을 다루는 내용인지, 어떤 사안에 찬성하고 반대하는지를 알수 있어야 하는 겁니다. 어느 기자는 "신문 기사 제목은 본문 전체 내용을 압축한다. 제목은 독자의 관심을 유발시켜 본문까지 읽을 수 있도록 유도하는 역할을 한다. 그렇기에 기사의 제목은 기자가 전달하고자 하는 핵심 메시지라고 할 수 있다"라고 말하

기도 했습니다.[45]

이게 바로 '암묵적인 신념'입니다. 다만 어떤 조직에는 너무 굳건하고 당연한 믿음이라서 스스로는 그런 신념에 대해 자각하지 못하는 경우가 많습니다.

페이스북 한국 지사에 방문한 적이 있습니다. 방문자 등록을 마치고, 우리나라 전통 대갓집에 쓰일 법한 나무문을 열고 들어서니 넓은 사무실이 펼쳐졌습니다. 정면 10시 방향에 벤딩 머신이 떡하니 서 있는 게 눈에 들어왔습니다. 그 안을 자세히 보니, 마우스와 키보드 같은 저렴한 물품뿐만 아니라 외장하드 디스크 같은 값비싼 주변기기도 있었습니다. 이게 무엇이냐고 묻자 이런 답변을 들을 수 있었습니다.

> "주변기기가 필요하면 가져다 쓰도록 놓은 것입니다. 다른 회사에서는 마우스가 필요하면 절차를 밟아 총무과에 의뢰한다거나, 법인카드를 들고 사 와야 하잖아요. 그런데 저희는 'Focus on Impact(영향력이 큰 일에 집중하라)'를 중시하기 때문에, 필요하면 바로 가져다 쓰라고 이렇게 해 놨어요. 컴퓨터 액세서리 구하느라 신경 쓰고 시간을 낭비하는 대신에 'Focus on Impact' 하라고요! 물론 비용을 청구하지는 않습니다."

이 사례에서 볼 수 있는 문화적 현상을 세 가지 차원으로 해석해 보겠습니다. 벤딩 머신은 '인공물'입니다. 우리가 오감으로 관찰할 수 있지요. 그리고 벤딩 머신과 관련하여 '내세우는 가치'는 'Focus on Impact'입니다. 여기에 얽힌 '암묵적 신념'은 무엇일까요? 이것이 받쳐주지 않으면 페이스북 벤딩 머신과 같은 문화적 산물이 제대로 현현될 수 없습니다.

어느 날 우리나라에서 손에 꼽히는 그룹의 인사담당자 워크숍에 초대를 받았습니다. 60여 명이 모여 있었지요. 제가 페이스북 벤딩 머신 사진을 보여 주면서 이렇게 물었습니다. "만일 여러분께서 구성원들이 일에 전념할 수 있도록, 이런 벤딩 머신을 회사에 구비하겠다고 품의를 하면 어떻게 될까요? 어떤 말을 들으리라 예상하십니까?" 모두가 미묘하거나 난처한 표정을 짓고 있었습니다. 그런데 맨 앞에 앉아 계신 내성적 성향의 담당자 한 분이 고개를 푹 숙이고 고민하다가 머릿속 생각을 여과 없이 자기도 모르게 내뱉고 말았습니다. "미친 새끼라고 하겠지!" 그러자 모두가 폭소를 터트렸습니다. 그 담당자는 깜짝 놀라 주위를 둘러보다가 다시 고개를 푹 숙였습니다. 제가 그분에게 여쭈었습니다. "왜 그렇게 생각하셨어요?" 그러자 그분은 거의 기어들어가는 목소리로 이렇게 말했습니다. "먼저 이런 말을 들을 것 같습니다. 구성원들을 어떻게 믿냐, 훔쳐가면 어떻게 할래? 그리고 회장님 돈을 그렇게 마구 낭비해도 되는 거야? 네가 책임질 거야?"

그렇다면 페이스북의 벤딩 머신을 탄생시킨 신념은 무엇이었을까요? 먼저 시간에 대한 가정이 있습니다. 이들은 일분일초라도 더 구성원들이 창의적인 생각을 하고, 그 아이디어를 구체화하면 회사에 엄청난 성과를 가져다 줄 거라는 가정을 갖고 있었을 것입니다. 그래서 마우스나 키보드 같은 걸 사는 일에 시간을 소요하고 낭비할 필요가 없다고 여긴 것이지요.

인간에 대한 가정도 얽혀 있습니다. 인간을 보는 다양한 관점 중에 하나의 축은, 인간은 게으르고 수동적이라서 독촉하고 다그쳐야 성과가 난다는 것입니다. 다른 한 축은 반대입니다. 인간은 자발적인 의지를 가지고 주도적으로 행동하며, 일을 통해 성장하려는 욕구를 가지고 있기에 조직에 이로운 방향으로 행동할 것이라는 생각입니다. 페이스북의 인간관은 후자인 셈입니다. 벤딩 머신을 놓아 두어도 사익을 위해 훔쳐가지 않으리라 가정하는 것입니다.

돈에 대한 가정도 있습니다. 회사에서 쓰는 돈은 회장님의 돈이라거나, 투자자의 돈이니 내 것이 아니라고 생각하는 조직들이 있는 반면, 우리 모두가 발전을 위해 함께 써야 하는 우리 돈이라고 생각하는 조직도 있습니다. 페이스북의 사례는 물론 후자입니다.

제가 관찰했던 우리나라 몇몇 대기업은 그와 반대되는 신념을 가지고 있었습니다. 인간은 시켜야만 일을 하는 신뢰할 수 없는

존재로, 회삿돈은 회장님 소유이며, 업무 시간에는 시키는 일만
제대로 하면 된다고 가정했습니다.

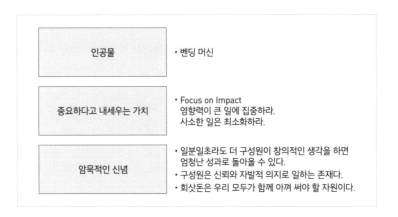

에드거 샤인은 암묵적인 신념이 문화의 가장 밑단, 주춧돌이
라 보았습니다. 이 신념이 받쳐주지 않으면 '인공물'이나 '내세
우는 가치'가 아무리 매력적으로 설정되어 있다 하더라도 현실
에서 제대로 작동되지 않습니다. 이에 대해서는 다음 장에서 좀
더 살펴보겠습니다.

2부

소통하는
리더가
최고의 조직을
만든다

1 좋은 문화는 쇼핑하듯
      골라 담을 수 없다

구글에서 일하면 정말 행복할까?

　　　　　일부 경영자들은 선진 기업을 마냥 부러워하곤 합니다. 미디어에서 조명하는 부분만 보고 그것을 그대로 따라하려는 경향도 있습니다. 2000년대 중반에는 GWPgreat work place라는 개념이 미디어에서 주목을 받았습니다. 행복한 소가 좋은 우유를 많이 만든다는 말이 있지요. 그처럼 구성원들이 즐겁고 행복해야 일에 몰입하여 성과를 많이 낼 테니 즐거운 직장을 만들자는 운동이었습니다. 그래서 부서장과 부원들이 함께 영화를 보러 가는 '무비 데이' 같은 이벤트를 많이 벌였습니다. 하지만 불과 몇 년 안 되어 유행은 금방 시들해졌지요. 그 원인 중에 하나는 GWP운동을 아무리 해도 성과가 눈에 띄게 향상되지 않았기 때문입니다.

최근 몇 년 사이 미디어는 구글을 자주 조명해 왔습니다. 구글은 상사의 지시를 무작정 따르기보다는 수평적이고 자유로운 의사소통을 중시하는 밀레니얼 세대의 특성에 걸맞는 기업으로도 꼽히고 있습니다. 그래서인지 어떤 미디어들은 구글을 세상에서 가장 완벽한 조직처럼 묘사하기도 하는데, 정말 그럴까요? 저는 이런 말을 자주 합니다. "세상에 완벽하고 완전한 인간은 없다. 세상에 완벽한 리더도 없다. 그리고 불완전한 인간이 모여서 조직을 이루니, 세상에 완벽한 조직도 없다"고 말입니다.

우리가 흔히 미디어를 통해 접하는 모습 외에, 실제 구글의 직원들은 회사에 대해 어떻게 느끼고 있을까요? 미국에는 회사 평가 사이트인 글래스도어glassdoor가 있습니다. 현직자와 퇴직자들이 그 회사의 경영진 역량 수준, 복리 후생 만족도, 일과 삶의 균형work and life balance, 경력 개발의 기회, 그리고 사내 문화를 평가하고 회사의 장점과 단점을 주관식으로 기술하여 회사를 평가합니다. 2008년부터 지금까지 무려 10여 년간의 시계열 데이터가 쌓여 있습니다. 구글을 평가한 결과는 2020년 기준으로 약 11,200건이 등록되어 있고요. 구글의 최근 평가를 확인하기 위해서 2016년부터 등록된 기록 3,500건을 가져왔습니다. 글래스도어 측에서 데이터를 내어 주지는 않기 때문에 크롤링crawling이란 방법을 사용했습니다. 인터넷 브라우저에서 보여지는 페이지를 그대로 가져오고, 그 안에서 데이터만 추출해 내는 기법입니다.

먼저 구글의 장점으로 묘사된 주관식 텍스트를 살펴보겠습니다. 텍스트를 분석하는 여러 기법 중에서 직관적으로 이해할 수 있는 방식인 '다차원 척도 구성법'을 활용했습니다. 의미가 유사한 단어들끼리 묶어 주고 이를 이차원 평면도에 제시해 주는 방법입니다. 구글의 임직원이 평가한 긍정적인 점은 이렇습니다.

1. 세계 최고의 제품을 다루면서 배울 수 있는 기회가 많이 있다.
2. 똑똑하고 유능한 동료들이 있으며, 그들은 또한 친절하고 협조적이다.
3. 흥미로운 최신 기술들을 접할 수 있다.
4. 근무 시간을 유연하게 조정할 수 있다.
5. 임금과 보상 수준이 경쟁력 있다.

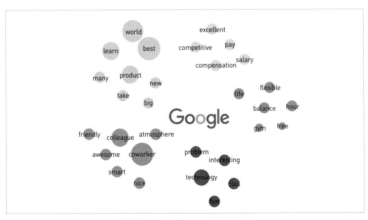

글래스도어에 평가된 구글의 장점

하지만 세상에 완벽한 조직은 없다고 했지요. 구글도 마찬가지일 겁니다. 이제 구글러들이 관찰한 부정적인 측면을 살펴보겠습니다. 이 역시도 다차원 척도 분석법을 활용했습니다. 첫 번째와 두 번째로 가장 눈에 띄는 건 워라밸과 업무 시간에 대한 불만입니다. 놀면서 여유롭게 일할 것 같은 이미지와 달리 실제로는 업무 시간이 과중하다는 겁니다. 세 번째, 승진 등을 통한 성장이 더뎌서 경력 개발이 어려울 수 있다고 평했습니다. 네 번째, 경영진과 관리자들의 리더십 역량에 불만을 토로했습니다. 다른 전통적인 기업에 근무하는 관리자들과 다를 바 없다거나, 방향성을 잃은 것 같아 보인다는 평이었습니다. 마지막으로, 조직이 정치적political이고 관료화bureaucratic되었다는 평가입니다. 이로 인해 의사결정이 더뎌지고 시장이 변화하는 추세에 제대로 대응하지 못하고 있다는 겁니다. 이처럼 미디어에서 자유

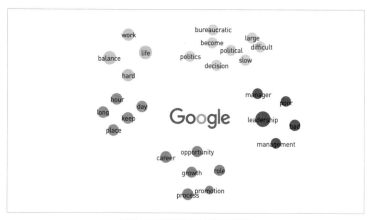

글래스도어에 평가된 구글의 단점

로운 장점만 부각되던 구글조차 조직의 규모가 커지면서 관료주의적 경영을 한다는 지적을 받고 있습니다.

물론, 조직의 규모가 커진다고 해서 무조건 나쁜 현상만 나타나지는 않습니다.[46] 연구에 따르면 조직의 규모는 혁신inno-vation과 정적인 관계가 있습니다.[47] 물론 그 원인과 결과를 명확히 구분하기는 어렵습니다. 혁신이 자주 일어나서 조직 규모가 커지는 결과를 낳는지, 조직 규모가 크고 가용한 자원이 많아서 혁신이 일어나는지를 알기는 어렵지요. 그래서 연구자들은 인과적 표현을 사용하지 않고 중립적으로 기술했습니다. '조직 규모와 혁신은 정적인 관계가 있다'고요.

하지만 규모가 커질수록 복잡성이 증가하는 것은 분명합니다. 관계적 차원의 복잡성을 한번 살펴볼까요? 2인으로 구성된 조직을 먼저 고려해 보겠습니다. 이는 가장 작은 집단으로 한 구성원이 떠나면 집단의 존재 자체가 성립되지 않습니다. 그리고 결코 하위 집단으로 쪼개질 수 없습니다.[48] 연인이나 죽마고우와 같은 2인조 집단은 소통을 빈번하게 나누면서 깊은 유대감을 갖고 강하게 결속됩니다. 그런데 사람이 점차 늘어날수록, 모든 사람에게 연결될 수 있는 사회적 관계는 복잡하게 변합니다. 그 최대치는 '구성원수×(구성원수-1)/2'의 방정식이 됩니다. 구성원이 2명일 때는 상호 관계가 1개이지만, 5명일 때는 10개로 증가합니다.

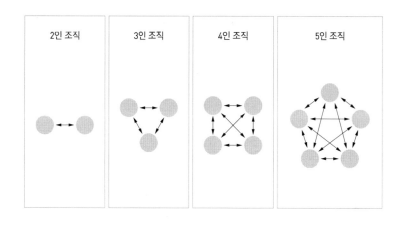

| 2인 조직 | 3인 조직 | 4인 조직 | 5인 조직 |

이를 수치로 시뮬레이션해 보면 다음과 같습니다. 아래 그래프에서 볼 수 있듯이 인원이 100명에서 200명으로 두 배 늘어나면, 사회적 관계의 최대치는 네 배로 증가합니다.

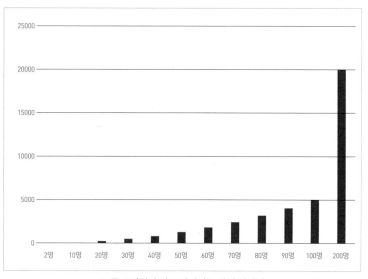

모든 구성원이 서로 연결되는 관계 최대치

구성원이 두 명인 조직은 정보 교환이 빈번하고 매우 빠릅니다. 친밀한 연인과 친구끼리는 하루 종일 시시콜콜한 이야기까지 나누는 것처럼요. 그런데 구성원이 점차 많아지면 정보 처리가 원활하지 않습니다. 부서와 부서 간에 소통과 정보 공유가 단절됩니다. 그로 인해 관리 비용managerial cost이 증가하고[49], 외부 환경 변화에 무뎌질 수 있습니다. 그래서 규모가 커지면 커질수록 경영진과 중간관리자의 역량이 중요합니다. 부서 간 단절을 최소화하고, 정보가 유연하게 흐를 수 있는 환경을 만들 수 있는 주체이기 때문입니다.

앞서 데이비드 패커드가 남긴 유명한 문구를 소개해 드렸습니다. "많은 기업이 굶주림보다는 소화불량으로 죽는다"고 말입니다.[50] 즉 많은 조직이 돈이 없어서 죽기보다는, 지나치게 많이 먹어 과식으로 죽는다는 뜻입니다. 구글도 현재 그와 같은 현상을 겪고 있는 것으로 보입니다. 이를 타개하기 위해 구글은 알파벳Alphabet Inc.이라는 지주회사를 설립하고, 그 밑에 실험적인 자회사를 두는 형태로 구조를 바꾸었습니다. 하지만 최근까지도 정치적이고 관료적이라는 평가가 여전히 이어지고 있습니다. 이 상황에서 경영진과 관리자의 역할이 중요한데, 구성원들의 평가에 따르면 그리 긍정적이지 않고 '방향성을 잃었다'는 이야기가 종종 보입니다. 앞으로도 구글이 선도적인 위치를 점하고 있을지는 미지수입니다.

구글의 사례로 알 수 있듯이, 미디어에서 선진 기업을 조명한다고 해서 마냥 부러워할 필요는 없습니다. 보이는 것이 전부가 아닐 뿐더러, 아무리 훌륭한 기업이라도 완벽할 수는 없으니까요.

요즘 '핫'하다는 트렌드, 우리도 해야 할까?

한때 우리나라에서 GE그룹을 동경하며 그들이 했던 제도와 방법론을 무작정 따라 했던 시절이 있었습니다. 100만 개 제품 중에서 3~4개 미만의 불량률만 추구하겠다는 의미의 전사적인 품질 경영 기법으로 사용한 '식스 시그마Six Sigma', 진짜 일과 가짜 일을 구분해서 체질을 개선하겠다며 사용한 'GE 워크아웃GE Workout', 인재를 제대로 평가하고 선발하는 '세션 CSession C'등, 그들의 방식을 거의 그대로 벤치마킹 했습니다. 전설적인 경영자 잭 웰치Jack Welch가 막대한 예산을 투자하며 예산안에 투자금 회수 기간 무한대라고 표기했던 연수원 크로톤빌Crotonvile에는 삼성, SK 등 유수의 대기업이 탐방하러 가곤 했습니다.

최근에는 구글이 그런 벤치마킹의 대상이 되고 있지요. 사실상 우리나라 대기업과 스타트업, 양쪽에서 모두 벤치마킹하려는 회사는 드뭅니다. 3M, 존슨앤존슨, 코카콜라, 나이키 등을 벤치마킹하려 하는 스타트업은 거의 없을 겁니다. 대기업과 스타트업은 성장 맥락이 다르다고 생각하기 때문입니다. 그런데 구글만큼은 양쪽 모두가 적용하고 싶어 하는 모델입니다. 대기업에게는 첨단 기술이 집약된 조직이라 부러워서, 스타트업에게는 대학교 작은 사무실에서 시작했지만 로켓포를 타고 성장한 조직이라서, 서로가 벤치마킹을 하고 싶어 하지요.

대표적인 사례가 구글이 만들어 사용하는 OKR(Objective and Key Results, 회사와 구성원이 각각 목표를 설정하고 목표를 달성할 수 있도록 서로 서포트하는 시스템)입니다. 원래 이 개념의 창시자는 인텔의 최고경영자인 앤드류 그로브Andrew Grove입니다. 그는 피터 드러커Peter Drucker가 주창한 MBO(Management By Objective, 구성원 스스로 목표를 설정하는 시스템)에 깊이 공감하고 있었습니다. 하지만 그의 자전적 경영서에서 밝히기를,[51] MBO의 경우 관리자와 구성원들이 적당히 달성할 수 있을 정도로만 목표를 세우는 것이 안타까웠다고 합니다. 흔히 이를 '계산된 목표'라고 부릅니다. 많은 대기업에서 연초 경영 목표를 수립하는 과정도 이와 같습니다. 먼저 전략팀 또는 기획팀이 전사에 목표 수립 양식을 배포합니다. 그러면 동일한 규격에 맞추어 본부별로, 팀별로, 그리고 구성원별로 반기 또는 1년간 달성하고자 하는 목표를 적습니다. 이때 진정으로 염원하는 목표 수준보다는, 조금만 더 노력하면 달성 가능한 수준으로 계산해서 맞춥니다. 왜냐하면 그 달성 정도에 따라 고과가 매겨지고 보상을 받게 되기 때문입니다. 인간이 경제적 주체임을 고려할 때 우리는 평가와 보상을 높게 받기 위해 행동할 수밖에 없습니다. 그래서 관리자나 구성원들은 남들이 볼 때 달성하기 어려운 듯한 도전적인 목표로 보이도록 요령껏 내용을 포장해 기술합니다. '있어빌리티('있다'와 능력을 뜻하는 영어 어빌리티ability를 결합한 신조어. 무언가 굉장한 것이 있어 보이도록 만드는 능력)'를 위해 문장과 표현을 잘 꾸며 내는 것이지요. 결국 MBO란 원대한 목표를 꿈꾸는 제도가 아니라 '말의 성찬'으로 변질된 셈입니다.

앤드류 그로브는 인텔의 구성원들이 그런 계산된 목표가 아니라 보다 원대한 목표를 꿈꾸게 하는 방법을 고민했습니다. 설령 실패하더라도 이 세상을 바꿔 놓을 만큼 의미 있고 가치 있는 목표를 가슴에 품기를 바랐습니다. 그 결과로 탄생한 산물이 iMBOsIntel Management by Objectives였습니다. 기존 MBO와 다른 점이 몇 가지 있습니다. 첫째, 목표 그 자체가 다릅니다. 거의 달성할 수 없는 정도로 원대한 수준을 세웁니다. 둘째, 구성원의 자발적인 참여를 독려합니다. 기존 MBO는 오로지 톱다운top-down, 즉 경영진의 일방적 지시로 목표가 할당되는 방식이었습니다. 그로브는 강제적인 할당 방식이 구성원들을 타동적으로 만들었다고 보았습니다. 그래서 구성원 스스로 원대한 꿈을 세우도록 독려했지요. 셋째, 목표 달성에 따른 보상 제도를 다르게 만들었습니다. 그로브는 목표 달성에 따라 일률적으로 보상하는 방식이 구성원을 계산적으로 행동하게 만들었다고 생각했습니다. 인간은 경제적 주체이므로 계산적 목표를 세우는 일은 어쩌면 자연스러운 일입니다. 그래서 그는 목표 달성과 보상 수준 간의 연계를 느슨하게 만들었습니다.

그로브의 의지를 받아 인텔에서 iMBOs를 수행했던 존 도어 John Dorr가 구글의 초창기 투자자로 참여하면서, 창업자인 세르게이 브린Sergey Brin과 래리 페이지Larry Page에게 이 내용을 소개합니다. 두 창업자는 그 사상에 영감을 받습니다. 그들은 구글의 미션을 '전 세계의 정보를 체계화하여 모두가 편리하게 이용할 수 있도록 하는 것'으로 잡았습니다. 인류 역사상 최초이자 최고의 도전이었고, 원대한 꿈이자 열망이었습니다. 그 결과로 지구 전체의 모습을 실제 사진으로 담은 구글 지도Google Maps 와 전 세계 2000여 개 주요 박물관 및 자료실과 제휴해서 예술 작품을 온라인으로 감상할 수 있도록 집약한 구글 아츠앤컬처 Google Arts & Culture, 1800년대부터 출간된 서적 800만 권을 스캔해서 단어 출현 추세를 볼 수 있도록 한 구글 북스 엔그램Google Books Ngram 등의 서비스가 탄생했습니다.

최근 우리나라에서도 OKR 열풍이 불고 있습니다. 유수의 대기업에서 효과적인 '목표 관리', '성과 관리' 제도라 하여 도입하고 있지요. 뿐만 아니라 여러 스타트업에서도 따라하려 하는 곳들이 많습니다. 과연 OKR을 도입하면 정말 효과가 있을까요?

OKR을 마케팅하는 쪽에서는 이에 대해 '세상에서 가장 효율적으로 일하는 구글의 성공 비법', '구글 10배 성장을 도운 기적의 경영 비법'이라고 소개합니다. 하지만 이를 이유로 OKR을 도입하려는 경영자들에게 역으로 묻고 싶습니다. "OKR을 도입해서 정말 구글처럼 된 기업이 있나요?" 구글 사례는 단일 케이스에 불과합니다. 즉 특수성을 지닙니다. 그런데도 우리는 특수성이 보편성을 담보하지 못한다는 사실을 종종 잊곤 합니다.

이 현상을 보면서 문화 연구자로서 상당히 안타깝습니다. 제도는 제도일 뿐입니다. 포장은 그대로 따올 수 있지만, 그 기저에 있는 본질은 복제가 매우 어렵습니다.[52] 인류학 언어로 달리 표현하면, 제도는 해당 부족이 만들어 낸 인공물입니다. 그 부족이 가진 고유한 세계관에 입각해서 탄생한 결과인 것이지요. 세계관이 받쳐줘야 그 제도와 방법론의 본래 취지가 제대로 운용될 수 있습니다.

우리나라 일부 기업에서 OKR에 대한 불만이 높아지는 이유는 그 본질을 간과하고 개개인을 채찍질하는 용도가 되었기 때문입니다. 더 나아간 목표를 추구하기보다는, 오히려 "그 목표를 이루겠다고 직접 설정해 놓고, 왜 달성률이 이것밖에 안 돼?" 하고 끊임없이 다그치는 메시지를 주는 수단이 된 것이지요.

특히나 요즘 기업에서 높은 비율을 이루는 밀레니얼 세대는 이해할 수 없는 회사의 목표를 수용적으로 받아들이기보다 자신이 이해하고 동의할 수 있는 가치에 따라 일하길 원하며, 보다 자유로운 조직에서 더욱 능력을 발휘할 수 있다고 생각합니다. 흔히 이들이 상사와의 소통 자체를 꺼린다고 생각하지만, 성장을 위해 능력 있는 상사의 피드백을 오히려 중요시하는 경향이 있습니다. 다만 '이유는 묻지 말고 시키는 대로 하라'는 톱다운 방식의 시스템을 거부하는 것이지요. 구글 역시 이처럼 자율성과 개인 성장을 추구하는 밀레니얼의 욕구를 잘 활용했습니다. 모든 직원에게 주당 근로 시간의 20% 이상을 자신이 원하는 새로운 서비스 개발에 쓸 수 있도록 했고, 구글맵도 이 과정에서 탄생한 것입니다.

구글에게 OKR은 위대한 꿈을 향한 원스피릿one spirit을 만드는 여정입니다. 그들의 OKR을 보면 저는 다음과 같은 이미지들이 떠오릅니다. 지구 전체 모습을 실제 사진으로 담아내고자, 구글러들이 등에 무거운 장비를 메고 차로는 갈 수 없는 험지로 달려가는 모습. 아무도 없는 자갈 밭과 사막을 건너고 깎아지른 절벽을 타고 넘어가는 모습. 여기에 OKR의 정신이 있습니다. 우리나라 일부 기업들이 하듯, 꼼꼼하고 치밀하며 세밀한 목표 관리, 체계적이면서 상시적인 평가가 그 본질이 아닙니다.

OKR이 적용되기 어려운 세계관을 문화적으로 디코딩decoding해 보겠습니다. '인간에 대한 가정'이 다음과 같이 형성된 조직은 필패합니다.

X 이론을 신봉하는 조직

사람은 원래 게을러서 누군가 업무를 지시해야만 일을 제대로 한다고 믿는 조직에서는 OKR이 맞지 않습니다. 반면, 사람은 누구나 더 좋은 결과를 원하고, 그것을 얻고자 자발적으로 노력하는 존재라고 믿는 조직은 가능합니다. 앤드류 그로브가 "일종의 스톱워치를 구성원 손에 쥐어 주고 스스로 자신의 성과를 측정할 수 있도록 한 것입니다"라고 말한 것도 마찬가지입니다. OKR의 본질은 구성원이 스스로 위대한 꿈을 염원하고 그 달성을 위해 노력하는 일이기 때문입니다.

고정 마인드셋(Fixed Mindset)을 가지고 있는 조직

'사람은 바뀌지 않는다'라고 믿는 조직은 OKR을 적용하기 어렵습니다. 개인마다 그 타고난 능력에 맞는 수준의 목표만 주려할 것입니다. 반면, 인간은 배우고 성장하는 존재라고 믿는 '성장 마인드셋Growth Mindset'을 가지고 있으면 OKR을 시도해볼 수 있습니다. 목표를 달성하지 못하고 실패했다 해도 그게 성장과 발전의 기회라 여길 수 있으니 말이지요.

앤드류 그로브가 구성원에게 가졌던 신념은 어땠을까요? 실리콘 밸리의 전설적인 투자자 벤 호로비츠Ben Horowitz는 그로브를 평하며 이렇게 말했습니다. "그는 누구보다 인간의 잠재력을 믿었습니다. 아마도 그것이 그가 누군가를 더 나은 상태에 도달하도록 돕는 데 굉장히 많은 시간을 쏟은 이유일 것입니다." 실제로 그로브가 한 이야기도 마찬가지입니다. "직원의 업무 능력을 끌어올리려고 노력해야 합니다. 마침내 그 능력이 높은 수준에 이르면 직원에 대한 교육은 완성됩니다. 그렇게 되면, 그 구성원의 동기는 가장 강력한 에너지 원천인 그의 내면에서 나오게 됩니다", "자아실현을 방해하는 커다란 장애물 중에 하나는 실패에 대한 두려움입니다. 하지만 모든 스포츠 경기는 질 확률이 50%나 되지 않던가요? 선수들은 이를 처음부터 알고 있지만 한 경기라도 포기하는 법이 없습니다. (중략) 관리자라면 구성원들이 자신의 능력을 한계까지 밀어붙이도록 해야 합니다."

구성원을 열등한 존재로 가정하는 조직

구성원을 열등한 존재로 간주하는 조직은 당연히 OKR을 제대로 운용하기 어렵습니다. 구성원이 자발적으로 작성한 OKR을 존중하지 않고 무시하려 들기 십상이기 때문입니다. 반면, 구성원을 파트너로서 대등한 관계, 또는 함께 어깨동무를 하고 어려움을 헤쳐나갈 동료로 생각하는 조직에서는 가능합니다. 구글에 OKR을 전파한 존 도어John Doerr가 "목표에 대해 구성원의 몰입을 이끌어 내기 위해서는, OKR의 대략 반절 정도는 구성원 스스로가 자발적으로 설정할 수 있어야 합니다. 상사와 함께 논의하면서 말입니다. 항상 톱다운으로만 목표가 설정되면 구성원의 의욕과 동기를 심각하게 좀먹게 됩니다"라고 말한 바와 같습니다.

벤치마킹이 전혀 무용하다는 뜻은 아닙니다. 비판적으로 생각하지 않고, 무작정 "구글에서 했으니까 우리도 하자"는 식으로 따라하려는 태도를 지양해야 한다는 의미입니다. 특정한 경영 기법이 유행할 때, 보이는 형식보다 그 본질을 깊이 고찰해야 합니다. 그들의 방법이 구성원들의 의욕과 효율을 끌어올릴 수 있었던 이유는 무엇일지 말이지요. 어느 기법이 유행하는 배경 요인은 규제 환경, 경쟁 환경, 기술 환경이 바뀐 탓일 수 있습니다. 근시안적으로 기법에만 주목하는 게 아니라, "도대체 무엇이 어떻게 변화하고 있는가?"를 따져 봐야 합니다.

실제로 오늘날 밀레니얼과 함께 일하는 조직의 환경과 분위기가 달라지고 있습니다. 전반적인 구성원들의 성향을 파악하는 것도 경영자로서 간과해서는 안 됩니다. 개인보다 회사의 성장에 의미를 두던 과거와 달리 이들은 개인의 성장 기회와 자율성을 중요시하고, 유연한 소통 방식를 추구하며, 공정한 환경에서 일하기를 원합니다. 함께 일하는 구성원들의 가치관이 달라지고 있다면 그들과 일하는 방식도 달라져야 합니다. 변화를 이해해야 그 변화에 대응하는 효과적인 방법이 요즘 유행하는 그 경영 기법인지, 혹은 다른 방법이 없는지 찾아볼 수 있을 겁니다. 그리고 '우리 회사의 문화적 토양을 고려할 때, 우리 회사만의 고유하고 독자적인 기법을 고안한다면 그 틀은 어떤 모습인가?'까지도 함께 고민해야 합니다.

수직적 문화는 무조건 나쁜 걸까?

게슈탈트 치료 분야에는 '내사introjec-tion'라는 표현이 있습니다. 다른 사람이 중요하다고 주장하는 가치나 신념이 과연 옳은지 아닌지 깊이 생각해 보지 않고 자신의 것으로 받아들이는 현상을 말합니다. 어린아이는 아버지와 어머니가 중요하다고 반복해서 강조한 가치를 쉽게 받아들이는 것처럼요.

보통 CEO나 임원과 일대일로 면담을 하는 경우 성격 검사를 같이 해석하곤 합니다. 아버지가 직업 군인이셨던 분들에게선 종종 '순응'이라는 가치를 중시하는 경향이 발견되곤 합니다. 사회적으로 기대되는 규범을 지켜야만 한다는 신념이 강하지요. 어릴 때부터 아버지가 규율과 법을 지키는 일이 중요함을 지속적으로 강조하셨기 때문입니다. 그리고 그 가치를 수용적으로 '내사'한 결과입니다.

이런 '내사' 현상은 경영 현장에서도 심심치 않게 볼 수 있습니다. 요즘 경영자들에게 내사된 가장 두드러진 가치는 '수평적 문화'입니다. 이 단어는 원래 네덜란드 출신의 기업문화 연구자 호프스테더가 명명한 '권력 거리power distance'를 한국식으로 부른 표현입니다.[53] 1960년 후반에 IBM에서 근무하던 호프스테더는 회사 구성원들이 그 출신마다 서로 다른 가치 태도를 가지고 있음을 관찰합니다. 그중에 하나가 권력 차이를 얼마나 인정하고 받아들이느냐 하는 점입니다.[54] 즉 사적인 관계나 공식적인 자리에서 사람들의 서열을 강조하고 받아들이는 정도를 말합니다. 오스트리아, 이스라엘, 스웨덴과 같은 문화권은 권력 거리가 짧습니다.[55] 지위 고하에 관계없이 사람은 평등하다고 믿습니다. 종업원은 고위 경영자에게 스스럼없이 다가가서 말을 건네고 대화를 주고받을 수 있습니다. 또한 편안한 분위기에서 권력자가 내놓은 의견에 비판하거나 반박할 수 있습니다. 반면, 한국, 중국, 인도와 같은 나라는 권력 거리가 멉니다. 종업원이 고위 경영자에게 다가가기 어려울 뿐더러, 그러자면 여러 절차를 거쳐야 합니다. 아울러 경영자에게 드릴 말씀을 단단히 준비해야 합니다. 그의 질문에 빈틈없이 대답하기 위해 여러 논거 자료를 함께 가져가야 합니다. 그리고 경영자의 의견에 반대 의견을 제시하기 어렵습니다.

우리나라에서는 언제부터인가 권력 거리가 먼 문화를 수직적, 가까운 문화를 수평적이라고 표현하기 시작했습니다. 특히 미국 실리콘밸리가 유명해지면서 '수평적 문화'가 주목을 받기 시작했습니다. 구글, 페이스북, 넷플릭스, 스포티파이, 테슬라와 같이 첨단 기술을 선도하는 기업들이 보이는 경쟁력의 원천에 수평적 문화가 있다는 주장이 대두되었습니다.[56] 게다가 구성원 내 비중이 높아지고 있는 밀레니얼 세대가 수평적 문화를 중요시한다고 하니, 상당수 기업들이 직급을 통합하거나 호칭 대신 영어 이름을 부르는 식의 해답을 내놓기도 했습니다. 심지어 군

대 조직에서도 수평적 문화를 만들어야 한다는 주장이 나왔었지요.[57]

그런데 상명하복을 강조하는 수직적 문화는 마냥 나쁜 것일까요? 콜롬비아 대학교 경영학과 소속의 연구자들은 히말라야 등반가를 대상으로 이 문제를 탐구했습니다.[58] 연구자들은 수직적 문화가 팀내 협력을 촉진하고, 팀원 간 갈등을 최소화하는 장점이 있다고 봤습니다. 반면, 팀에서 정보 공유가 원활하지 않아서 팀 성과가 낮아질 수 있다는 단점도 있다고 지적했습니다. 위계적인 분위기가 강하면 경력이 짧은 말단 팀원들은 그들이 관찰하고 판단한 바를 이야기할 수 없습니다. 그로 인해서 새로운 관점이나 통찰력이 유실될 수 있습니다. 연구자들은 히말라야 등정 데이터 세트에 주목합니다. 이는 총 56개 나라 30,625명의 모험가들이 5,104회에 걸쳐 시도한 등반 결과를 기록한 데이터입니다. 수직적인 문화가 지배적인 나라에서 온 등반팀이 상대적으로 평등한 문화를 가지고 있는 나라의 등반팀에 비해 등정 성공과 사망률이 어떻게 차이 나는지를 분석했습니다. 그 결과, 수직적인 문화 배경을 가진 팀의 등반 성공률이 더 높았습니다. 등반 팀의 목표는 히말라야 정상을 정복하는 일이고, 수직적 문화가 그 목표 달성에 기여했다고 볼 수 있습니다. 반면, 수직성이 강한 팀에서는 등반하는 과정에서 사망한 팀원이 상대적으로 많았습니다. 시시각각 변하는 날씨나 지형에 대한 정보가 원활하게 공유되지 못했기 때문으로 추론됩니다.

이들 연구 결과로 비추어 보면, 항상 전시 상황을 가정하고 국가 및 국민 보호를 목표로 하는 군대 조직은 수직적 문화가 더 바람직할 수 있습니다. 주요 도시를 방어하고, 고지를 점령하며, 주요 거점을 수복해야 하는 목표를 보다 성공적으로 수행할 수 있을 테니까요. 중요한 결전을 앞두었는데 장교와 병사들 서로가 의견이 분분하고 끝없이 논쟁을 벌인다면 그야말로 '당나라 군대'에 불과할 겁니다.

오늘날 애플은 가장 창의적인 기업 중에 하나입니다. 애플 I 부터 시작해서 아이맥, 아이팟, 아이폰, 아이패드, 이어팟 등 수많은 혁신 기기를 내놓은 회사입니다. 이들은 과연 수평적인 문화에서 창의성을 발휘했을까요? 아이패드를 출시하기 직전인 2007년의 애플을 한번 들여다보겠습니다. 2001년에 애플에 입사한 켄 코시엔다Ken Kocienda는 2002년에는 사파리라는 애플 전용 웹브라우저를 개발했고, 2005년에는 아이폰에 글자를 입력하는 키보드를 개발했던 우수한 엔지니어입니다.[59] 그는 이후 애플 내부에서 'K48'이라는 코드로 불리던 아이패드의 키보드를 개발하는 책임자가 되었습니다. 사용자들이 실제 키보드를 사용하듯이 양손을 사용하여 터치스크린 위에서 글자를 입력할 수 있도록 설계해야 했습니다. 아이패드의 화면 크기는 9.7인치로 아이폰보다는 크긴 하지만, 실제 키보드 크기보다는 매우 작기 때문에 상당히 어려운 과제였습니다.

애플은 아이디어가 있으면 재빨리 시연 가능한 데모 소프트웨어를 만들어서 여러 이해관계자들에게 보여 주는 방식으로 일을 진척시켜 나갑니다. 그 정점에는 스티브 잡스가 있었습니다. 애플에는 '외교diplomacy'라 이름 붙여진 회의실이 있습니다. 이곳은 애플에서 개발한 모든 기술, 소프트웨어 등의 데모 버전이 시연되는 곳입니다. 바로 잡스와 주요 임원들이 배석한 자리에서 말입니다. 그리고 잡스가 직접 모든 결정을 내렸습니다. 그 누구도 그를 예측하기 어려웠습니다. 데모가 마음에 들지 않으면 도중에 큰 소리로 호통을 치기도 했고, 좋다고 했다가 다시 번복하기도 하고, 싫다고 했다가도 또 자신의 생각을 뒤집곤 했습니다. 그럼에도 그 누구도 스티브 잡스의 결정에 이의를 제기하기 어려웠습니다.

켄 코시엔다도 빠르게 데모를 만들어서 그의 상사인 헨리 라미로Henri Lamiraux에게 보여줍니다. 그는 오랫동안 스티브 잡스와 합을 맞추어서 일해 온 사람으로 스티브 잡스가 내리는 중요한 의사결정에 참여해 온 이였습니다. 헨리 라미로는 켄 코시엔다에게 그 데모를 스티브 잡스 앞에서 직접 시연해 보라고 지시합니다. 시연 날짜가 잡히고 떨리는 마음으로 외교룸으로 들어섰을 때 잡스는 다른 이와 통화 중이었습니다. 주변에는 대여섯 명의 임원들이 앉아 있었고, 켄도 한쪽에 우두커니 서서 잡스가 전화를 끊을 때까지 기다려야 했습니다. 마침내 잡스가 전화를 끊고, 켄에게 키보드 시연을 하라고 지시합니다. 켄은 자신이 준비한 두 가지 버전의 데모를 선보였습니다. 하나는 버튼이 크지만 핵심적인 글자만 터치 스크린에 뜨는 버전, 다른 하나는 거의 모든 키가 담겨 있지만 버튼 크기가 작은 버전이었습니다. 그리고 사용자가 이들 키보드를 그때그때 전환해서 사용할 수 있도록 토글 키를 마련해 두었습니다. 잡스는 한참을 살펴보고 나서 결정을 내립니다. 그 안에 배석해 있던 다른 사람들과는 의견을 나누지 않습니다. 이러한 상황을 보면, 애플은 상당히 수직적인 의사결정 구조를 가지고 있습니다. 그럼에도 가장 혁신적이고 창의적인 제품을 시장에 선보인 것이지요.

우리가 문화를 판단할 때, 두 가지 상반된 관점을 고려해야 합니다. 하나는 문화 절대주의cultural absolutism입니다. 특정한 문화가 절대적으로 우수하다는 관점입니다. 이 사조를 신봉하는 사람들은 실리콘밸리에서 잘나가는 기업들의 조직문화를 무조건 벤치마킹해야 한다는 관점을 취합니다. 특히, 우리나라 스타트업은 마냥 실리콘밸리를 동경하는 경향이 있습니다. 유튜브에는 구글이 일하는 방식, 페이스북의 기업 문화, 아마존에서 일하는 법 등 실리콘밸리의 모습을 전달하는 영상이 많이 나옵니다. 그런데 그중 많은 영상들이 문화 절대주의의 사상을 바탕으로 하고 있습니다. 국내 어느 스타트업을 방문했더니, 그들이 중요하다고 강조하는 제1 핵심 가치를 영문으로 'Focus on Impact'라 정했더군요. 어디서 많이 봤다 싶어서 곰곰이 생각해 보니, 페이스북의 핵심 가치를 그대로 가져온 문장이었습니다.

그 외에도 실리콘밸리 기업들의 이런저런 가치 문구를 포스터에 담아 곳곳에 붙여 놓았습니다. 이 역시 문화 절대주의 사조를 지닌 사례인 셈입니다.

다른 하나는 문화 상대주의cultural relativism입니다. 어느 문화를 옳다 그르다 판단할 수 없다는 입장입니다. 이와 관련해 기원전 400년경에 활동했던 인물인 헤로도토스가 기록한 사례가 있습니다. 인류 최초의 역사가답게, 그는 여러 지역들을 여행하면서 탐사했고 그 와중에 페르시아의 황제 다리우스 1세의 일화를 전했습니다.[60] 다리우스는 그리스에서 돌아가신 아버지의 시신을 화장하려 하는 가족들을 만납니다. 그는 이렇게 묻습니다. "아버지의 시체를 먹을 수 있는가? 얼마를 주면 그리 할 수 있는가? 원하는 금액을 불러보게"라고요. 그러자 그리스인들은 경악하는 표정을 짓습니다. 억만금을 주어도 그런 짓은 할 수 없다고 답했지요. 얼마 후에 그는 부모의 시체를 먹는다고 알려진 칼라티아이 부족을 만납니다. 다리우스는 통역자를 대동하고, 이번에는 반대로 묻습니다. "부모의 시신을 먹지 않고, 화장을 하지 않겠는가? 얼마를 주면 부모 시신을 땅에 묻겠는가? 원하는 금액을 불러보게" 그러자 칼라티아이 부족은 겁에 질립니다. 울부짖으면서 그런 끔찍한 소리는 하지 말라고 애원합니다.

오늘날 우리가 가진 가치관으로는 인육을 먹는 일은 상상할 수도 없는 데다가, 그 대상이 부모 시신이라면 심각한 폐륜입니다. 그런데 극단적인 문화 상대주의자들은 칼라티아이 부족의 장례 문화를 그르다고 평할 수 없다 주장합니다. 그들이 가진 세계관, 그들에게 내재해 있는 논리에 의하면 그 의례가 합리적이고 올바르기 때문입니다. 아쉽게도 헤로도토스는 칼라티아이 부족이 왜 부모의 시신을 먹었는지 밝히지 않았습니다. 워낙 오래전에 존재했던 부족이라 기록도 남아 있지 않습니다. 그렇다면 모종의 이유로 '자녀가 없이 땅에 묻힌 사람은 그 뿌리를 찾지 못하고 영원히 구천을 떠돈다. 부모의 배에서 자녀가 나왔듯이, 다시 부모가 자녀의 배로 회귀를 해야만 평안한 안식을 취할 수 있다'는 믿음이 그들 안에서 강하게 형성되어 있다고 가정해 보겠습니다. 그 결과로 식인 장례 풍습이 구체화될 수 있겠지요. 이처럼, 문화 상대주의는 문화 그 자체로 옳고 그름, 좋고 나쁨을 판단할 수 없다는 관점입니다.

그렇다면 조직문화에 대입해 봤을 때에는 우리는 어떤 사조를 취하는 게 좋을까요? 이는 다음 장 〈조직문화의 좋고 나쁨을 판단하는 기준〉에서 상세하게 살펴보겠습니다.

과거를 잊은 조직에게 미래는 없다

저는 상아탑만이 아니라, 대기업 현장에 오래 근무하면서 리더와 조직을 연구해 왔습니다. 저에게 회사는 학습의 보고이자, 성장의 원천이었습니다. 훌륭한 선배들로부터 가르침을 받고 동료와 후배로부터 배울 수 있었던 '살아 있는 학교'였습니다. 특히 저는 선배 복이 많은 듯합니다. 그들에게서 배운 점 중에 하나는 '과거를 무조건 부인하지 말라'는 것입니다.

일반적으로 나라를 새로 세울 때는 기존 질서와 가치를 철저히 부인합니다. 고려 말기와 조선 초기만 봐도 알 수 있지요. 고려에서는 불교가 국혼을 이루었습니다. 불교가 나라를 하나로 묶는 핵심 정신이 되었지요. 그런데 고려 말기에 권문세족과 결탁하면서 타락하고 말았습니다. 그리고는 신진사대부가 등장하면서 불교의 타락을 조목조목 짚어가면서 비판하고, 그 대신에 성리학을 기치로 내세웠습니다. 기존 가치를 전면 부인하고 새로운 가치를 추구한 것이지요.[61] 과거를 부정해야만 정당성을 얻을 수 있기 때문입니다. 그런데 조직에서는 이를 지양해야 합니다.

어느 해, 그룹 차원의 제도를 개선하는 프로젝트에서 핵심 역할을 수행하던 중이었습니다. 전체 계열사에 영향을 미치는 중요한 일로, 다양한 이해관계자들을 설득해야만 하는 작업이었습니다. 그래서 저는 기존의 제도가 어떻게 만들어지고 변해 왔는지, 기존 방식이 왜 불합리하고 부적합한지 조목조목 짚어서 보고서를 썼습니다. 그리고 나서 변화 방향과 실행 계획을 구체적으로 제시하고 그 초안을 그룹의 최고인사책임자(CHRO)에게 보고를 드리게 되었습니다. 그런데 보고서를 유심히 다 보시고는 이런 말씀을 하시는 겁니다. "과거를 무조건 부정하지 마세요. 그 과거가 있기에 오늘날 우리가 있는 겁니다." 과거를 무조건 부인하기보다는, 기존의 방식이 어떤 긍정적인 결과를 가져왔는지 그 공도 충분히 짚어야 한다는 말이었지요.

조직을 변화시키는 상황에서도 마찬가지입니다. 어떤 리더는 조직을 옮길 때마다 과거를 부정하는 태도를 취합니다. 구성원들이 기존에 해 오던 방식은 무조건 잘못되었다고 평가하는 겁니다. 그리고는 전혀 다른 방식을 추구하려 합니다. 실상은 기존과 본질적으로 크게 다를 바 없는데도 말입니다. 그래야만 자신이 이 조직에 와서 무언가를 크게 바꾸었다며 자신의 가치를 입증할 수 있기 때문입니다.

어느 회사의 인사팀장은 이런 고민을 털어놓았습니다. 그는 그 회사에서 20년이나 헌신적으로 일한 사람입니다. 그런데 사장님이 외부에서 인사담당 임원을 영입해 왔습니다. 그는 유수의 기업에서 전략과 인사를 담당했던 사람으로, 겉으로 보이는 스펙이 훌륭했습니다. 그런데 그가 업무를 파악한 지 한 달 만에 이렇게 평가했다고 합니다. "여태 이렇게 주먹구구식으로 일했다니, 엉망이네!" 그러면서 인사팀장에게 이렇게 말했습니다. "알고 보니 당신이 적폐였구만." 인사팀장은 제게 이렇게 한탄했습니다. "정말로 저는 몸을 바쳐서 일했습니다. 이 회사가 더욱 발전할 수 있도록, 밤낮 없이 고민해 왔습니다. 무려 20년의 세월 동안 말이죠. 그런데 새로 부임한 상사가 그리 말하니, 제 인생 전체가 부인당하는 느낌이 듭니다."

구성원들 중에서 어떤 이들은 '변화와 혁신'이라는 말에 알레르기 반응을 보이곤 합니다. 그들이 변화나 혁신 그 자체를 싫어하는 건 아니지만 그럴 만한 근본적이고도 고질적인 문제점이 있습니다. 첫째, 그 대상이 문제입니다. 혁신은 가죽을 벗겨서 새롭게 만든다는 뜻입니다. 그런데 경영자가 혁신을 언급할 때, 그 대상을 구성원들로 상정하는 경우가 많습니다. 그래서 흔히 신년회 등에서 이런 말을 하지요. "변화와 혁신의 출발점은 바로 직원 여러분입니다." 하지만 구성원들은 바로 임원과 경영진부터 바뀌어야 한다고 지적합니다.

둘째는 그 뉘앙스 문제입니다. 변화와 혁신을 자주 거론하기 시작하면, 구성원들은 지금까지 해온 방식이나 노력이 부정당했다는 기분이 들게 됩니다.

마지막으로 학습된 둔감이 문제입니다. 리더가 변화와 혁신을 부르짖게 되면 어느 순간 구성원들은 그 말에 무뎌집니다. 늘 하던 이야기를 또 하고 있을 뿐이라고 생각하게 되는 것이지요. 아무리 언급해도 실질적인 변화로 이어지지 않는다는 것을 학습하고 나면, 변화나 혁신을 진지하게 받아들이지 않게 됩니다.

변화를 이끌고자 할 때 구성원들로부터 적극적인 지지를 얻는다 하더라도 성공을 담보하기 어려운데, 이렇게 되면 초장부터 구성원들을 등지는 셈입니다. 그러면 조직을 변화시키고자 할 때 어떻게 하면 좋을까요? 무엇보다도 기존 방식을 인정하는 자세가 필요합니다. 오늘은 과거의 결과입니다. 구성원들이 그토록 노력을 기울여 왔기에 오늘이 있습니다. 이를 격려하고 칭찬하는 태도를 먼저 보여야 합니다.

또한 변화나 혁신이라는 단어를 꼭 사용해야 하는지 고민할 필요가 있습니다. 그 단어에 피로감을 느끼는 구성원도 있고, 학습된 무력감을 갖고 있는 구성원도 있기 때문입니다. 특정 단어가 부정적인 인식을 촉발하는 일종의 점화 효과priming effect를 일으킬 수 있습니다. 굳이 변화와 혁신이란 표현을 쓰지 않고, '더 나은 방식을 찾아봅시다'라거나 그 회사만의 고유한 용어로 대체하는 방법을 고려할 수 있습니다.

긍정적인 조직 변화를 이끄는 경영자는 이렇게 행동합니다. 일단 처음부터 조급하게 접근하지 않습니다. 몇 개월간 현황을 파악하면서 관리자와 구성원들에게 수시로 이렇게 말해 줍니다. "경영 환경이 어렵고 예산과 인력이 부족한 상황에서도 열심히 노력해 오셨군요. 정말 놀랍습니다. 회사를 위해서 고심하고 열정적으로 일하는 여러분들과 함께 일하게 되어서 기쁩니다." 그렇게 회사 임원, 팀장, 팀원들로부터 신뢰를 쌓습니다. 그리고 대략적인 윤곽이 모두 머리에 들어오면 임직원 앞에서 이렇게 독려합니다. "여러분이야말로 우리 회사가 건실히 성장하는 데 기여한 주인공입니다. 나중에 합류했지만, 회사를 대표하는 자리에 앉은 사람으로서 여러분들 모두에게 감사를 드리고 싶습니다. 앞으로 우리가 더욱 합심해서 오늘보다 더 나은 내일을 만들어 갑시다. 각자가 맡은 분야에서 조금이라도 더 나은 방식을 찾아봅시다. 부서와 부서가 어떻게 협업하면 고객들에게 보다 더 좋은 가치를 줄 수 있을지 계속 고민해 봅시다."

2 조직문화의 좋고 나쁨을 판단하는 기준

안정과 변화 사이의 외줄타기

　　　　　고대 그리스의 철학자 헤라클레이토스는 이렇게 말했습니다. 이 세상의 유일한 상수, 즉 변하지 않는 것은 오로지 '변화' 그 자체라고 말이지요.[62] 무려 기원전 500년경에 한 말입니다. 그로부터 2500년이 지난 오늘날 세상은 변화 그 자체입니다. 글로벌 경쟁, 그리고 기술의 비약적인 발전, 이종 산업의 융합이 정신없이 일어나고 있습니다. 기존에 사랑받던 제품과 서비스도 한순간에 다른 재화에 밀려납니다.

　대표적으로 카메라가 있습니다. 일본에는 CIPACamera & Imaging Products Association, 즉 '카메라 및 광학 제품 연합회'라는 기구가 있습니다. 이들은 매년 카메라 출하 대수를 세서 통계를 발표하는데, 어느 카메라 마니아가 그 데이터를 수집해서 정리한 내용이 있습니다.[63] 1933년부터 2018년의 추세를 살펴보면 이렇습니다.[64] 필름 카메라 산업은 1933년부터 시작해서 1998년에 정점을 찍었다가 하락하는데, 그 원인에는 1999년부터 판매되기 시작한 디지털 카메라가 있습니다. 디지털 카메라는 불과 5년 만인 2004년에 필름 카메라 판매 대수를 넘어섭니다. 이 과정이 경영학의 유명한 전설, 코닥의 멸망이 대두되는 지점입니다. 그런데 디지털 카메라도 불과 6년 만에 정점을 찍고 2010년부터 기세가 하락하기 시작합니다. 그 원인에는 스티브 잡스가 2008년부터 세상에 선보인 스마트폰이 있습니다. 최근은 어떨까요? 2018년 통계를 보면 전성기 시절의 13%로, 디지털 카메라 회사 입장에서 보면 절망적인 수준입니다.

이처럼 오늘날 경영 환경의 변화는 다채롭고 복잡합니다. 어떤 조직이 지속적으로 생존할 수 있을까요? 답은 찰스 다윈 Charles Robert Darwin의 말에 있습니다. 그는 다양한 환경에서 적응할 수 있는 생물이 생존할 가능성이 높다고 지적했지요. 기업도 마찬가지입니다. 이 책 서두에서 조직문화는 목표를 달성하고 생존하기 위해 탄생한 정신적 운영체제라고 했습니다. 그 운영체제가 좋은지 나쁜지는 그 자체로만은 판단하기 어렵고, 오로지 환경과의 정합성으로 평가할 수 있습니다. 기업을 둘러싼 환경에 얼마나 적응해서 살 수 있느냐의 문제지요.

비근한 예를 살펴볼까요? 두터운 옷을 입고 사는 게 바람직한지, 반바지나 반팔만 입고 사는 게 바람직한지는 그 자체로 평가

할 수 없습니다. 어느 환경에서 살고 있는지를 전제해야 비로소 판단할 수 있겠지요. 만일 40도를 넘나드는 적도에서 오리털 파카를 입고 산다면, 또는 북극에서 반팔 반바지만 입고 산다면 그 결과는 뻔합니다. 또한 환경에 적합한 복장을 한때 입었다 하더라도 기온 변화가 있으면 그에 맞게 갈아 입어야 합니다.

기업 문화도 마찬가지입니다. 외부 환경이 복잡하고 빠르게 변화하는 만큼, 유연하게 적응할 수 있어야 합니다. 인류학자들이 관찰한 마누스 부족처럼 말입니다. 태평양 남서부 파푸아뉴기니에는 마누스 부족이 사는 섬Manus Island이 있습니다. 마누스 부족은 문화를 기술적으로 다루었습니다.[65] 그들은 주변 환경 변화에 적응하기 위해서 의식적으로 문화를 실험하고, 그것을 분해하고, 다시 조립해서 어떻게 다른 방식으로 작동하는지 관찰합니다. 그 덕분에 1940년대 초중반 태평양에 진주한 미군과 마주쳤을 때에도 도태되지 않았습니다. 마누스 부족은 미군이 나타나자 광장에 모여서 이런 대화를 나눕니다. "저기에 듣지도 보지도 못한 인종이 나타났소. 그들은 우리와 전혀 다른 문물과 관습을 가지고 있소. 그들과 함께 어울려 살려면 우리가 어떻게 해야 하겠소? 외부 세상의 변화에 잘 적응하기 위해서, 우리가 살아가는 방식이 어떻게 바뀌어야 하는지 이야기해 봅시다." 그 결과, 다른 부족들과는 달리 마누스 부족은 뿔뿔이 흩어져서 소멸되지 않았습니다. 그들의 정체성을 굳건히 지켜내면서도 백인들과 공존할 수 있었습니다.

이것이 오늘날 조직문화 연구자들이 유연성flexibility[66]과 적응성adaptability[67]을 강조하는 이유입니다. 그런데 현실적으로는 이게 좀처럼 쉽지 않습니다. 왜냐하면 변화뿐만 아니라 안정도 챙겨야 하기 때문입니다.[68] 무조건 변화만 추구하면 조직이 혼란스러워지고 또 효율성이 떨어져서 채산성이 나빠질 수 있습니다. 그래서 조직은 투입 대비 산출을 최대화할 수 있도록, 안정 역시도 추구해야 합니다. 그런데 안정만 추구하게 되면 환경 변화에 대응하지 못하고 명멸할 수 있습니다. 그런 일을 막기 위해서는 유연한 문화를 추구해야 하지요.

《기브앤테이크》,《오리지널스》 등 베스트셀러 저서를 집필한 펜실베니아 와튼 스쿨의 아담 그랜트Adam Grant는 이렇게 말합니다. "문화를 관리하는 일은 외줄타기와 같다." 안정을 추구하고자 규범과 규칙을 너무 많이 만들면 변화와 창의성을 놓치고, 또 유연하게 변화하고자 규범과 규칙을 너무 적게 만들면 집중력과 협동심을 놓치니 말입니다.[69]

혁신 기업은 따로 있지 않습니다. 톰 피터스Tom Peters의 말대로, 환경이 변하면 자신도 변하는 기업이 바로 혁신적인 기업입니다.[70] 그 중심에 조직문화가 있습니다.

경쟁 기업은 어떻게 일할까?

환경에 맞춰 변화하기 위해서는 당연히 환경을 기민하게 살펴야 합니다. 이를 거시 환경과 경쟁 환경으로 구분할 수 있습니다. 거시 환경은 사회, 문화, 기술, 정치 등이 어떻게 변화하는지를 감각하는 일입니다. 이에 대해서는 경영 전략 도서들이 잘 다루고 있으니, 여기서는 논외로 하고자 합니다.

대신 경쟁 환경을 좀 더 집중적으로 들여다보겠습니다. 기업에서는 경쟁사와 선진사가 어떤 전략을 구사하려 하는지, 신제품을 언제 출시하는지 기민하게 살펴야 합니다. 그에 더해 그들이 일하는 방식도 유심히 관찰해야 합니다. 어떻게 관찰할 수 있을까요? 예전에는 경쟁사에서 넘어온 경력 사원들이 정보의 원천이었습니다. 하지만 그 인원이 적어서 객관성을 담보하기는 어렵습니다. 더구나 조직문화나 일하는 방식을 예리하게 관찰해 왔던 사람은 드물기도 하지요.

요즘은 데이터 시대입니다. 앞서 언급한 글래스도어, 잡플래닛, 블라인드와 같은 사이트에서 데이터를 얻어서 살펴볼 수 있습니다. 회사마다 적게는 수십 명, 많게는 수만 명에 이르는 평가 데이터가 쌓여 있으니, 잘만 활용하면 비용과 시간을 많이 쏟지 않고도 상당한 시사점을 얻어 낼 수 있습니다.

자동차와 관련된 사례를 하나 살펴보겠습니다. 오래전에 제

고향 군산에 대우자동차 공장이 들어왔습니다. 그에 필요한 인력을 공급하고자 군산 기계공업 고등학교에서는 발빠르게 자동차 정비학과를 개설했습니다. 자동차가 사라질 리는 만무하니, 정비 일로 호구지책을 하면 괜찮겠다 싶어서 저도 1기로 입학을 했습니다. 입학해서 교실 뒤편을 보니 람보르기니와 페라리가 포스터로 붙어 있더군요. 기계 마니아의 가슴을 뜨겁게 달굴 만한 그림이었습니다. 물론 현실은 포니 자동차 엔진을 뜯었다가 조립하는 일이었지만요. 3학년 때는 자동차 전기 정비 기능사 자격증도 땄습니다. 비록 지금은 다 잊어버렸지만 말입니다.

우리나라는 자동차 강국입니다. 현대자동차와 기아는 한국을 대표합니다. 그런데 요즘 자율 주행과 전기차로 테슬라가 무섭게 성장하고 있습니다. 미국 주식시장에서 뜨거운 종목 중에 하나지요. 기존의 내연기관 자동차 업체들은 테슬라의 위협에 어떻게 대응하고 있을까요? 글래스도어에서 테슬라, 폭스바겐, 도요타의 평가 데이터를 가져왔습니다. 벤츠나 BMW는 제외했습니다. 우리나라를 대표하는 자동차 업체의 경쟁사는 그들이 아니라 앞서 말한 폭스바겐과 도요타이기 때문입니다. 럭셔리 세단보다는 대중적인 자동차가 주력이지요. 테슬라, 폭스바겐, 도요타 이 세 군데만 비교해 보겠습니다.

먼저 테슬라입니다. 2020년 7월 기준으로 2,700건(영문 리뷰)이 등록되어 있습니다. 전현직 임직원이 테슬라에 근무하면서 관찰하고 느낀 바를 기록한 것을 토대로, 장점pros과 단점cons을 분석해 보면 이렇습니다.

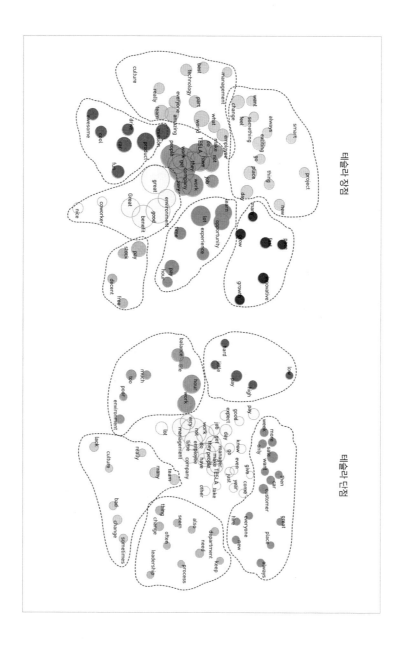

테슬라의 장점은 대략 일곱 가지로 요약됩니다.

1. 새로운 아이디어를 시도할 수 있고 도전적이며 흥미로운 프로젝트를 수행할 수 있어서 좋다.
2. 테슬라가 가진 미션mission에 공감하고 그에 강하게 몰입해 있다.
3. 훌륭한 경영진과 동료들이 있어서 좋다.
4. 근무 환경과 복지가 매우 좋다.
5. 연봉과 스톡 옵션 등이 괜찮다.
6. 다양한 경험을 할 수 있고 배우고 성장할 수 있는 기회가 많다.
7. 매우 빠르게 성장하는 혁신 기업이라서 좋다.

단점은 다섯 가지로 요약할 수 있었습니다.

1. 조직과 팀, 일이 변화 무쌍해서 적응하기 어렵다.
2. 중간 관리자의 리더십이 좋지 않다.
3. 고객 서비스와 영업 방식이 좋지 않아 개선이 필요하다.
4. 워라밸work-life balance이 맞지 않고 근무 시간이 길다.
5. 일하는 양에 비해 연봉이 생각보다는 높지 않다.

주목해 볼 만한 특징들이 눈에 띄지만, 우선 폭스바겐과 도요타도 이어서 살펴보겠습니다.

폭스바겐은 2020년 7월 기준으로 594건(영문 리뷰)이 등록되어 있습니다. 폭스바겐의 장점은 이렇습니다.

1. 우수한 동료들이 많고, 우호적인 분위기가 좋다.
2. 다양한 분야에서 경험을 할 수 있어서 좋다.
3. 교육 훈련이 체계적이고 성장할 수 있는 기회가 있다.
4. 전 세계적으로 앞서나가는 기술을 접할 수 있어서 좋다.

반면 단점은 이렇습니다.

1. 서로 비방하고 사내 정치가 혼란하여 힘들다.
2. 고객으로부터 신뢰를 회복해야 한다.
3. 회사 프로세스가 느리다.
4. 임금 수준이 좋지 못하다.
5. 근무 시간이 길어서 워라밸이 맞지 않다.

여기서 고객 신뢰를 회복해야 한다는 이야기는 2015년과 2016년에 걸쳐서 벌어졌던 배기가스 조작 사건 때문입니다. 폭스바겐은 '클린 디젤 엔진'을 개발하여 다른 엔진보다 이산화탄소 배출량을 93%나 줄이고 가솔린 엔진보다 30%나 에너지 효율성을 높였다고 홍보해 왔습니다. 환경 보호에 민감하고 또 경제성을 추구하는 소비자들에게 주목을 받았지요. 그런데 그게 조작으로 드러났습니다. 배기가스량을 의도적으로 조작하는 소프트웨어를 탑재했던 것입니다. 세계적으로 논란이 되어 폭스바겐의 브랜드 가치가 폭락해 버렸지요. 내부 구성원들도 그 일을 언급하면서 "고객의 신뢰를 빨리 회복해야 한다"고 주장했습니다.

다음으로 도요타는 2020년 7월 기준으로 850건(영문 리뷰)이 등록되어 있습니다. 장점은 다음과 같습니다.

1. 도요타만의 독특한 업무 프로세스를 배울 수 있어서 좋다.
2. 교육 훈련을 통해 체계적으로 기술을 습득할 수 있어서 좋다.
3. 동료들이 우수하며 서로 존중해서 좋다.
4. 우호적인 분위기, 근무 환경이 좋고 깔끔하다.

단점은 이렇습니다.

1. 승진 기회가 별로 없다.
2. 경력 개발, 성장의 기회가 별로 없다.

3. 의사결정이 느리고 환경 변화에 대응하는 임기응변이 약하다.

4. 근무 시간이 길고 워라밸이 맞지 않는다.

분석하는 과정에서 눈길을 끈 회사는 단연 테슬라였는데, 특히 나머지 두 개 회사에서는 관찰되지 않는 두 가지 특성이 있었습니다.

하나는 '미션mission'이라는 키워드입니다. 테슬라의 미션은 '지속 가능한 에너지로 세계적 전환을 가속화하는 것'입니다. 테슬라는 순수 전기차뿐만 아니라 유용하게 활용 가능한 청정 에너지를 생산하고 저장할 수 있는 제품도 함께 생산하고 있습니다. 테슬라는 전 세계가 화석 연료에 대한 의존을 줄이고 배출가스 없는 미래로 한 발 더 빠르게 나아갈수록 모두에게 유익하다고 믿고 있습니다.[71] 이들은 기존 내연기관 중심의 자동차 산업을 재편한다는 미션으로 똘똘 뭉쳐 있었습니다. 그들 자신을 파괴적 혁신의 주체라고 믿는 신념이 느껴집니다.

다른 하나는 '변화change'라는 단어였습니다. 이 역시도 폭스바겐과 도요타에서는 잘 발견되지 않은 키워드입니다. 테슬라에서는 구성원들이 새로운 아이디어를 적용하거나 새로운 기술을 개발할 수 있으며, 흥미롭고 도전적인 프로젝트를 수행할 수 있어서 좋다고 평하고 있습니다. 제가 테슬라 데이터를 분석하면서 가장 인상 깊었던 코멘트는 이렇습니다. 한 구성원이 그날 아침에 아이디어를 냈는데 윗선에서 당일 오후에 팀을 꾸려주더랍니다. 그 정도로 변화무쌍한 조직이라는 의미겠지요. 그런데 일부 구성원들은 그 변화가 너무 빨라서 적응하기가 어렵다며 아쉬움을 토로하기도 했습니다. 한마디로 테슬라는 '변화 그 자체'인 셈입니다.

이들을 비교하면서 드러난 특성으로 다음과 같은 2 by 2 매트릭스를 만들어 봤습니다. x축은 변화를 추진하는 강도, y축은 미션에 대한 구성원들의 몰입도입니다. 각 위치는 데이터 분석 결과를 바탕으로 우리나라 자동차 회사에 근무하는 다섯 분과 함께 논의하면서 정했습니다.

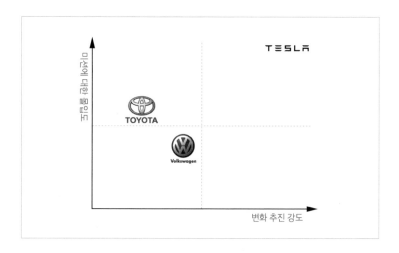

매트릭스를 보면 테슬라의 엄청난 기세를 엿볼 수 있습니다. 이들이 가진 조직 혼이 느껴지는 듯 합니다. 3~5년 뒤에는 어떻게 바뀌어 있을까요? 아마도 우리나라 자동차 산업에 종사하시는 분들이 걱정하시는 바가 아닐까 합니다.

자동차 회사의 사례를 중심으로 경쟁사들의 문화적 특성을 파악하고 비교하는 일이 어떤 의미가 있는지 살펴봤습니다. 이처럼 다양한 방법과 활용 가능한 데이터가 있으니 경쟁사와의 차별화와 경쟁력을 관찰하고 분석하는 일은 기업의 방향성을 잡는 데 도움이 될 수 있습니다.

아마존의 Day1 정신에서 배워야 할 것

현대자동차그룹 정의선 회장은 아마존의 조직문화를 탐구한 뒤 이런 소감을 남겼습니다. "지금의 글로벌 대기업들도 처음에는 아마존과 같은 문화를 가지고 있었고 그것이 성장의 원동력이 되었을 것이다. 하지만 기업이 성장하면 어느 순간 '대기업 병'에 걸리며 스스로 위기를 초래하게 된다."[72]

여기서 한 가지 주목할 단어가 있습니다. 바로 '대기업 병'입니다. 영어로는 코포크라시corporacy로, 기업corporate과 관료주의bureaucracy가 합쳐진 단어입니다. 사전적 풀이는 '효과적이지 못한 경영ineffective management'을 의미하는데, 좁게는 경영진의 리더십 문제로 국한될 수 있고 넓게는 경영진, 중간관리자,

구성원을 막론하고 대기업에서 나타나는 병폐입니다. 우리나라에서는 '대기업 병'이라 하면 후자를 지칭하는 경향이 있습니다. 암세포가 자라 몸을 망가뜨리고 종국에 죽게 만들 듯이, 대기업 병도 그러합니다.

그렇다면 구체적으로는 어떤 현상을 말하는 것일까요? 실제 대기업에 근무하는 구성원들이 병폐(단점)라고 지적한 7만여 건의 텍스트를 모아 봤습니다. 토픽 모델링이라는 기법을 활용하여 주요한 현상 주제를 도출한 것입니다. 또한 대기업과 스타트업을 비교했을 때 대기업에서만 두드러지게 나타난 현상에 대한 데이터도 포함했습니다. 이를 주변 연구자들에게 공유해 심각하게 여겨지는 순위를 매겨달라고 했더니, 대표적인 10가지 현상을 발견할 수 있었습니다.

- 시장과 고객의 목소리에 둔감
- 잠재적 경쟁자 출현에 무감각
- 정치 싸움과 부서 간 이기주의
- 과거에 성공했던 방정식에만 집착
- 진정한 도전과 실패를 용인하지 않음
- 의사결정의 회피, 책임 전가
- 끝이 없는 보고서 버전 업데이트
- 답이 없는 무수히 많은 회의
- 정보와 소통의 단절(경영진과 구성원 간, 부서와 부서 간)

> • 관리자와 구성원의 복지 부동

정의선 회장은 잠재적인 경쟁자들의 부상에 위기감을 강하게 느꼈던 것 같습니다. 구글이 자율주행 자동차를 만든다,[73] 애플이 차를 만든다,[74] 영국의 혁신 기업인 다이슨이 차를 만든다[75]는 소문에 더해 테슬라는 이미 내연기관 자동차 산업의 아성을 무너뜨리고 있으니 말입니다. 전통적으로 한국 기업들이 일해왔던 방식, 즉 상명하복으로 일사분란하게 '빨리빨리' 움직여서 시장에 침투하고 정복하는 방식으로는 더 이상 실리콘밸리 혁신 기업들의 위협을 막아 낼 수 없다고 판단했던 것 같습니다. 그래서 그는 2018년에 "ICT 기업보다 더 ICT다워야 살아남을 수 있다"라고 말했습니다.[76]

그런데 왜 그는 아마존의 조직문화를 탐구했을까요? 심지어 2020년 7월에는 현대기아자동차 본사 건물 1층 로비에 '아마존 Day 1 라운지'를 만들었습니다. 아마존이 중시하는 'Day 1 정신'과 '고객에 광적인 집착'을 본받아야 한다면서 말입니다. Day 1은 '아마존이 만들어진 첫째 날'을 의미합니다. 1994년 7월 5일, 아마존이 온라인 서점으로 시작했던 그날은 아마 CEO인 제프 베조스가 직접 막 주문 들어온 책을 택배 포장하고 있었을지도 모릅니다. 과연 그 모습을 보고 조금이라도 투자할 사람이 있었을까요? 아마 대부분 이렇게 생각했을 겁니다. "비즈니스 모델이 별로 좋지 않군요. 책을 팔아서 돈을 얼마나 벌겠습니까?"그런데 불과 십여 년만에 아마존은 엄청난 규모로 성장했고 지금은 세계 최대의 가치를 가지고 있는 기업으로 평가되고 있습니다. 아마존에서 Day 1 정신은 초심을 의미합니다. 또한 구성원들이 어떤 아이디어를 말했을 때 '그게 아마존의 첫날과도 같은 모습일 수도 있다, 불과 몇 년 만에 엄청난 제국을 만들 수도 있다, 그러니 최대한 그 아이디어를 사야 한다'는 자세를 말하기도 합니다.

정의선 회장이 내부 구성원들이 빈번하게 지나다니는 현대자동차그룹 사옥 1층 로비에 아마존 Day 1 라운지를 만든 것은 상당히 상징적인 행위입니다. 또한 우리나라 기업 역사에서 전무후무한 일이기도 합니다. 기업에서 임원을 대상으로 교육을 할 때 GE 그룹은 어떻고, 존슨앤존슨과 3M은 어떻다며 말로는 벤치마킹했어도, 이처럼 다른 회사의 상징물을 전시하듯 자사의 심장에 가져다 놓는 일은 제가 아는 한 찾아보기 어렵습니다. 그만큼 강렬한 메시지를 전달하고 싶었다는 뜻이겠지요.

그런데 왜 그는 ICT 기업의 상징인 구글이 아니라 아마존을 배우고자 했을까요? 아마존은 대기업 중에서도 상당히 독특합니다. 이전 챕터에서 구글을 평가한 데이터를 분석했을 때 그 단점으로 관료주의bureaucracy와 정치적politic이 꼽혔고, 그로 인해 의사결정 속도가 느려지고 신제품 개발이 더디다는 평가가 있었습니다. 그런데 아마존은 그와 같은 표현은 눈 씻고 봐도 찾아보기 어렵습니다. 글래스도어에서 최근 2년간(2019년~2020년)

평가된 4,000건의 데이터를 보면 아마존의 구성원들은 "사무실에서 정치 싸움을 발견하기 어렵다"라고 평했습니다.

어떻게 그럴 수 있었을까요? 앞서 언급한 대로 Day 1 정신이 관료주의와 정치 싸움을 어느 정도 방지하는 것으로 보입니다. 많은 대기업에서 새로운 아이디어를 시도하거나 새로운 사업을 펼치려 할 때, 경영진의 선호와 구미에 따라 변질되곤 합니다. 그리고 부서 간의 이해득실을 우선적으로 따지는 경향이 있지요. 반면 아마존은 첫날 정신 수호를 최우선적으로 여기기 때문에, 의사결정에 있어서 경영진의 선호나 부서 간 이해가 개입될 여지가 상대적으로 적은 듯합니다.

또한 아마존의 14개 핵심 가치 중에서 가장 첫 번째로 꼽히는 '고객에 광적으로 집착한다customer obsession'라는 원칙 때문이기도 합니다. 아마존의 모든 부서와 구성원들의 의사결정 기준은 오로지 고객만을 향해 있습니다. 의사결정 과정에 학연, 지연, 혈연, 파벌이 끼어들 틈이 별로 없겠지요. 다른 대기업들에 비해서 상대적으로 말입니다.

3 거인의 어깨에 올라서면 보인다

앞서 걸어 본 경영자의 사례를 살피는 이유

서양에는 아이작 뉴턴이 인용해서 널리 알려진 "거인의 어깨에 올라서서 더 넓은 세상을 바라보라"는 경구가 있습니다. 동양에는 당나라 시인 왕지환王之渙의 '관작루에 오르며'라는 시가 있습니다. 관작루는 산서성에 있는 3층짜리 누각입니다. 중국 후진타오 국가 주석이 마지막 후렴구를 읊어서 더욱 유명해졌지요.**77** "천리를 더 멀리 보고자, 다시 더 한 층을 올라가네(欲窮千里目, 更上一層樓/욕궁천리목, 갱상일층루)". 높은 곳에 올라서야 더 넓은 세상이 보인다는 의미입니다.

CEO와 경영자들에게 있어 '거인'과 '더 높은 한 층'이란 바로 위대한 경영자들입니다. 경영자는 다른 경영자에게서 더 잘 배웁니다. 앞으로 걸어가야 할 길을 이미 그들은 앞서 걸어 봤기 때문입니다. 여기서 대표적으로 세 명의 경영자를 심층적으로 살펴보려 합니다. 많은 인물이 있지만 우리나라와 서양의 사례를 포괄적으로 살피기 위해 삼성의 이건희 회장과 LG의 구자경 회장, 그리고 해외 사례로는 마이크로소프트의 사티아 나델라 회장을 다뤄보겠습니다. 이건희, 구자경 회장은 시사점이 많지만 지나간 세대의 경영자이기도 하므로, 최근 주목받는 사티아 나델라 회장을 통해 신구세대를 균형 있게 살펴보고자 합니다. 이 탁월한 경영자들의 어깨에 올라서서 조직을 어떻게 변화시킬 수 있는지 한 수 배워 보겠습니다.

양 문화를 질 문화로 바꾼 삼성 이건희 회장

언젠가 반도체 기업들의 문화를 연구할 기회가 있었습니다. 미국에는 컴퓨터 중앙처리장치를 개발하는 인텔Intel이 있고, 대만에는 다른 기업에서 설계도를 받아서 공장을 가동하고 위탁 생산하는 파운드리foundry 업체 TSMC Taiwan Semiconductor Manufacturing Company가 있습니다. 그리고 우리나라에는 삼성전자 DS부문이 있지요.

앞서 말한 대로, 조직문화는 그 자체로 좋다 나쁘다 판단하기는 어렵고 경쟁 환경에 비추어서 생존이 가능한지를 따질 수 있어야 합니다. 그래서 반도체 산업에서 각자 어떤 방식으로 생존하는지를 분석해 보고, 경쟁 우위를 지속적으로 확보하려면 어떻게 해야 하는지 그 시사점을 이끌어내 보고자 했습니다.

우선 대만의 대표적인 기업 TSMC를 전반적으로 조사해 봤습니다. 1987년에 정부 기관이 전액 출자하여 설립한 회사로, 1992년에 민영화되었습니다. 업계 관계자의 말에 따르면 이 회사는 'R&D 24'라는 전략을 지난 10년간이나 구사해 왔다고 합니다. 그 전략 이름에서 유추할 수 있듯이, 불이 꺼지지 않는 연구개발센터를 운영해 오고 있습니다. 연구원들이 교대 근무하면서 24시간 내내 연구를 하는 것이지요. 그 덕분일까요? 파운드리 산업에서 전 세계 1위 업체이자, 시가총액이 230조 원 정도로 대만에서 가장 큰 기업이 되었습니다. 글로벌 기업인 인텔과 시총 기준으로 앞서거니 뒤서거니 할 정도입니다.

업계 관계자로부터 "TSMC가 R&D 24를 10년간 해왔다"는 말을 들었을 때, 저는 전형적인 '양quantity 문화'가 생각났습니다. 투입과 산출에서 그 규모나 분량을 중시하는 신념이 지배적인 문화입니다. 규모의 경제economy of scale를 꾀하는 기업, 즉 생산량을 증가시키는 방법으로 평균 비용을 감소시켜서 이익을 추구하는 기업에서 종종 발견되는 신념입니다. 경영학 최초의 양 문화는 포드 자동차에서 나타났습니다. 1909년부터 포드는 컨베이어 벨트 방식으로 모델 T를 대량 생산했습니다. 그 당시 미국에서 자동차는 3,000달러에 판매되고 있었는데, 모델 T는 출시 가격이 850달러에 불과했고 10년 뒤에는 300달러대까지

가격을 떨어뜨렸습니다.[78] 가격이 저렴했던 덕분에 1908년부터 1927년까지 약 1,500만 대나 판매할 수 있었죠.[79] 자동차를 대중에 유행시킨 장본인입니다. 하지만 대량 생산을 통한 원가 절감에 집중한 나머지 소비자들의 니즈는 충족하지 못했습니다. 모델 T는 모두 검정색이었는데, 그 이유는 검정색 페인트가 가장 빨리 말라서 작업 시간을 줄여 주기 때문이었습니다.[80] 빠른 시간 안에 더 많은 자동차를 만들어 내기 위한 고육지책이었던 셈입니다.

양 문화가 굳건히 자리 잡은 기업은 원가 절감, 생산량, 시간 엄수를 중시합니다. 관리자들은 직원을 평가할 때 '책상과 의자에 오래 앉아 있는 사람이 고성과자다', '야근을 많이 하는 직원이 성과를 더 많이 낸다'는 가정을 갖고 있습니다. 반대로 관리자의 눈에 보이지 않으면 업무를 열심히 하지 않을 것이라고 단정하는 경우도 많지요.

TSMC가 10년간이나 추진해 온 R&D 24 전략도 전형적인 양 문화 중심의 사고입니다. 연구 개발에 쏟는 시간을 더 많이 투입하면 더 큰 성과가 나올 것이라고 판단한 것이지요. TSMC 전현직 임직원들이 회사를 평가한 데이터를 수백 건 입수해서 분석해 봤습니다. 그런데 독특하게도 단점에 대한 언급은 딱 하나로 집중되어 있었습니다. 일이 너무 많다는 것입니다. 구성원 대부분이 '워라밸은 꿈도 꿀 수 없다', '개인 생활은 포기해야 한다'라고 평가하고 있었습니다. 5점 척도로 평가한 워라밸 점수는

2.5점에 불과했지요. 이는 양 문화를 극단적으로 추구하는 회사에서 전형적으로 나타나는 평가입니다.

반면, 인텔에는 어떤 문화가 있었을까요? 구성원들이 평가한 약 12,000건의 데이터 중 최근 5년간의 평가를 분석해 보았습니다. 그들은 워라밸에 3.7점을 주었습니다. 수많은 기업의 평균 점수가 3.2점임을 고려하면, 근로 시간을 적절히 요구하면서 개인적인 삶도 상당히 보장하고 있는 셈입니다. 같은 반도체 산업이라 하더라도 TSMC와 집중하는 영역이 다르기는 하지만, 인텔은 그들보다 투입하는 시간이 상대적으로 적다는 것인데 어떻게 경쟁 우위를 지속적으로 확보할 수 있었을까요?

이들이 꼽은 단점으로는 "업무 강도가 매우 높다", "성과에 대한 압박이 심하다", "기대 수준이 높아서 스트레스가 크다"라는 평가가 많았습니다. 이는 질quality 문화에서 대표적으로 나오는 이야기들입니다. 질 문화는 양에 집중하는 대신에 산출물의 품질을 중시하고, 또 고객을 만족시키는 가치에 집중합니다. 그래서 성과에 대한 기대 수준이 높습니다. 투입 시간을 통제하지 않기에 구성원이 어디에서 무엇을 하든 크게 개의치 않습니다. 정해진 시간까지 그가 기대하는 수준의 결과물과 성과를 가져와 준다면, 설령 업무 시간에 딴짓을 하더라도 누구도 뭐라하지 않습니다. 그래서 재택 근무와 유연 근무가 자연스럽습니다.

삼성전자는 어떨까요? 최근 5년간 임직원이 평가한 약 3,000건의 데이터를 분석해보니 흥미로운 패턴이 발견되었습니다.

양 문화와 질 문화 특성이 동시에 두드러지게 나타난 것이지요. 2 by 2 매트릭스에 각 회사들을 위치시켜 보면 다음과 같습니다. x축은 워라밸 점수를 역척도로 활용하여 도시했고, y축은 텍스트 데이터에서 스트레스, 업무 강도라는 표현의 출현 비율을 가지고 도시했습니다. 그리고 반도체 업계 관계자들과 함께 토의하면서 위치를 재검토했습니다.

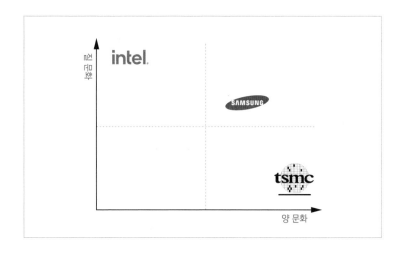

삼성은 어떻게 해서 이런 문화가 나타나게 된 걸까요? 저는 이 매트릭스를 보면서 문득 1993년에 삼성에서 벌어졌던 일명 '커피 티스푼' 사건이 떠올랐습니다. 당시 삼성그룹 비서실장은 이수빈 부회장이었습니다. 이건희 회장은 서울사대부고를 나왔는데, 그 4년 선배인 인물입니다.[81] 생각이 깊어서 신중하고 과묵한 성격의 소유자로 알려져 있습니다. 어느 날 그는 고심 끝에 몇몇 계열사 사장과 함께 회장실의 문을 두드렸습니다. 마침 그때 이건희 회장은 티스푼을 들고 커피를 마시던 중이었습니다. 마음을 단단히 먹은 이수빈 비서실장이 이건희 회장에게 무어라 고언을 합니다. 그러자 이건희 회장이 격분하면서 티스푼을 테이블 위에 던지더니 문을 박차고 나가 버렸습니다. 무슨 일이 있었던 걸까요? 사건의 전말은 이렇습니다.

이건희 회장은 1992년에 들어서 강한 위기 의식을 느낍니다. 1990년부터 삼성은 반도체 기술 불모지였던 이 땅에서 디램(DRAM, 컴퓨터의 기억장치로 사용되는 메모리 반도체) 연구에 집중합니다. 그리고 불과 2년 만인 1992년 8월에 세계 최초로 64메가 디램 시제품을 만들고, 9월 25일에 확정적으로 발표합니다. 메모리 반도체 분야에서 세계 최정상에 선 순간이었지요.[82] 삼성 내부에서는 환호성이 울려 퍼졌습니다. 그런데 이건희 회장은 위기감과 공포를 느낍니다. 그는 전 세계적으로 시장이 바뀌고 있음을 감지하고 있었습니다. 그는 "1992년 중순부터 고민하기 시작해서 작년 말부터는 하루에 3~5시간밖에 잠을 자지 못했다. 거대한 풍랑이 몰려오는 것을 직감해 조바심으로 입술이 타들어가고, 밤에는 잠도 오지 않았고, 깨어나면 등에서 식은 땀이 흘렀다"라는 소회를 밝혔습니다.[83]

그는 기존에 삼성이 일하던 방식으로는 곧 다가올 변화된 세상에서 적응할 수 없다고 느꼈습니다. 그는 삼성이 "양은 최고, 질은 뒷전"이라고 평가하면서 이렇게 말합니다. "1970년대 초반까지만 해도 삼성의 제품은 설탕, 섬유 등 생필품 위주의 단순 장치 산업에서 나오는 것들이 대부분이었다. 모직과 제당의 불량이라고 해 봐야 색깔이 좀 다르거나 물기가 좀 들어간 정도였다. 이런 것은 만드는 과정에서 불량이 좀 나도 소비자가 쉽게 느끼지 못한다. 그 시절에는 이른바 판매자의 시장Seller's Market이었다. 불량이라는 개념도 없는 시대에 밤새워 만들고, 모터 회전이 분당 800회인데 그것을 850회, 900회로 자꾸 무리해서 돌리다 보니 양은 점점 더 늘기만 했다. 그래도 물건이 없어서 배급하다시피 앉아서 팔고, 판매 대금은 선금으로 들어오곤 했다. 이렇게 하다 보니 전 그룹의 고참 임원들 머릿속에 양이 제일이라는 개념이 뿌리내리게 된 것이다. 그 시절에는 그것이 당연했고 또 그렇게 할 수밖에 없었지만, 오늘날 고급 두뇌 집약 산업 시대에는 양의 의미와 개념을 다시 조명해 보아야 한다."[84]

1993년에는 삼성전자의 주요 임원들을 미국 LA로 모두 불러 모으고는 이렇게 말합니다. "LA 회의라는 게 뭐냐. 삼성이 잘한다고는 하지만, 내가 만들어 놓은 물건을 내 눈으로 한번 보라는 것이다. 상품이 어디에 놓여 있고, 먼지는 얼마나 쌓여 있고, 얼마에 팔리고 있는지 보면서 우리 위치를 바로 알자는 것이다." 그는 임원들과 함께 미국 가전제품 매장을 둘러 봅니다. 삼성이 세계 최초로 64메가 디램을 만들었다지만 그들의 제품은 찬밥 신세를 면치 못했습니다. 그 당시 8밀리미터 비디오 테이프 플레이어를 신제품으로 시장에 내놨었는데, LA 베스트바이 매장에서 GE와 소니 제품에 밀려 귀퉁이에 먼지로 덮여 있는 제품을 목격하고 다들 큰 충격을 받습니다.[85] 이건희 회장은 그때 "2등 정신을 버려라"라고 강하게 질책합니다.

그해 6월에 이건희 회장은 독일 프랑크푸르트로 출장을 갑니다. 그런데 그때 삼성 비서실로부터 비디오 테이프 하나를 받습니다. 그 테이프에는 세탁기를 생산하는 라인에서 작업자들이 사이즈가 맞지 않는 뚜껑을 칼로 깎아내 본체에 조립하는 장면이 고스란히 녹화되어 있었습니다.[86] 비행기에서 그 비디오를 보던 이건희 회장은 분노합니다. 프랑크푸르트 공항에 도착하자마자 삼성 비서실에 전화를 걸어 이렇게 지시합니다. "지금부터 내 말을 녹음하세요. 내가 질質 경영을 그렇게 강조했는데 이게 그 결과입니까? 나는 지금껏 속아 왔습니다. 사장과 임원들 전부 프랑크푸르트로 모이세요. 이제부터 내가 직접 나설 겁니다." 사장단과 임원들 200명이 부랴부랴 독일로 날아갑니다. 회의를 시작하자마자 이건희 회장은 피를 토하듯 말합니다. "세탁기만 저런 게 아니다. 비디오카세트 플레이어 불량은 내가 몇 번을 경험했다. TV는 영화 보는 도중에 퓨즈가 나가더라. 불량이 나오면 100명 중 50명은 다시는 사지 않는다. 양이 아닌 질로 가라고 했는데 아직도 여러분은 양을 외치고 있다. 삼성은 3만 명이 만들고 6000명이 고치러 다니는 비효율적인 집단이다."[87]

그 자리에서 이건희 회장은 그 유명한 '삼성 신경영'을 선언합니다. 양 위주의 의식, 체질, 제도, 관행을 탈피해서 질 위주로 철저히 바꾼다는 내용으로, "마누라와 자식만 빼고 모두 바꿔라"라고 할 만큼 강력한 의지를 표명합니다. 그리고 질 문화를 정착시키기 위한 일환으로 라인스톱제를 적용하도록 지시합니다. 생산 과정에서 작업자가 불량을 발견할 경우 그 즉시 생산을 중단하고 문제점을 완전히 해결한 다음 다시 가동하는 제도입니다. 이를 가장 먼저 도입한 공장은 삼성전자 수원사업장의 세탁기 생산 라인이었습니다.[88]

그런데 이수빈 비서실장과 몇몇 계열사 사장은 아직 양을 버릴 수 없다고 판단했습니다. 그 당시 삼성그룹을 지탱하던 힘이 규모의 경제를 통한 이익 창출이었고, 급격하게 질 추구를 하다가는 고꾸라질 거라고 생각한 겁니다. 점진적으로 변화를 추구해야 한다고 믿었지요. 그래서 이수빈 실장은 고심 끝에 이건희 회장에게 직언을 올립니다. "회장님, 아직까지 양을 포기할 수는 없습니다. 질과 양은 동전의 앞뒤입니다."[89] 당시 회장실에서 회의했던 내용을 녹음한 파일이 있었는데, 이를 들은 몇몇 사람들은 티스푼이 테이블에 부딪치는 소리가 너무 커서 회장이 찻잔을 내동댕이친 줄 알았다고 말할 정도였습니다.[90]

이를 두고 이건희 회장은 나중에 이렇게 밝힙니다. "모든 사람의 머릿속에 양의 개념이 아주 고질처럼 박혀 있다. 평생 양, 양 하다 보니 인생관이 양이 전부인 것처럼 되어 버렸다. 모든 것을 양적으로 생각하는 데서 벗어나지 못하고 있다. 전자업이다, 양산조립업이다 하면서 업의 개념을 수백 번 이야기하면서 '질'로 가라고 부르짖었는데도 질이 뭐고 양이 뭔지를 모른다. 그러니까 가슴이 답답해 책상을 치면서 양을 버리라고 한 것이다."[91]

안 되겠다 싶었는지 이건희 회장은 그때부터 8월까지 스위스, 영국, 일본을 돌아가면서 사장단, 국내외 임원, 해외주재원 1,800여 명을 대상으로 릴레이 특강을 진행합니다. 임직원들 앞에서 왜 양 문화를 질 문화로 바꿔야 하는지를 설득하고 강조합니다. 총 350시간이나 특강을 했으며, 그 내용이 A4용지 8,500장에 이릅니다.[92] 내용을 200페이지로 줄여서 《삼성 신경영—나부터 변해야 한다》라는 사내 책자를 만들어 모든 임직원에게 배포하기도 했습니다.

그리고는 상징적으로 인사 단행을 합니다. 가장 신뢰하던 이수빈 비서실장조차도 본인의 절박한 심정을 몰라준다 하여 경질하고, 비서실을 전면 개편합니다.[93] 새로운 운영체제에는 새로운 사람들이 필요하다고 판단했기 때문입니다.

그럼에도 여전히 질 문화는 자리 잡히지 않았습니다. 1994년에 삼성은 휴대폰을 개발하여 판매를 시작했습니다. 어디서나 통화가 잘 터진다는 의미로 '애니콜'이라 이름을 지은 브랜드였습니다. 이건희 회장은 자기 지인들에게도 애니콜을 선물했는데 지인들로부터 불량이 적지 않다는 말을 듣습니다. 파악해 보니 전체 생산품의 11.8%가 불량품에 해당했습니다.[94] 결국 1995년 1월에 신문을 통해 불량품을 모두 교환해 주겠다는 광고를 냅니다. 이건희 회장은 교환해 준 불량품 15만 대, 그 당시 기준으로 500억 원에 가까운 제품들을 삼성전자 구미사업장 운동장에 모으게 한 뒤 임직원 2천 명을 불러서 그 앞에서 망치로 부수고 불에 태우도록 합니다. 일종의 애니콜 화형식을 거행한 것입니다. 그리고는 불도저로 다시 뭉개 버렸습니다. 후일 삼성전자 사장으로 승진했던, 그 당시 무선사업부문의 이기태 이사는 애니콜 화형식을 평생 잊지 못할 사건으로 꼽으며 이렇게 말했습니다. "제품들이 불 속으로 들어가는 것을 보니 말로 표현할 수 없는 감정이 교차했습니다."**95**

이 과정을 통해서 삼성은 본격적으로 질 문화로 바뀌게 됩니다. 정확히 말하면, 양 문화 위에 질 문화가 자리한 셈입니다. 제조업이 함께 공존하다 보니 양 문화를 완전히 버릴 수는 없었습니다. 질을 최우선으로 중시하되, 양도 챙기는 방향으로 문화가 자리 잡았던 것으로 보입니다.

이러한 이건희 회장에게서 몇 가지 배울 점이 있습니다. 첫째, 경영자 스스로가 문화를 고민하고 바꾸려 처절히 노력해야 한다는 점입니다. 이건희 회장은 비서실, 조직문화팀에만 맡겨두지 않고 절박한 마음으로 직접 앞장섰지요. 어떤 기업은 조직문화팀을 만들고 그들에게 맡겨두는 것만으로도 조직이 바뀔 수 있다고 믿습니다. 하지만 현실은 전혀 그렇지 않습니다. 이건희 회장은 다소 눌변이지만 수천 명 임직원 앞에서 왜 양이 아니라

질이어야 하는지 전달하고자 온 열의를 다해 직접 강의를 했습니다.

둘째, 임원과 핵심 관리자들이 변화의 필요성을 직접 눈으로 보고 몸으로 느끼게 해야 합니다. 이건희 회장은 몇백 명에 가까운 임원들을 미국 로스앤젤레스로, 독일 프랑크푸르트로 불러들였습니다. 세상이 어떻게 바뀌고 있는지, 세계 시장에서 그들의 제품이 어떤 취급을 받는지, 그래서 기존의 방식으로 앞으로도 생존이 가능한지를 그들 눈으로 보게 했습니다. 그리고 이건희 회장은 이렇게 말했습니다. "삼성은 1986년에 이미 망한 회사다. 우리는 선진국을 따라잡기에 아직 멀었다. 2등 정신을 버려야 한다"라고요.[96]

셋째, 읍참마속泣斬馬謖도 불사합니다. 제갈량이 군령을 어긴 마속의 머리를 눈물을 흘리면서 베었다는 의미로 누참마속淚斬馬謖이라고도 합니다. 이건희 회장은 이수빈 실장을 매우 신뢰했습니다. 하지만 그는 질이 아니라 여전히 양을 챙겨야만 한다고 고언을 했지요. 이건희 회장은 어쩔 수 없이 삼성그룹에서 일인지하 만인지상 자리였던 비서실장에서 그를 경질하고 삼성생명 회장으로 발령을 냅니다. 또 기존의 비서실을 대폭 개편합니다.

넷째, 경영자 본인이 조직에 통찰을 갖추고 있어야 합니다. 이건희 회장은 조직 진단 전문가라 불러도 손색이 없을 정도입니다. 그는 당시의 삼성 계열사를 보면서 이렇게 진단했습니다.

"우리 그룹에서 가장 심각한 문제를 안고 있는 회사가 전자, 중공업, 건설, 종합화학이다. 암은 초기에 수술하면 100% 나을 수 있다. 2기에 들어가서 임파선이나 혈관으로 옮아가면 생존율이 거의 50%이고, 옮아가지 않으면 1기와 거의 비슷해서 98%까지 생존할 가능성이 있다. 삼성전자는 암 2기이고 중공업은 영양실조다. 하지만 자금과 기술자만 좀 더 넣고 노력하면 살아날 수 있다. 건설 부문은 영양실조에 당뇨병이다. 더 열심히 뛰어야 하고 사람을 많이 넣어야 된다."

마지막으로, 상징적인 행위와 의례를 잘 활용할 필요가 있습니다. 논리와 수치는 머리를 움직일 수는 있지만 구성원의 마음을 움직이지는 못합니다. 반면 강렬한 일화, 의례는 매우 빠르게 전파되고 마음에 각인됩니다. 이건희 회장이 LA와 프랑크푸르트로 경영진을 전격 불러모은 일, 커피 티스푼 사건이 그룹에서 널리 퍼진 일, 애니콜을 화형시키고 불도저로 갈아버린 일, 모두가 상징적인 행위들입니다.

지금까지 카리스마 강한 이건희 회장이 조직문화를 변화시키는 과정에서 우리가 배울 점을 꼽아 봤습니다. 다음은 겸손하고 조용한 리더인 구자경 회장이 어떻게 LG그룹 문화를 바꾸었는지를 살펴보겠습니다.

고객 중심 경영으로 바꾼 LG 구자경 회장

2016년 12월, 우리나라 기업 역사상 아주 진귀한 풍경이 TV를 통해 전해졌습니다. 우리나라 주요 재벌 회장들이 이른바 '최순실 게이트'로 국정조사 청문회장에 나란히 앉았던 모습입니다. 흥미롭게 청문회를 지켜보고 있었는데, 그 당시 LG그룹 구본무 회장 발언이 귀에 들어왔습니다. 어느 국회의원이 최순실 등에 돈을 건넨 기업들을 거론하며 "뇌물이나 대가성의 흔적이 곳곳에 보입니다. 다만 LG만 그게 없어요. 피해를 봤다거나 특혜를 받은 게 없거든요. 왜 돈을 냈습니까?"라고 말하자, 그는 "한류나 스포츠를 통해서 국가 이미지를 높이고 그렇게 하면 국가 경제에 도움이 된다고 말씀하셔서, 정부가 뭔가 추진하는데 민간 차원에서 협조를 바라는 게 아닌가 생각했습니다"라고 답합니다. 그러자 그 의원이 "기업 활동 전반에 걸쳐 직간접적으로 불이익을 받을 것을 우려하여 출연 지시를 따르지 않을 수 없었다, 이게 맞는 거 아닙니까?"라고 재차 묻자 구본무 회장은 강단 있게 "네, 아닙니다! 기업 입장에서는 정부 정책에 따를 수밖에 없는 게 현실이라고 생각합니다"라고 답합니다.

이번에는 다른 의원이 "우리 기업은 왜 부당한 압력에 이렇게 자꾸 굴복하느냐 말이죠. 그 이유가 뭐예요?"라고 묻자, 그는 "국가 이미지를 올린다고 해서 국가에서 하는 재단인 줄 알았지, 최순실이 하는 건 줄 몰랐습니다"라고 답합니다. 그러자 다시 그 의원은 "그럼 명분만 맞으면 앞으로도 국가에서 돈 내라고 한다면 낸다, 이 말씀이에요? 정부에서 시키는 건 일단 거부해야 되는 거 아니에요? 앞으로도 다음 대통령 들어서 뭐 좀 내라고 하면 다 들어주실 거예요? 또 나오실 거예요, 청문회?"라고 다그치자, 그는 소신 있게 강한 어조로 이렇게 말합니다. "국회에서 입법을 해서 막아 주십시오!"라고요.

그 강단 있는 모습에 매료되어 그가 어떤 리더인지를 찾아보았습니다. 그런데 그분에 대한 자료가 거의 없더군요. 우리나라 대부분의 창업자와 경영자가 자서전과 에세이를 출간했던 반면, 구본무 회장은 아무런 글을 남기지 않았습니다. 리더십 연구 방법론 중에는 '계량역사학적 방법historiometry'[97]이라는 게 있습니다. 개인의 자서전, 문서, 서한, 영상, 기고문 등 객관적 자료를 활용하여 연구하는 일인데, 구본무 회장은 공개된 자료가 극히 제한적이었습니다. 그의 성격, 가치관, 그리고 리더십이 어떠했는지 탐구할 방법이 없기에, 먼저 그의 아버지인 구자경 회장을 연구해 보기로 했습니다.

구자경 회장은 상당히 많은 자료를 남겼습니다. 그 자료를 분석해 보니 조직을 변화시키는 측면에서도 오늘날 여타 경영자들이 배울 점이 많았습니다. 그가 어떻게 고객 중심의 문화를 정착시키려 했는지 그 노력들을 한번 살펴보고자 합니다.

1980년대 후반, 가전 산업은 시장 개방의 압력에 직면해 있었습니다. 일본의 유명 가전업체 관리자는 사석에서 한국 가전 시장이 개방되기만을 기다리고 있다면서 "6개월 내에 한국 업체들을 쓰러뜨릴 자신이 있다"고 단언하기도 했습니다.[98] 한편, LG전자의 전신인 금성사에서 영업과장을 하고 있던 인재에게 편지가 날아들기도 했습니다. 외국의 한 유명 가전회사가 스카우트를 제의하는 편지였습니다. 한국 정부가 가전 시장을 개방하면 곧바로 한국 법인을 세울 예정인데, 그곳 영업소들을 책임지는 관리자로 채용하고 싶다는 내용이었습니다. 금성사의 주요 관리자뿐만 아니라 AS기사, 영업사원에 이르기까지 전방위 로비가 진행 중이었습니다.

구자경 회장은 산업 개방을 앞두고 엄청난 위기 의식을 느낍니다. 그는 "살아남느냐, 죽느냐의 생사를 건 정면 승부가 임박했음을 알리는 경고"였다고 회상합니다.[99] 그래서 그는 급히 대만으로 벤치마킹팀을 보냅니다. 대만은 한국보다 앞서서 1986년에 가전 산업을 개방했습니다. 그 당시 대만 업체들은 미국 및 일본 기업과 정면 승부가 어렵다고 판단하고, 몇몇 주력 상품을 제외하고는 전량 수입하기로 합니다. 그런데 뚜껑을 열어 보니 완전 오판이었습니다. 외국 제품이 들어오면서 대만 국내 시장을 완전 붕괴시켜 버렸습니다. 구자경 회장은 대만을 타산지석으로 삼습니다.

먼저 그는 협력업체와 고객들 무려 700여 명을 대상으로 인터뷰를 실시해서 '럭키금성이 고쳐야 할 점'을 청취합니다. 그리고 그 생생한 목소리를 여과 없이 보고받습니다. "자기 편한 대로만 하는 걸 보니, 장사할 생각이 없는 회사 같다", "럭키금성의 서비스는 한마디로 문제다. 계속 이런 식으로 나가다간 앞으로 살아남기 어려울 것이다", "의사결정이 늦고 환경 변화에 둔감하다. 또 위험 부담이 조금만 있어도 시도조차 하지 않는다" 등의 날선 목소리를 고스란히 보고하게 합니다. 그는 나중에 "불만을 보태지도 빼지도 말고 그대로 보고하라 했는데, 예상은 했지만 이토록 정도가 심각하리라고는 미처 짐작도 못했다"고 괴로운 심경을 토로합니다. 그는 곧 닥칠 산업 개방에서 생존의 열쇠를 고객이 쥐고 있다고 판단했습니다. 고객이 누구인지, 그들이 무엇을 원하는지, 우리는 그들에게 어떤 가치를 제공할 수 있는지를 고민하는 일이 무엇보다 필요하다고 믿었습니다. 그는 고객을 개혁의 출발점으로 정합니다.

그 다음으로 그는 럭키금성에 소속된 회사와 구성원이라면 모두가 지향해야 할 핵심 가치를 정립하고자 했습니다. 그래서 사장 14명을 포함해서 주요 경영진 25명과 함께 논의합니다. 새로운 시대를 맞이해서 그들이 중시하고 지향해야 할 가치가 무엇인지 말입니다. 구자경 회장은 사장들이 보다 참신한 아이디어를 제시해 줄 것으로 기대하고 있었습니다. 럭키금성 사보에서도 몇몇 구성원들이 구체적이고 좋은 의견을 개진했었기 때문입니다. 하지만 막상 대화를 시작해 보니, 과한 기대였음이 드러났습니다. 상당수 경영진은 그 배경을 제대로 이해하지 못했습니다. "허울 좋은 이야기일 뿐 아닌가요?"라거나 "왜 그런 것을 정립해야 하나요?"와 같은 발언이 나왔습니다. 결국 사장들을 설득해서 '고객을 위한 가치 창조'를 제일 가치로 정합니다.

구자경 회장은 일상에서 종종 통찰력을 얻었습니다. 그가 자주 가는 냉면집은 육수 맛이 좋아서 소문이 널리 퍼졌습니다. 여러 지방에서 미식가들이 찾아올 정도였지요. 그 음식점에는 정면에 커다랗게 '고객은 왕이다'라는 표어가 걸려 있었습니다. 하지만 그건 액자에서만 하는 말일 뿐, 현실은 딴판이었습니다. 손님들이 우왕좌왕하는데도 종업원은 멀뚱히 쳐다보기만 하거나, 냉면이 나오면 탁자 위에 탕탕 소리나게 올려놓기 일쑤였습니다. 주문도 귓등으로 듣는 둥 마는 둥 했습니다. 그걸 보면서 구 회장은 '지금은 장사가 잘 될지 모르지만 결국 고객이 떠나겠구나, 시장이 판단하겠구나'라고 생각합니다. 그가 사장단과 함께 핵심 가치를 정했을 때, 그는 어떤 가치가 액자에만 걸려 있으면 아무런 변화가 일어나지 않는다는 점에 주목합니다. 따라서 '액자 밖으로 끄집어내야' 한다고 생각했지요.

그는 금성사 영동서비스센터에 아무런 통보 없이 방문합니다. 내부 점검이 아니라, 수많은 가정 주부들을 직접 대면하려는 목적이었습니다. 그리고 주부들이 생활하면서 겪는 다양한 어려움과 고민을 직접 듣습니다. 세탁기, 냉장고 등에 대해 정말 좋은 아이디어를 제안해 주는 모습을 보면서 그는 다시 한번 깨닫습니다. "고객이 우리의 스승이다"라고요. 주부들의 아이디어를 받아들인 후 한국형 물걸레 청소기를 개발하게 됩니다. 서양에서 먼저 개발된 진공청소기는 카페트에서 먼지를 빨아내도록 최적화되어 있었습니다. 반면, 우리나라는 온돌과 장판 문화입니다. 청소기를 돌린 뒤 허리가 끊어지도록 물걸레질을 해야 방이 깨끗해집니다. 그러한 주부 고객의 아이디어를 받아서 세계 최초로 출시한 물걸레 청소기는 시장에서 열렬한 환영을 받습니다. 구자경 회장은 이를 두고 "고객을 알려는 진지한 노력과 그 욕구를 충족시킬 수 있는 기술이 뒷받침된다면 선진 기업도 겁낼 일이 아니다"라고 결론을 내리게 됩니다.

그렇게 고객 중심의 가치를 뿌리내리는 일에 박차를 가하던 가운데, 찬물 세례를 맞게 된 일이 있었습니다. 1991년 8월에 럭키개발이 부산에 지은 아파트 주민 수백 명이 럭키금성 본사로 몰려와 농성을 벌인 사건입니다. 그 다음 날 유력 일간지들에는 대문짝만한 사진과 기사가 실렸습니다.[100] 부실공사로 옹벽에 균열이 생기고, 수돗물에 시멘트 가루가 섞여 나오고, 가스가 안 나와서 못 살겠다는 불만이었습니다. 주민들은 여러 번 현장사무소에 재시공을 요구했지만, 럭키개발은 아무런 반응을 하지 않고 묵살했습니다. 그 신문기사를 보는 순간 구자경 회장은 맥이 풀리고 말았습니다. 그는 "기업을 혁신한다는 것이 이렇게도 어려운 것인가? 내가 여태까지 기울인 노력은 다 무엇인가? 모든 의사결정의 기준을 고객 만족에 두라고 그렇게 기회 있을 때마다 강조했는데, 어떻게 이런 일이 일어날 수 있단 말인가?"라며 격분했습니다. 럭키개발 사장은 이익을 내기 위해서 어쩔 수 없이 주민들 의견을 묵인해서 생긴 불상사였다고 변명했습니다. 구자경 회장은 아파트 입주자들의 요구 사항을 신속하게 해결하도록 하고 아울러 즉시 감사를 지시했습니다. 그 결과로 사장과 해당 사업 책임자를 일벌백계—罰百戒합니다.

또한 그는 고객 중심 문화로 변화시키는 여정에서 자신의 한계를 깨닫기도 했습니다. 한번은 반도패션(후에 LG패션, 현재 LF) 매장을 둘러보던 중이었습니다. 여성복을 판매하는 코너에 들렀다가, 너무나도 대담한 옷들을 발견하고 아연실색합니다. 어떤 옷은 디자인이 요란하여 눈이 어지럽고, 어떤 옷은 깊게 파이고, 어떤 옷은 너무 짧아 보였던 것이지요. 구자경 회장 눈에는 대담함을 넘어서 천박함에 가까워 보였습니다. 그는 사업부장을 바로 불러서 이렇게 호통을 칩니다. "일류 디자이너를 고용해서 해외 연수까지 시켜줬는데, 무대복도 아닌 일상복을 왜 이렇게 요란하게 만듭니까!" 그러자 사업부장은 "회장님, 그래도 고객들이 그 옷을 가장 많이 사갑니다"라고 대답합니다. 또 한번은 럭키화장품 선전에 값비싼 비용을 치르고 프랑스 배우 소피 마르소를 모델로 사용한 일이 있었습니다. 그걸 보면서 구 회장은 "한국 사람들 중에도 예쁜 배우가 많은데 왜 하필 그 많은 돈을 주면서 프랑스 사람을 데려왔습니까!"라고 한마디 했습니다. 그러자 현장 리더는 "그래도 그 광고가 제일 인기가 많습니다"라고 답합니다. 그는 일련의 일을 겪으면서 스스로를 돌아보고 반성합니다. 고객의 취향이 하루가 다르게 바뀌고 있는데, 본인은 자신의 틀 안에 갇혀서 자기 기준대로 평가하고 판단했던 것이지요. 자신의 감각이 무뎌졌다는 것을 느낀 그는, 자기 취향대로 판단하는 건 사업을 망하게 하는 지름길이라는 점을 깨닫습니다.

이처럼 구자경 회장이 회사를 고객 중심 문화로 바꾸어가는 과정을 살펴보면 몇 가지 본받을 점이 있습니다. 첫째, 본인이 직접 고객의 의견을 들었습니다. 현장에서 들리는 고객의 목소리를 가감없이 듣고, 회사의 위치를 제대로 파악하고자 했습니다. 둘째, 모두가 함께 지향해야 할 핵심 가치를 본인이 직접 고민하고, 또 주요 경영진들과 함께 토론하면서 만들었습니다. 어떤 기업은 기획팀, 조직문화팀, 인사팀에서 고심하여 올린 초안을 그저 CEO가 승인하는 수준으로 만드는 곳들이 있습니다. CEO가 처절히 고민하지 않으면 그저 영혼 없는 메아리에 그칠 뿐입니다. 셋째, 그 가치를 액자 속이 아니라 현장에 정착되도록 노력했습니다. 기업들 중에는 사무실 곳곳에 멋진 액자나 구호를 달아두지만 그것을 진심으로 받아들이지는 않는 곳들이 많습니다. 넷째, 이건희 회장이 읍참마속을 하듯이 구자경 회장도 핵심 가치를 지키지 않는 경영진을 일벌백개 합니다.

마지막으로, 그는 고객 중심의 가치를 펼치는 측면에서 자신의 한계를 스스로 돌아봤습니다. 경영자의 주관대로 판단하기 시작하면 도리어 사업이 엉뚱한 길로 치달을 수 있다는 점을 깨

닳습니다. 이 대목이 특히나 구자경 회장의 리더십을 높이 평가하는 이유입니다.

회사의 영혼을 되찾은 마이크로소프트 사티아 나델라

이번에는 해외 경영자로부터 한번 배워 보겠습니다. 마이크로소프트의 새로운 CEO, 사티아 나델라입니다.[101] 마이크로소프트는 시대를 풍미했던 회사였지만 2000년 후반 들어서 몰락의 조짐이 보이기 시작했습니다. 단적인 예로 프랑스 출신의 프로그래머이자 풍자 만화가인 마누 코넷Manu Cornet은 실리콘밸리의 대표적인 기업 아마존, 구글, 페이스북, 애플, 오라클에 더해서 마이크로소프트의 조직도를 풍자적으로 그렸습니다.[102] 아마존은 제프 베조스를 정점으로 한 수직적 구조로, 구글은 창업자인 래리 페이지, 세르게이 브린과 더불어 전문 경영인 에릭 슈미트Eric Emerson Schmidt가 운영하는 구조로, 페이스북은 수평적인 구조로 그렸습니다. 그런데 세간의 사람들은 마이크로소프트의 구조에 폭소를 금치 못했습니다. 부서와 부서 간에 서로 총질을 해대는 모습으로 그렸기 때문입니다. 그만큼 마이크로소프트 내부는 피폐해져 있었습니다.

일례로 어느 날 최고위 엔지니어들이 모인 자리에서 일어난 일입니다.[103] 다양한 소프트웨어들을 만들고 있었기에, 이들 간에 호환성을 높이고 서로 협력하여 제품을 개선하기 위한 회의였습니다. 그때 어느 개발자가 소비자가 발견한 문제를 해결하기 위해 자신의 부서에서 윈도우 코드 오류를 수정했는데, 윈도우 부서 개발자들이 그 코드를 수용하지 않았다며 불만을 토로했습니다. 그들이 정한 양식대로 코드를 만들지 않았다는 이유 때문이었습니다. 토론이 갑자기 언쟁으로 바뀌었고 양쪽 부서에서는 인신공격까지 서슴지 않았습니다. 사용자와 고객은 온데간데 없이, 서로의 자존심 싸움에만 매몰된 상황이었지요.

마누 코넷이 익살스럽게 그리긴 했지만 그만큼 현상을 제대로 표현한 만화였습니다. 사티아는 후일 이에 대한 당시의 심정을 털어놓습니다. "마이크로소프트의 베테랑 직원이자 순도 100퍼센트의 내부자였던 나는 만화를 보고 말할 수 없이 괴로웠다. 하지만 나를 더 괴롭게 한 건 직원들이 만화 내용을 순순히 받아들인다는 사실이었다."[104]

매년 실시하는 조직문화 서베이 결과도 이를 그대로 드러내고 있었습니다. 구성원들은 경영진에 대한 의구심과 무기력을 토로했습니다.[105] 회사가 잘못된 방향으로 향하고 있고, 경쟁력을 잃어가고 있다고 판단했습니다. 풍운의 꿈을 안고 마이크로소프트에 입사했지만, 구성원들이 하는 일이라곤 상사의 비위를 맞추고 다른 부서와 언쟁을 벌이는 것뿐이었습니다. 회의실 안에서 직원들은 자신이 모든 내용을 알고 있고, 또 가장 똑똑하다는 것을 남들 앞에서 증명해야만 했습니다. 잘난 척, 똑똑한 척, 완벽한 척해야만 살아남을 수 있었지요. 직급을 뛰어넘는 토론을 하기는 어려웠습니다. 반드시 바로 위 직급을 거쳐야 의견을 말할 수 있었고, 그 과정에서 자발성과 창의성은 사라지고 있었습니다. 애플, 페이스북, 구글에 소중한 인재들을 빼앗기고 있었다는 건 말할 것도 없습니다.

더 이상은 안 되겠다고 판단했는지, 마이크로소프트는 2013년 말부터 새로운 CEO를 물색하기 시작했습니다. 그리고 마침내 2014년 2월에 여러 후보 중에서 사티아 나델라를 CEO로 임명합니다. 그는 인도 하이데라바드에서 태어나, 인도 마니탈 공과대학교를 거쳐 미국 위스콘신-밀워키 대학에서 컴퓨터 공학을 전공했습니다. 그리고는 잠시 썬 마이크로시스템즈Sun Microsystems에서 근무하다가 1992년에 마이크로소프트에 입사했습니다. 처음에는 윈도우NT를 개발하는 부서에서 근무하다가 인터넷 검색엔진인 Bing 업무를 맡기도 하고, 클라우드 서비스를 담당하기도 했습니다. 그가 출시한 클라우드 제품인 오피스365는 시장에서 제대로 히트를 쳤습니다. 엔지니어에서 점차 경영자로 성장한 인물입니다.

CEO로 임명을 받고 나서 그는 무엇을 하고자 했을까요? 단적으로 알 수 있는 그의 발언이 있습니다. "나는 CEO의 C가 문화Culture의 약자라고 생각한다. CEO는 조직문화를 담당하는 큐레이터다." 그는 마이크로소프트의 옛 영화를 되찾기 위해서는 무엇보다 조직문화를 바꿔야 한다고 믿었습니다. 또한 "직원들이 문화를 '사티아의 업무'라고 생각하지 않기를 바랐다. 자신의 일이라고, 마이크로소프트의 일이라고 여기길 바랐다"라고 말하기도 했습니다. 그가 어떻게 마이크로소프트를 변화시켰는지 몇 가지 핵심을 짚어 보겠습니다.

첫째, 무엇보다 그는 회사의 영혼을 찾고자 했습니다. 그가 새로운 CEO로 부임하던 첫날, 마이크로소프트 40년 역사 속에서 CEO를 맡았던 두 사람이 함께 무대에 섭니다. 빌 게이츠, 그리고 스티브 발머Steve Ballmer입니다. 빌 게이츠는 내부 구성원들 앞에서 새로운 CEO를 소개하기 위한 서두를 열었습니다. "마이크로소프트는 소프트웨어가 부리는 마법에 대한 믿음을 바탕으로 설립됐습니다." 그리고는 새로운 미래를 그려낼 인물, 사티아 나델라를 소개합니다. 사티아는 그 자리에서 이렇게 말합니다. "마이크로소프트는 무엇을 위한 기업인가요? 우리가 존재하는 이유는 무엇인가요? 우리를 특별한 존재로 만드는 우리의 영혼을 다시 찾아야 합니다."

이처럼 사티아는 회사의 영혼을 다시 부활시키고 부흥시키는 일이 무엇보다 중요하다는 걸 알고 있었습니다. 먼저 그는 이 회사의 초창기 영혼을 고찰했습니다. 1970년대 빌 게이츠와 동업자 폴 앨런Paul Allen은 모든 가정의 책상에 컴퓨터를 올려 놓겠다는 대담한 꿈을 가지고 회사를 시작했습니다. 그들처럼 가슴 뛰게 만드는 영혼이 이 회사에 남아 있는지를 살펴봅니다. 그는

CEO로 몇 달을 보내는 동안 많은 시간을 들여서 수백 명의 구성원들을 만났습니다. 직위나 소속을 가리지 않고 만나서 적극적으로 경청했지요. 또한 익명으로도 의견을 낼 수 있도록 포커스 그룹을 만들고 협력 파트너와 고객들과 만났습니다. 그러면서 이 질문에 답을 찾으려 합니다. '어째서 우리는 이 자리에 있는가, 우리의 혼은 무엇인가?'

둘째, 그는 마이크로소프트에 팽배한 '경쟁'을 '공감'이라는 키워드로 바꾸고자 하였습니다. 전임 CEO인 빌 게이츠나 스티브 발머는 시장에 침투해서 정복하여 독점하는 방식을 선호했습니다. 부서와 부서, 개인과 개인이 경쟁하도록 조장했지요. 구성원 개개인에 상대적으로 등급을 매기고 저성과자는 즉시 해고를 했습니다. 1970년대부터 2000년대까지는 그런 경영 스타일이 조직 성과에 기여할 수 있었습니다. 그런데 2010년 전후의 산업 지형은 사뭇 달라집니다. 스마트폰에서 만들어지는 앱 생태계뿐만 아니라, 기업 간에 개방적 협력이 벌어지면서 이종 산업 간에 색다른 교배가 일어납니다. 새로운 기술과 제품, 서비스가 곳곳에서 쏟아지기 시작합니다. 기존에 마이크로소프트가 일하는 방식, 즉 경쟁, 전투, 승부, 정복, 독점으로는 생존을 담보하기가 어려워졌습니다. 창의와 영감, 그리고 연대와 협력이 새로운 시대의 생존 방식이 되었고 그 근간에는 인간에게 공감할 수 있는 힘이 있었습니다.

그는 원래부터 공감이 좋았던 사람이 아니었습니다. 그가 마이크로소프트에 입사하기 위해 면접을 볼 때였습니다. 면접관이 들어와서 다짜고짜 길거리에 갓난아기가 누워서 울고 있다면 어떻게 할 거냐는 질문을 합니다. 사티아는 911에 전화해서 신고할 거라고 답하자 면접관이 일어서서 다가오더니 사티아를 감싸 안으면서 이렇게 말합니다. "당신은 공감 능력이 조금 필요하겠군요. 아기가 울고 있으면 아기를 안아 올려야죠."그 정도로 그는 공감 능력이 많이 부족했던 사람이었습니다.

그런데 그에게 사람에 대한 이해와 공감의 폭이 넓어지게 된 계기가 있었습니다. 그의 아내는 임신 36주 차에 이상한 낌새를 감지합니다. 뱃속의 아이가 전혀 움직이지 않았던 것입니다. 바로 산부인과에 갔더니 의사들이 심각한 표정으로 그 즉시 제왕절개를 합니다. 심장 박동은 있지만 한동안 호흡을 하지 못하는 신생아 가사 상태였습니다. 뇌에 충분히 산소를 공급받지 못해서 심각한 뇌성마비 상태가 된 겁니다. 그는 한동안 충격에서 빠져나오지 못했습니다. 그 모든 일이 자신의 탓으로만 여겨졌습니다. 하지만 그 과정을 겪으면서 사티아는 감정이 풍부해졌습니다. 정신지체아, 뇌성마비, 난치병에 시달리는 아이들, 그리고 그들을 키우는 부모들의 희로애락뿐만 아니라 더 나아가 일반인이라 하더라도 그들이 일상에서 겪는 어려움이 있다는 걸 깊이 이해할 수 있게 되었습니다.

회사에 공감을 불러일으키기 위해 그가 가장 먼저 한 일은 자신을 포함한 주요 경영진들을 먼저 변화시키는 일이었습니다. 사티아를 비롯한 모든 경영진이 《비폭력 대화》라는 책을 읽고 학습했습니다.[106] 이는 심리학자인 마셜 로젠버그Marshall Rosenberg가 고안한 대화법입니다.[107] '비폭력'은 우리 마음 속에서 다른 사람을 평가하고 판단하려는 폭력이 가라앉아 자연스러운 본성인 연민으로 돌아간 상태를 의미합니다. 즉 연민이 우러나는 방식으로 다른 사람과 대화를 나누는 것을 말합니다. 과거에 부서들이 서로 총질을 해대던 시절, 경영진의 소통 방식도 매우 시니컬하고 공격적이었습니다. 서로 아이디어를 건설적으로 발전시키기보다는 어떻게해서든 트집을 잡고 비난과 힐난을 하기에 바빴습니다. 무엇보다 주요 경영진이 소통하는 방식을 바꿔야만 했습니다. 연민이 우러나와 공감할 수 있는 방식이어야 했지요.

또한 외부 전문가를 초빙해서 워크숍을 열었습니다. 처음에는 상당히 어색한 분위기였습니다. 항상 업무에 집중하느라 들고 다녔던 노트북과 휴대폰도 없었습니다. 다들 어찌할 바를 모르고 자기 신발을 뚫어지게 쳐다보고 있거나 서로 어색한 미소만 날리고 있었습니다. 외부 전문가가 질문을 해도 선뜻 대답하지 못했습니다. 말을 했다가 웃음거리가 되거나 멍청한 사람이라고 낙인 찍힐지 모른다는 두려움 때문이었습니다. 또 누군가가 조롱하듯 시니컬한 목소리로 비판을 해올지 모른다는 걱정도 들었을 겁니다. 하지만 외부 전문가가 심리적으로 안정된 분위기를 만들고 독려하자 직원들 사이에서 점차 웃음기가 돌기 시작했습니다. 그리고 서서히 자신의 마음을 열고 이야기를 꺼냈습니다. 어릴 때 겪었던 이야기, 아이를 기르는 기쁨, 회사에서 이루고 싶은 열망 등을 말이지요. 마이크로소프트에 입사한 이래로 한번도 사적인 대화를 나눌 기회가 없었는데, 서로가 자신을 온전히 내려놓고 솔직하게 드러낸 자리였습니다. 몇몇은 눈물을 흘리기도 했습니다.

셋째, 인간을 보는 관점을 바꾸고자 했습니다. 기존의 문화는 구성원들의 잘잘못을 가리며 따지고, 우리 부서의 실수는 감추려 하면서 상대방의 실패는 어떻게서든 들추려 했습니다. "저 친구는 원래 못났어!", "쟤는 원래 저런 사람이야!"라고 힐난하는 경우가 많았습니다. 회사 전반에 걸쳐 고정 마인드셋, 즉 인간은 원래 타고난 대로 행하는 법이라고 믿는 인간관이 팽배했습니다. 그런데 오늘날처럼 기술이 불연속적으로 급격히 발전하는 상황에서 이런 인간관은 바람직하지 않습니다. 인간은 거듭되는 실수와 실패를 발판으로 삼아 지속적으로 성장하고 발전하는 존재라고 믿는 성장 마인드셋이 더 적합하다고 볼 수 있습니다. 고정 마인드셋, 성장 마인드셋은 스탠퍼드대학교 심리학과 캐럴 드웩Carol Dweck 교수가 주창한 개념입니다.[108] 고정 마인드셋은 새로운 아이디어와 진보를 가로막지만, 성장 마인드셋은 사람들을 앞으로 전진하게 합니다. 어느 날 사티아는 아내가 건네준 드웩 교수의 책을 읽고서, 성장 마인드셋이야말로 마이크로소프트에 근무하는 모든 구성원들이 가져야 할 인간관이라 확신했습니다. 그리고 그는 전 구성원이 모인 자리에서 이렇게 연설했습니다. "우리는 대담한 포부를 품을 수 있습니다. 새로운 사명을 이루겠다는 열망을 품을 수도 있습니다. 하지만 우리가 문화를 실천해야만 이 모두가 실현됩니다. 이건 역동적인 학습 문화와 관련된 문제입니다. 실제로 우리의 새로운 문화를 설명해 주는 문구는 '성장하는 사고, 성장하는 마인드셋'입니다."

사티아 나델라는 5년에 걸쳐 마이크로소프트를 크게 변화시켰습니다. 내부에서도 비로소 상대에게 격렬히 쏘아대던 총질을 멈추고, 서로 공감하며 하나로 뭉치기 시작했습니다. 그들의 영혼을 되찾고 강점을 제대로 활용하면서, 옹졸한 태도로 독과점 시장을 지키려 하지 않고 다른 회사와 적극적으로 협업하기 시작했습니다. 그 결과 사티아 나델라가 2014년에 취임한 이래로 2019년까지 마이크로소프트의 주식은 327%나 성장했습니다.[109] 동기간 애플이 212% 성장한 것과 비교해도 눈부신 성과입니다.

우리는 사티아 나델라에게서 몇 가지 배울 점이 있습니다. 첫째, 회사의 영혼을 되찾으려 했다는 점입니다. 이에 대해서는 이후 장에서 좀 더 심층적으로 다룰 예정입니다. 둘째, 그는 조직 문화를 바꾸는 일을 다른 이에게 맡기지 않았습니다. CEO의 C가 문화culture의 약자라고 정의한 만큼 스스로 변화시켜 나갔습니다. 셋째, 무엇을 바꿔야 할지를 제대로 알고 있었습니다. 그는 냉철한 관찰자이자 연민 어린 탐구자였습니다. 20여 년간 근무하면서 조직의 병폐를 꿰차고 있는 동시에 조직이 가진 강점도 너무 잘 알고 있었습니다. '영혼을 되찾아야 한다', '공감에서 영감이 나온다', '고정 마인드셋이 아니고 성장 마인드셋이다', '궁극적으로는 개방적 협력이다' 등 변화 방향성을 마음 속에 명확히 그리고 있었습니다. 넷째, 본인과 더불어 주요 경영진들의 가치관과 태도를 먼저 바꾸려고 했습니다. 그 결과 서로 경쟁하고 견제하고 비난하던 사이에서 서로 연민하고 유대하고 연대하는 사이로 바뀔 수 있었던 것이지요.

　지금까지 우리는 조직문화를 제대로 바꾼 세 명의 경영자를 살펴봤습니다. 이건희 회장은 카리스마로 변화를 추진했고 구자경 회장은 구성원들 의견을 충분히 듣고 사장단과 서로 토론하면서 합리적으로 변화시켰으며, 사티아 나델라는 인간에 대한 공감과 연민을 근간에 두고 바꾸어 나갔습니다. 그 과정에서 마이크로소프트의 구성원들은 눈물을 흘리기도 했습니다.

　이처럼 서로 스타일이 다르긴 하지만 공통점도 있습니다. 무엇보다 경영자 스스로가 조직문화의 중요성을 깨달았다는 점입니다. 그리고 먼저 자신을 돌아봤습니다. 스스로 새롭게 요구되는 문화에 적합한 사람이자 롤모델이 되려 노력했고 자신이 직접 나서서 문화를 바꾸려 노력했습니다. 이건희 회장은 전 세계를 돌아다니며 수천 명의 임직원에게 수백 시간을 강의했고, 여러 가지 상징적인 행동을 보였습니다. 구자경 회장도 선대의 유훈을 자기 손으로 바꿔야 한다는 중압감 속에서도 스스로 먼저 나섰습니다. 사티아 나델라 역시 CEO의 중요한 역할이 문화를 바꾸는 것이라 여기고 온 힘을 다했습니다.

많은 사람이 조직 내에서 서로의 생각과 가치가 다를 때 쉽게 화를 내거나 체념해 버립니다. 특히 요즘처럼 조직 내에서도 구성원들의 세대 갈등이 심각한 상황에서는 기성세대를 무조건 '꼰대'로 치부하거나, 밀레니얼을 '철없고 이기적인 직원'으로 평가하는 경우도 있습니다. 하지만 진심은 통할 때가 많습니다. 밀레니얼은 일방적 지시가 아니라 '참여'를 원하는 세대이기도 합니다. 무조건 개인을 우선시하는 이기주의가 아니라, 자신이 조직 내에서 목소리를 내고 존재감을 느끼길 원합니다. 이들에게 리더가 가지고 있는 목적을 명확히 전달하고, 또 그에 대한 반응을 귀 기울여 듣고 적절히 받아들이며 피드백하는 소통이 이루어진다면 충분히 구성원들의 마음을 바꿀 수 있습니다. 먼저 행동을 보인 세 경영자와 마찬가지로 말뿐이 아니라 정말로 바꾸고자 하는 진심이 전해진다면 사람들의 마음이 움직이고 행동이 변화하게 될 것입니다.

3부

최고의
조직을
만드는
질문

1 WHAT: 조직문화, 무엇을 고쳐야 할까?

조직문화가 바뀌어야 한다는 필요성은 충분히 느끼고 있고 앞장서서 변화시킬 의지가 있다고 하더라도, 막상 어디부터 시작해야 하는지 막막할 수 있을 겁니다. 이제 조직문화를 구체적으로 어떻게 바꿔나갈 수 있을지 고찰해보고자 합니다. 다음 세 가지 질문에 답을 찾아가 보겠습니다. 첫째, 무엇을 고쳐야 하는가? 둘째, 누가 바꿔야 하는가? 셋째, 어떤 과정으로 바꿀 수 있는가?

균형 잡힌 시각으로 바라보기

수많은 기업의 조직문화를 진단하고 보고한 결과를 보면, 대부분이 전형적인 의사-환자 모델doctorpatient model을 갖추고 있습니다. 마치 의사가 환자 장기에서 문제가 무엇인지를 찾고 그걸 고치려 하듯이 접근하는 방식을 말합니다.

경영진은 평소에 여러 가지 문제 의식을 끌어안고 있습니다. 그리고 조직문화를 진단하는 담당 부서는 그 이슈들을 실제로 확인하려 합니다. 이를테면 회사 내에서 '정보 공유나 소통이 안 되고, 창의적인 시도를 할 수 없는 보수적인 분위기'라는 문제 의식을 가지고 있다면 이 현상을 집중해서 파악하려는 것입니다. 가령, 이렇게 생각할 수도 있겠지요. "정보 공유가 안 되는 현상을 파악하려면 설문지에 어떤 문항을 써야 하지? 상사와 부하 간에도, 부서 간에도 소통이 안 된다는 것을 알리려면 문항을 어떻게 구성할까? '우리 회사는 부서 간 소통이 원활하다', '우리 회사는 상사와 구성원이 자유롭게 이야기를 나눌 수 있다'라는 문항을 포함시켜야겠군."

이처럼 모든 진단 문항은 이미 경영진이 전제한 문제 의식을 깔고 있습니다. 그대로 임직원에게 설문을 요청하면 결과는 어떻게 나타날까요? 당연히 문제라고 여겨지는 현상이 그대로 드러나겠지요.

보고서만 보면 '호흡기에 의지하는 임종 전의 환자' 같아 보입니다. 온통 단점, 고쳐야 할 점, 개선할 점 투성이입니다. 그러니 일부 경영진은 그 진단 결과에 고개를 갸웃거립니다. "보고서를 보면 곧 죽을 듯이 심각한데, 여전히 우리 회사는 이익을 내고 건재한데요? 뭔가 이상하지 않습니까?"

얼마 전, 어느 회사 팀장이 조직문화 진단 결과 보고서를 제게 보여 주었습니다. 경영진에게 보고를 드리기 전인데, 여타 대기업에 비해서 독특하거나 특이한 점이 있는지 봐 달라는 부탁이었습니다. 보고서를 읽어 보니 온통 문제점만 지적해 놓았더군요. 그래서 이렇게 피드백을 드렸습니다.

첫째, 개선점을 너무 많이 나열한 것 같습니다. 전쟁을 치를 때도 전선이 너무 넓어지면 패하는 것처럼, 조직을 변화시킬 때 그 전선을 너무 넓게 펼치면 힘들어집니다. 이것도 고쳐야 하고, 저것도 개선해야 하고, 저 일도 바꿔야 한다고 추진하다 보면 한정된 자원으로 이것 찔끔, 저것 찔끔할 수밖에 없습니다. 결국 아무런 변화도 일어나지 않습니다.

건강검진을 하고 의사와 상담해본 적이 있으시지요? 하나부터 열까지 문제라고 지적을 받게 되면, 결국 "모르겠다, 그냥 살던 대로 살래!" 하고 자포자기하게 될 수 있습니다. 반면에 가장 근본 원인이 될 수 있는 한 가지만 콕 집어 "다른 건 몰라도, 이것만큼은 지키셔야 합니다"라고 하면 어떻게든 관리하려고 노력하게 됩니다. 마찬가지로 정말 중요한 개선 포인트 한두 개만 짚어 주시는 게 좋을 것 같습니다.

둘째, 내용을 읽어 보니 이 회사의 장점도 많습니다. 그런데 그 강점은 보고서에 잘 드러나지 않았더군요. 어쩌면 그 특성들이 이 회사를 성장시키고 지속시켜 온 원동력일지 모릅니다. 우리가 사람을 볼 때도 그의 단점뿐만 아니라 장점도 보듯이, 균형 잡힌 시각으로 조직을 조망할 수 있어야 합니다. 우리 회사의 강점, 긍정적인 요소를 최대한 많이 발굴해서 제대로 부각시켜 주면 좋을 것 같습니다.

비단 조직문화 진단 보고서뿐만이 아닙니다. 어떤 제도나 정책을 개선하려 할 때, 기존에 발생한 문제점을 모두 뽑아내서 나열하고 바꿔야 한다고 주장하는 경우가 많습니다. 침소봉대針小棒大라는 말처럼 작은 문제점도 크게 만들어야 개선에 대한 정당성이 생기기 때문입니다. 그러다 보니 그 제도가 가져다 준 긍정적인 가치는 거의 다루지 않습니다. 긍정과 부정, 음양을 모두 볼 수 있어야 하는데, 한쪽 눈으로만 현상을 보려 합니다.

한번은 어느 회사의 경영지원 본부장이 초대를 해서 방문했습니다. 회사 자체적으로 조직을 진단했는데 그 결과를 보더니 대표가 역정을 내더랍니다. 직원들은 일하는 방식은 물론이고 다른 부분에도 정말 열심히 노력을 기울여 왔는데, 몇몇 특성 요인들의 점수가 대표의 기대 수준에는 못 미쳤기 때문이었습니다. 그런데 그들이 작성한 보고서를 보니 매우 긍정적인 특성들이 상당히 많았습니다. 목표 달성에 효율적이고, 장기적으로 생존 가능한 방식으로 일하고, 또 그러면서도 인간다운 삶을 보장하는 문화를 형성하고 있었습니다. 바로 대표를 만나서 진단 결과를 재검토했고 그가 균형 잡힌 시각을 갖출 수 있도록 도와주었습니다.

3년 차, 퇴사를 고민하는 이유

왜 유독 단점에 더 눈이 가고 집중이 될까요? 저는 직장인들에게 뜬금없이 이런 질문을 하곤 합니다. "배우자의 장점은 무엇인가요?"라고요. 그러면 갑자기 당황한 표정을 지으면서 눈을 깜빡거립니다. 어떤 분은 멍한 표정을 짓기도 하고요. 이번에는 이렇게 질문합니다. "배우자의 단점은 무엇인가요?" 그러면 눈에 초점이 잡히면서, 이런저런 말들을 머릿속에 떠올리는 표정이 역력합니다.

이게 사람입니다. 배우자를 처음 만났을 때는 그의 장점이나 긍정적인 요소가 눈에 먼저 들어왔을 겁니다. 그래서 마음이 설렜고 결혼을 결심하게 만든 결정적인 요인이 되기도 했겠지요. 그런데 함께 살다 보면 어느 순간 상대방의 장점은 내게 너무도 당연한 것이 됩니다. 반면에 나랑 안 맞는 취향과 짜증나는 습관은 더 크게 눈에 들어옵니다. 장점은 어느새 사라지고 단점만 머릿속에 가득합니다.

한때 배우 신구 선생님이 진행했던 〈부부 클리닉—사랑과 전쟁〉을 재밌게 봤습니다. 신구 선생님의 "그럼 4주 후에 뵙겠습니다"라는 멘트가 훅처럼 귀에 꽂히기도 하고, 또 그 기간 동안 부부 간의 갈등을 해소하는 과정들이 흥미로웠기 때문입니다. 부부를 화해시키기 위한 방법 중에 하나로, 상대방의 장점을 30가지 적어 보기가 있었습니다. 장점을 적어 보라는 요청을 받으면 서로가 황당하다는 표정을 짓습니다. 한동안은 한 가지도 채적지 못합니다. 이틀, 사흘 지나서야 비로소 30개를 채웁니다. 그런데 그 리스트를 보면서 이런 반응을 보이는 부부들이 있었습니다. "아, 내 아내는 이런 게 참 장점이지", "내 남편도 꽤 괜찮은 사람이었지" 하고요.

조직과 구성원의 관계도 부부지간과 매우 흡사합니다. 입사하기 전에 구성원들은 그 회사의 긍정적인 면을 보고 입사를 결정합니다. 그런데 회사에서 일하다 보면 그 긍정적인 요소는 당연한 것이 됩니다. 어느새 불합리한 점, 불공정한 일, 짜증나는 상사와 동료의 모습만 크게 느껴지고, 회사는 문제만 가득한 곳이되어 있습니다.

특히 대부분 조직문화 진단 결과를 보면 4년 차에서 8년 차 대리 직급이 가장 낮은 점수를 줍니다. 그만큼 시니컬하고 비판적입니다. 일을 배워서 성과가 나기 시작할 때이기도 하고, 조직의 생리를 어느 정도 알게 된 시기이기도 합니다. 조직이 가진 장점은 일상이 되었지만 불만은 하나둘 쌓이면서 어느새 폭발 직전에 이릅니다.

저도 그랬습니다. 대학을 졸업하면서 저는 연수원에서 근무하고 싶었습니다. 그 최초의 계기는 2002년이었습니다. 당시 LG그룹의 연수 기관인 LG인화원에서 19일간 숙박하며 '조직개발과 조직변화' 교육을 개발하는 프로그램을 진행했는데, 거기에 말단 스태프로 참여하게 됐습니다. 봄날이라 인화원 풍경은 너무 예쁘고 일 자체도 재미있었습니다. 제 개인 홈페이지에 "이런 곳에서 근무했으면 좋겠다"라는 감상을 남기기도 했지요.

그 바람은 현실이 되어, 이후 경기도 오산에 있던 롯데연수원(현재 롯데인재개발원)에서 근무를 시작했습니다. 입사 첫날에 인재개발 원장님이 하신 말씀이 지금도 기억에 남습니다. "여기는 드넓은 벌판과도 같아요. 열심히 뛰어다니며 깃발을 꽂으면 그게 자기 땅(자기 업적)이 되는 거예요. 나는 김성준 사원이 그리 해 줬으면 좋겠어요." 그 말이 어찌나 가슴에 확 꽂혔던지, 저는 정말 미친 듯이 뛰어다니며 곳곳을 탐험했습니다.

주말이면 다양한 회사에서 교육이 들어와 있어서 연수원 식당을 계속 가동했습니다. 저는 아예 주말에도 연수원에 나와서 점심과 저녁까지 해결했습니다. 교육 시설에는 사람이 많았지만 사무실은 비어 있었기 때문에 그곳을 제 개인 연구실처럼 사용했습니다. 이곳이 다 내 공간이라고 생각하니 너무 좋았지요. 커피도 타 먹고, 사내 도서관에서 책도 마음껏 읽고, 이런저런 논문도 프린트해서 보고, 다양한 지적 자극을 즐기면서 말입니다.

그런데 그 즐거움은 딱 3년 차까지였습니다. 2년 차 중반부터 불합리한 점들이 눈에 들어오기 시작했습니다. 이건 이렇게 하는 게 맞고, 저건 저렇게 처리하는 게 맞는데, 왜 그 반대로 의사결정을 내리지? 우리 조직의 미션을 제대로 수행하려면 이것저것 필요한데, 왜 그런 제도를 마련해 주지 않지? 회사가 이 제도만 만들어 주면 정말 열심히 몰입해서 일할 수 있는데, 왜 그렇게 해 주지 않지? 한번 불만이 쌓이기 시작하니 어느새 눈덩이처럼 불었습니다. 결국에는 만 4년을 채우고 사직서를 냈습니다. '이런 비효율적이고 불합리한 조직에 더 이상은 못 다니겠다. 이런 조직에 내 인생을 걸고 싶지 않다'라고 생각했습니다. 우여곡절 끝에 사표가 수리되었고 마지막에 인재개발원장님이 면담을 하자며 부르셨습니다. 두 시간가량 대화를 나누었는데 기억에 남는 말씀은 하나였습니다. "나는 네가 바꾸어 나가길 바랐다. 제도가 없으면 네가 만들길 바랐고, 일을 벌릴 때 예산과 자원이 부족하면 기안서를 만들어서 제안하고 설득해 주기를 바랐다."

참 치기 어린 시기였지요. 세상에 완벽한 인간은 없고 완벽한 리더도, 완벽한 조직도 없는 법인데 저는 지나치게 이상만 꿈꾸었던 것 같습니다. 눈은 이상을 바라보는데 발은 바닥에 묶여 있으니 현실이 암담하게만 보였던 것이지요. 울면서 보채는 아기처럼, 누군가가 제게 일하기 좋은 환경을 제공해 주기만을 기다리고 요구했던 겁니다.

지금 그때를 돌아보면 저 자신에게 아쉬운 점이 하나 있습니다. 제 시야가 균형을 잃고 왜곡되어 있었다는 점입니다. 회사가 가진 매력적인 장점들은 익숙해서 더 이상 관심을 갖지 않았습니다. 매일 아침 출근하면서 마주하는 아름다운 풍경, 부족한 예산과 구조적인 한계 속에서도 새로운 시도를 해 볼 수 있었던 조건들, 보고 배울 점이 많았던 직장 선배님들, 심지어 주말까지 밥을 챙겨주던 은혜로운 회사 식당까지도. 제가 누릴 수 있었던 여러 장점들을 망각하고는, 오로지 불합리한 점에만 정신을 쏟았던 것이지요.

핵심 긍정 요소를 찾아라

조직을 변화시키려면 무엇보다 먼저 할 일이 있습니다. 우리 회사의 '핵심 긍정 요소Positive Core'를 찾는 일입니다. 회사를 세상에 탄생시킨 힘, 지금까지 성장하도록 기여한 원동력, 지속적으로 생존하고 유지하게 한 역량 등을 발굴해 내는 일입니다.

마이크로소프트의 CEO 사티아 나델라는 이렇게 단언했습니다. "자신의 강점을 외면한 기업은 성공할 수 없다."[110] 한때 거대 공룡으로 막강한 힘을 행사하다가 점차 기력을 잃고 죽어가던 IBM을 다시 성공적으로 변화시킨 루이스 거스너Louis Gerstner 회장도 긍정적인 측면을 먼저 살폈습니다. "IBM에 도착하자마자 깨달았죠. IBM에는 엄청난 강점들이 많이 있음을, 그 누구도 잃고 싶지 않은 강점이 존재한다는 점을 말입니다. 만일 우리 회사가 나쁜 관행들을 제거하고 긍정적인 점들을 재조명할 수만 있다면, 그 결과로 우리는 그 누구에게도 스러지지 않는 경쟁 우위를 확보할 수 있겠다는 확신이 들었습니다."[111]

이 접근법은 심리학계의 각성과 연관이 있습니다. 앞서 언급한 것처럼, 전통적인 조직 개발 전문가들은 '의사-환자' 처방 모델을 활용해 왔습니다.[112] 조직에서 발생한 여러 가지 병증을 관찰하고, 이를 어떻게 하면 완화하거나 고칠 수 있는지에 집중한 겁니다. 그런데 상당수의 조직이 변화에 실패했습니다. 때마침 심리학에서는 인간의 정신병에 집중해 온 기존 사조에서 벗어나 행복과 즐거움, 그리고 삶의 만족을 조명하기 시작했습니다.[113] 그에 따라 사람이 가진 긍정적인 특성, 강점에 주목해야 한다는 '강점 혁명'이 대두되었습니다.[114] 약점을 보완하려고 억지로 애를 쓰는 것보다 원래 잘할 수 있는 영역을 찾아서 이를 강점으로 개발해야 한다는 주장이지요.

조직 개발 분야에서도 그와 비슷한 시각이 있었습니다. 케이스웨스턴 리저브 대학교의 데이비드 쿠퍼라이더David Cooperrider 교수는 예전부터 전통적인 조직 개발 방법에 의문을 가져 왔습니다. 모든 작업은 계측되고 관리되어야 한다는 테일러식

관리(taylor system)가 성행한 이후로, 많은 경영자와 컨설턴트들이 조직을 '기계'로 간주해 왔습니다. 기계가 고장나면 부품을 바꿔 끼우면 되고, 기계 성능이 떨어지면 업그레이드하면 된다는 식이었지요. 이들은 조직이 가진 결함과 문제를 찾아서 이를 고치는 데에 집중했습니다. 그러나 쿠퍼라이더 교수는 그 반대로 생각했습니다. '우리 조직에 생명을 부여하는 긍정적인 요소는 무엇인가? 우리 조직의 생명을 유지하게 만드는 원동력은 무엇인가?' 마침내 그는 조직의 강점을 찾아 이를 굳건하게 다지는 '긍정 조직 혁명' 기법을 제시했습니다.

앞서 언급한 성폭력, 가정 폭력, 성매매 방지 기관의 대표들과 핵심 긍정 요소를 찾는 워크숍을 했던 일을 다시 떠올려 보겠습니다. 이들 기관은 전국 각 도시에 수십여 개가 있습니다. 소신을 가진 사람이 조직을 차려서 정부 지원금을 받거나, 또는 종교 조직에서 후원을 받아 과업을 수행합니다. 기관 대표자들은 다양한 고민을 토로했습니다. 주로 "입사하고 나서 몇 개월만 지나면 직원들이 의욕을 잃는 경우가 많습니다", "불합리하고 부조리한 구조에 한계를 느끼고 탈진하는 직원들이 있습니다", "직원들과 소통이 잘 안 됩니다"와 같은 이야기였습니다.

저는 이런 조직을 '신념 집단'이라 부릅니다. 각 기관들은 그들이 가진 신념을 현실에 구현하기 위해 모인 조직입니다. 그런데 신념을 쫓는 조직은 외롭습니다. 그 이유는 첫째, 이들은 태생적으로 딜레마를 갖고 있습니다. 돈만 쫓아서도 안 되지만 그렇다고 등한시해서도 안 됩니다. 강한 소신으로 세상에 봉사하려 하더라도 생계가 받쳐 주지 않으면 지속성이 떨어집니다. 세상의 모든 개체는 교환 관계입니다. 자신의 노력과 헌신에 합당한 교환이 일어나야 그 일을 지속할 수 있습니다. 피해자와 그의 가족들이 고마움을 표하는 정신적 보상도 의미가 있지만, 그 업을 영위할 수 있는 최소한의 생계도 보장이 되어야 합니다. 그래서 신념 조직은 '소신-이익' 사이에서 균형점을 찾는 것이 중요합니다.

둘째, 예산이 턱없이 부족합니다. 정부든, 종교 집단이든, 독지가의 후원이든, 그 지원금이 풍족할 리가 없습니다. 반면 그들이 추구하는 신념을 제대로 이루려면 엄청난 자원이 필요합니다. 그래서 많은 직원이 구조적인 한계를 느끼기도 합니다.

셋째, 우리 사회의 어두운 면에 자주 노출되기 때문에 감정 소진이 심합니다. 이들의 말을 들어보면 가해자와 피해자, 그리고 피해자의 친척, 이웃에 더해 권력 기관이 한데 어우러져서 복잡하고 시끄러운 소음을 만들어 낸다 합니다. 그 과정에서 직원들도 상처를 받습니다.

그러다 보니 조직문화 차원에서도 여러 가지 문제를 안고 있습니다. 이때 잘 안 되는 것을 어떻게 하면 되도록 만들까 고민하기보다, 즉 단점을 보완하려 노력하기보다는 무엇보다 조직의 핵심 긍정 요소를 찾고 이를 계속해서 상기하고 강화하는 과정이 필요합니다.

신념 집단 중에는 교회가 있습니다. 혹시 '간증'이라는 말을 들어보셨나요? 병에 걸렸는데 하나님의 은혜로 나았다거나, 엄청난 빚을 졌는데도 하나님이 도와주셔서 모두 갚았다거나, 어려운 시험에 여러 번 낙방했지만 결국에는 신앙의 힘으로 합격했다는 등 종교적 체험을 동료 신자들에게 이야기하고 공유하는 행위입니다. 이런 의례를 지속하는 이유가 무엇일까요? 간증을 듣는 청중들 입장에서는 다른 이의 영적 경험을 간접 체험하는 셈입니다. 그 과정에서 그가 느낀 희로애락을 같이 느끼게 됩니다. 그리고 하나님이 축복을 내리거나 응답을 주신 장면에서는 종교적 신념이 강화됩니다. '어려운 가운데서 열심히 기도하고 믿으면, 저 신자처럼 내게도 길을 보여 주시겠구나'라는 믿음이 굳건히 자리 잡게 됩니다.

교회도 사람이 모인 집단이기에 여러 불완전한 특성을 갖고 있을 수 있습니다. 신도들도 어느새 불합리한 점을 발견할 수 있고, 결국에는 무언가에 실망하고 무신론자가 될 수도 있겠지요. 그래서 여러 장치를 둡니다. "사람을 보고 믿지 말고, 하나님을 보고 믿어라"라는 관용어에 더해서 간증 의례를 활용합니다. 또 심방尋訪, 즉 어려운 상황에 처한 신자의 집을 방문해서 상담하고 위로하며 종교심을 북돋습니다. 이들 모두가 핵심 긍정 요소를 반복적으로 찾아내고 이를 계속해서 강화하는 작업입니다.

앞서 언급한 성매매 방지 기관에서도 핵심 긍정 요소를 찾아

봤습니다. 참고로 기관 대표님들의 말에 의하면, 본인 의지와는 관계없이 강제적으로 성매매를 할 수 밖에 없었던 여성들도 적지 않고, 또 자발적으로 임했어도 그 과정에서 폭력과 학대를 받는 여성들도 상당하다고 합니다. 한 기관에서는 핵심 긍정 요소로 '희망'과 '일상 회복'이라는 키워드가 도출되었습니다. 그 기관의 대표님은 이런 경험을 들려주었습니다. "예전에 퇴소했던 피해자가 얼마 전에 찾아왔습니다. 곧 결혼을 한다는 소식을 전하러 왔더군요. 그 행복감을 진정으로 나누고 교감하는 기분을 느낄 수 있었습니다." 핵심 긍정 요소를 지속적으로 상기하고, 또 그것을 강화하는 방향으로 노력을 기울인다면 조직문화는 더 건실해질 수 있을 것입니다.

조직의 혼이란 무엇인가?

한 나라에는 지배적인 혼, 즉 국혼이 있습니다. 이해를 돕기 위해 당태종 이세민이 혀를 찼던 역사적 사건을 빌려와 보겠습니다. 그는 오늘날 중국에서 가장 어진 황제 중 한 명으로 여겨집니다. 어느 날 당태종은 역사서를 읽다가 어느 대목에서 혀를 끌끌 찹니다.

남북조 시대, 중국 강릉성에는 효원제라는 왕이 살고 있었습니다. 그런데 갑자기 적군이 쳐들어와 강릉성은 그들에게 에워

싸이고 말았습니다. 여기서 당태종이 개탄했던 이유는 적군에게 둘러싸였기 때문이 아니었습니다. 바로 성안에서 효원제와 신하들이 벌인 일 때문이었습니다. 적군에게 둘러싸인 상황에서 그들은 무엇을 하고 있었을까요? 흥미롭게도 효원제와 문무백관은 적군을 어떻게 물리칠지, 원군을 요청할지 고민하는 것이 아니라 노장 사상에 대해 논하고 있었습니다. 무위사상, 즉 자연 법칙에 따라 행하고 인위적으로 행동하지 말아야 한다는 이야기를 하고 있었던 겁니다. 결과는 어땠을까요? 얼마 지나지 않아서 강릉성은 함락되었고, 효원제는 참수당하고 말았습니다.

당태종은 이 기록을 읽으면서 노자의 무위사상이 국혼國魂, 즉 관료와 백성들의 집단적이고 지배적인 신념이 되서는 안 되겠노라고 한탄합니다. 그 정신이 국가 운영체제가 된다면 위기가 닥쳐도 이를 돌파할 방법을 궁리하는 것이 아니라, 순리대로 가만히 있다가 국가가 망할 수도 있기 때문입니다.

국가에도 혼이 있듯이 조직에도 혼이 있습니다. 어떤 조직은 곳곳에 파수꾼을 세워 두고, 저 멀리서 몇 무리의 적군이 나타나면 즉시 종을 심하게 울리며 경계 태세에 돌입합니다. 돌격대가 성문을 뛰쳐나가 몇 안 되는 적군마저 쫓아 버리고 옵니다. 그런데 어떤 조직은 수만의 적군이 성을 에워쌀 때까지 아무런 행동을 취하지 않습니다. 오히려 성 내부에서 자중지란이 일어나 파벌 싸움을 하기에 바쁩니다. 우리 성벽은 높고 견고해서 절대로 무너질 일이 없다고 믿는 것이지요. 성안에 식량이 많으니 그저 버티다 보면 적군이 제풀에 지쳐 도망갈 거라고 기대합니다.

저는 조직의 혼을 사혼社魂이라고 부릅니다. 혼이라고 하니 마치 사이비 종교 같은 단어처럼 느껴질 수 있는데, 사티아 나델라의 견해를 빌려와 보겠습니다. 그는 "회사의 영혼은 종교에서 이야기하는 영혼이 아니다. 지극히 자연스럽게 다가오는 존재이자 내면의 소리다. 영혼은 사람들에게 동기를 부여할 뿐만 아니라 외부의 압력이 아닌 자신의 가치관에 따라 역량을 쏟아 붓게 한다. 한 회사 안에서 우리만이 느끼는 독특한 감성이다"라고 표현했습니다.[115]

사혼이 흐려지거나 퇴색하게 되면 그 회사는 힘들어집니다. 일례로 애플의 역사를 살펴보겠습니다. 애플은 전설적인 인물 스티브 잡스와 스티브 워즈니악이 1976년에 차고에서 탄생시킨 회사입니다. 애플은 초창기부터 기존 질서에 반하는 정신을 가지고 있었습니다. 1970년 중반만 하더라도 '개인용' 컴퓨터라는 표현조차 없던 시절이었습니다. 주로 사이즈가 큰 메인 프레임 컴퓨터만이 존재했습니다. 고객은 돈이 풍부한 대기업들이었고, 이들의 니즈는 디자인이나 편의성보다는 속도와 신뢰도에 있었습니다. 오늘날과 같은 혁신적이고 모험적인 분위기가 아니라, 어느 정도는 무사안일주의에 젖어 있었던 상황이었습니다.[116] 누군가에게는 그저 따분하기만 한 산업이었던 것이지요.

그런데 스티브 잡스와 워즈니악은 세계 최초의 개인용 컴퓨터를 설계했습니다. 워즈니악은 이렇게 회고합니다. "경험이 많은 대기업과 투자자와 분석가들, 사업에 대해 많은 교육을 받고 우리보다 머리도 더 좋은 그런 부류의 사람들조차 개인용 컴퓨터가 정말 규모가 큰 시장을 형성할 거라고 보지 않았어요. 개인용 컴퓨터는 그저 작은 취미 활동을 위한 것으로, 가정용 로봇이나 아마추어 무선 기기처럼 아주 소수의 과학 기술 마니아들만 관심을 갖는 시장이 될 것이라고 판단했습니다." 그런데 이들이 최초의 개인용 컴퓨터를 세상에 내놓자, 불과 몇 년 만에 엄청난 시장으로 발전합니다. 이를 단적으로 보여 주는 수치로, 1976년 2명에서 출발한 애플은 불과 5년 만에 임직원이 2,900명으로 늘어났습니다. 기존의 견고한 질서를 무너뜨리고 새로운 가치를 창출하는 혼이 두드러지게 나타났던 것입니다.

1983년에는 애플의 정신을 보다 구체화하는 일이 벌어졌습니다. 설립한 지 8년째였던 애플은 이미 타성에 젖기 시작했고 서서히 관료주의가 나타나고 있었습니다. 이들은 시장에서 엄청난 반응을 이끈 '애플 II' 모델에만 집중하려 했습니다. 그 당시 스티브 잡스는 젊었고 성숙하지 못했습니다. 리더십을 발휘해서 조직을 제대로 이끌기엔 부족했고, 결국 혁신적인 컴퓨터를 만들고자 독자적인 팀을 따로 꾸렸습니다. 그렇게 매킨토시 Macintoshi 컴퓨터 개발을 이끌면서 그 팀에게 세 가지를 요구했습니다. "첫째는 진정한 예술가 정신을 가져라, 둘째는 3년 후에는 책 크기만 한 맥킨토시를 만들자, 셋째는 해군처럼 굴기보다는 해적이 되어라It's better to be a pirate than join the navy"였습니다.[117] 특히, 세 번째 말은 그 당시 구성원들에게 더 의미가 있었던 것 같습니다. 이들은 매킨토시 개발에 자발적으로 합류한 이들이었으며 세상에 없는 참신하고 혁신적인 제품을 선보이고 싶어했습니다. 개발자들은 스스로 해적 깃발을 만들어서 사무실에 걸어 두었습니다.

그런데 그들이 만들던 컴퓨터의 개발 일정이 지연되었고, 또 시장에서도 그리 좋은 반응을 얻지 못했습니다. 여러 가지 분란만 일으키던 스티브 잡스는 결국 이사회의 결정으로 애플에서 쫓겨나게 됩니다. 애플의 창업자이자 아이콘이었던 그가 쫓겨나자, 펩시 콜라에서 영입된 존 스컬리John Sculley의 세상이 되었고 애플은 일명 '대기업병'이 가속화됩니다. 애플과 거래하는 홍보 대행사가 20개가 넘을 정도로 비효율적이고 방만하게 운영되었지요. "굶주림보다는 과식과 소화불량으로 망한다"라던 데이비드 패커드의 말이 그대로 현실이 된 셈입니다. 여러 부침을 겪다가, 1997년에 이사회는 다시 결단을 내립니다. 애플의 심장이었던 스티브 잡스를 다시 불러들이자고요. 그 결정이 회사에 공표되자마자 애플 구성원들이 자발적으로 한 일이 있었습니다. 바로 해적 깃발을 본사 건물에 내건 것입니다. 다시 해적으로 돌아가겠다는 의지를 스스로 내비친 일이었지요.

초기에 가졌던 혼이 약해지면 조직이 힘들어집니다. 또 다른 사례로 우리나라 패션 산업에서 영향력을 가진 한 기업을 보겠습니다. 이 회사는 초창기부터 다른 회사보다 한 발 앞서서 실험적으로 브랜드를 만들어 시장에 론칭하고, 또 해외 브랜드를 발굴해서 국내에 소개해 왔습니다. 이들 부족의 혼은 한마디로 '실험적으로 남들보다 먼저 시장에 선방을 날리는 정신'이었습니다.

그런데 어느 순간부터 모그룹에서 전혀 다른 혼을 가진 관리자들이 이 회사로 넘어오기 시작했습니다. 그들이 가진 지배적인 혼은 '투입을 최소화하고 산출을 극대화한다'는 정신이었습니다. 이 관리자들은 조직을 어떻게 꾸려 나가기 시작할까요? 오로지 원가 절감에 집중했습니다. 그러자 점차 회사가 가지고 있던 지배적인 혼은 흐려지기 시작했고, 우수한 성과를 내던 핵심 인재들은 회사를 떠나려 하지요. 적지 않은 이들이 짐을 싸고 다른 회사로 이직했습니다.

여전히 이들은 원래 혼을 되찾지 못하고 있습니다. 잡플래닛 평가 결과를 분석해 보면 대부분 "정치가 심한 편이다", "보수적이어서 의사 결정이 느리다", "투자를 잘 안 하려 하기 때문에 브랜드가 정체되어 있다", "새로운 시도가 필요하다"와 같은 지적이 주를 이룹니다.

조직을 바꾸려거든 우리의 사혼社魂이 무엇인지를 살피고, 그것이 여전히 굳건히 자리 잡고 있는지를 검토해 봐야 합니다.

2 WHO: 조직문화, 누가 바꿔야 할까?

강 건너 불 구경하는 사람들

구성원들에게 조직문화의 중요성에 대해 말하다 보면 마지막에 항상 나오는 이야기가 있습니다. "그건 경영진이 해야 할 일 같은데요", "경영진이 먼저 바뀌어야 할 것 같은데요"라고요. 마치 온라인으로 전 세계 사람들과 자유롭게 소통하듯이, 나이나 직책에 얽매이지 않고 소통하길 원하는 밀레니얼 세대는 더더욱 기성세대가 형성한 문화와 구조에 답답함을 느낍니다. 그들에게 회사는 공정하고 대등한 계약 관계를 맺은 곳일 뿐, 주인 의식을 갖고 내 회사처럼 충성하라는 오너의 요구를 이해하기 어려워하지요. 불통과 갈등은 결국 무력감이나 퇴사로 이어지기도 합니다. 기존의 경영자나 리더들은 밀레니얼의 가치관이 회사에 들어맞지 않으니 밀레니얼이 변화해야 한다고 생각하지만, 밀레니얼은 기존의 조직이 바뀌어야 한다고 생각합니다.

한번은 어느 기업에서 조직문화 변화 대리인change agent을 선발했습니다. 각 본부별로 한 명씩, 조직문화에 관심 있고 의욕 있는 사람들을 모아서 워크숍을 진행했습니다. 제가 이야기를 마치고 돌아가려 하는데, 어느 구성원이 질문이 있다면서 저를 붙잡았습니다. 그는 "교수님이 말씀하신 내용에 정말로 공감합니다. 그런데 저희가 무슨 권한이 있나요? 윗분들이 바꾸셔야 가능할 일인데요"라고 하소연했습니다.

또 어느 대기업에서는 수십여 명의 상무님들과 조직문화 워크숍을 했는데, 각 기능 부서에서 수장으로서 상당한 권한을 가지고 있는 분들이었습니다. 이틀 간 함께 하면서 그 회사의 문화도 살펴보고, 경쟁사가 일하는 방식도 데이터로 탐구했습니다. 그러면서 기업이 어떤 방향으로 조직문화를 가꾸어 나가야 하는가를 함께 토론했지요. 워크숍이 정점으로 향해 갈 즈음에 한 임원이 손을 들고 질문했습니다. "그런데 아무리 우리가 토론을 하고 공감해 봤자 소용이 없습니다. 변화를 하려면 자원이 필요하죠. 그런데 예산은 매우 타이트합니다. 또 어쩔 수 없는 구조적인 한계도 있고요. 대표적으로 지배 구조가 그렇습니다. 독자적으로 움직일 수도 없어요. 이런 상황에서 우리가 뭘 어떻게 할 수 있을까요?"

언젠가는 수조 원대 규모의 회사를 운영하는 오너를 개인적으로 만났습니다. 그는 상당한 위기감을 느끼고 있었습니다. 그가 종사하는 산업은 아직까지는 국가가 나서서 정책적으로 보호해 주고 있습니다. 그런데 이제는 내수 시장이 포화 상태에 이르러, 해외로 진출하지 않으면 안 되는 상황이 되었습니다. 또한 미국 등을 포함한 선진국이 호시탐탐 개방에 대한 압력을 가하고 있었습니다. 선진 기업에 비해 연구 개발비나 마케팅비가 턱없이 부족한 차에 시장이 열리면 이 회사가 어찌 될지는 뻔한 일입니다. 그는 조바심을 내면서 "제 마음과 같이 일하는 임직원이 없습니다. 임원 중에서는 한두 명 정도나 될까요. 제가 아무리 위기라고 부르짖고 변화해야 한다고 강조해도 꿈쩍하지 않는 것 같습니다."

조직 내부에 커다란 강이 놓여 흐르는 장면을 종종 목도하곤 합니다. 사람들은 그 넓은 강 건너편을 가리키며 말합니다. "이쪽은 문제가 없는데 저쪽이 문제예요. 저쪽에서 먼저 시도하고 노력하면 그 문제는 자동으로 해결될 수 있습니다." 그러면 저는 이렇게 묻곤 합니다. "그러면 조직은 누가 바꿀 수 있나요? 그 안에서 당신이 기여할 수 있는 바는 정말 없는 걸까요?"

누군가를 탓하려는 질문은 아닙니다. 구성원, 중간관리자, 임원, 대표, 각자의 입장을 들어보면 강 저편을 바라보면서 말하는 바에도 충분히 공감이 갑니다. 강 이쪽에 있는 사람은 저편이 멀어 보이는 법입니다. 저들은 내 마음과 다르고, 도통 내 마음을 몰라주는 것처럼 보입니다. 그런데 이는 사람으로서 너무 당연한 일입니다. 같이 사는 배우자라 하더라도 내 마음을 100% 이해하지 못할 때가 있는데, 하물며 이해관계로 얽힌 임직원들은 어떨까요?

조직에 여러 개의 강이 있는 현상은 어쩌면 당연합니다. 어쩔 수 없는 입장 차이가 있지요. 그 자체는 문제가 되지 않습니다. 강과 강 사이에 다리 없이 서로 왕래하지 않고 교감하지 않는 것이 문제입니다. 강 너머를 보면서 서로를 탓하고만 있으면 아무것도 변하지 않습니다.

변화는 내부에서 시작된다

조직 구성원들이 서로를 원인으로 지적해 변화하기 어렵다면, 저 같은 외부 전문가들이 투입되어 회사를 바꿀 수 있을까요? 이 질문을 생각하기 앞서 이 세상에 조직문화 '전문가'가 존재할 수 있을지 생각해 봅시다. 저는 조직문화 분야에서 전문가expert는 존재하기 어렵다고 믿습니다. 영어 표현 'expert'는 라틴어 'expertus'에서 기원한 단어입니다. 이는 'ex'와' peritus'의 조합어인데 전자는 '~으로부터'를 뜻하는 접두사이고, 후자는 '실험' 혹은 '시험'을 의미합니다.[118] 즉 이전에 실험한 결과로부터 체득한 지식, 스킬, 암묵지가 상당히 많이 쌓인 사람이 바로 전문가입니다. 수많은 시행착오로 피드백을 받아서 발전해 반열에 오른 사람을 이릅니다.

조직문화 전문가라 한다면, 수백 건 이상의 조직을 실질적으로 변화시켜 본 경험이 있는 사람이어야 합니다. 한 조직을 변화시키는 데 최소 몇 년이 걸린다고 하면, 80년 인생을 사는 인간으로서는 시행착오로 전문성을 축적하기가 너무 어려운 분야입니다. 그래서 저는 스스로 조직문화 전문가라 칭하지 않고 조직문화 연구자, 탐구자라고 표현합니다.

다시 본래 질문으로 돌아가겠습니다. 외부인이 회사를 바꿀 수 있을까요? 저는 다양한 조직에 초대를 받습니다. 저를 초대한 분들은 자신의 조직에 대한 고민을 들려줍니다. 조직이 너무 보수적이다, 구성원들이 열정이 없다, 도전 정신이 사라졌다, 갈등이 심한데 해소가 되지 않는다는 이야기들이지요. 그러면서 "우리 회사 문화를 바꿔 주실 수 있을까요?"라고 묻습니다.

자연계를 떠올려 볼까요? 평형을 이루고 있는 현상을 바꾸려면, 이를 깨뜨릴 수 있는 강력한 자극이 필요합니다. 조직도 마찬가지입니다. 조직을 바꾸는 일에는 기존의 균형 상태를 무너뜨릴 만큼의 충분한 자원이 필요합니다. 그게 바로 권한, 돈, 시간입니다. 이 자원들은 외부인이 아니라 경영진이 가지고 있습니다. 그리고 권한, 돈, 시간보다 더욱 중요한 자원은 '집단적 의지'입니다. 우리 회사가 왜 바뀌어야 하는가, 어떤 방향으로 바꿔야 하는가, 그래서 우리는 집단적으로 무엇을 노력해야 하는가, 이들 질문에 대해 합치된 생각과 결심이 있어야만 합니다.

이는 모든 임직원이 가지고 있어야 하는 자원입니다.

조직문화 분야의 권위자인 에드거 샤인은 컨설턴트로 활동하면서 "내가 이 회사의 조직문화를 바꿔 놓았습니다"라는 식으로 말하지 않았습니다. 그는 '관찰', '연구', '탐구'와 더불어 '도움'이라는 표현을 즐겨 사용했습니다. 변화의 권위와 주체가 그에게 있지 않았기 때문입니다.

외부에서 전문가를 초청하려면, 다음과 같은 질문들을 먼저 고민해 볼 필요가 있습니다.

1. 경영진, 또는 변화 실행 주체는 변화의 의지가 확고합니까?
2. 꼭 외부 전문가가 필요합니까? 변화를 이끌어 갈 충분한 식견을 갖추고 있는 인재가 내부에는 없습니까?
3. 외부 전문가에게 도움을 청할 영역은 무엇입니까? 그에게 기대할 것과 기대할 수 없는 것은 무엇입니까?
3. 외부인의 전문성을 활용하기 위해서 어떤 지원이 가능합니까?

금기를 깨는 용기

〈쇼생크 탈출〉을 기억하시나요? 인상

깊은 장면이 많기로 유명한 영화입니다. 아내를 살해했다는 누명을 쓰고 종신형을 선고받은 앤디 듀프레인은 한동안 절망에 젖어 삽니다. 그러다 어느 날, 은행원으로서 전문성을 살릴 수 있는 기회가 생겨 살고자 하는 의지를 붙잡게 되지요. 그는 무료하게 지내는 동료 죄수들을 위해 교도소 도서관을 확충해 달라는 편지를 시의회와 자선 단체에 보냅니다. 계속해서 도움을 요청한 끝에, 몇 년 간은 묵묵부답이던 곳에서 드디어 반응이 오기 시작합니다.

어느 날, 그는 한 단체에서 기증한 상자들을 정리하다가 우연히 LP음반을 하나 발견합니다. 고가의 명품을 다루듯 조심스럽게 먼지를 털어낸 그는 옆에 있던 턴테이블에 판을 올려 놓습니다. 아주 진중하고 경건한 태도로 말이지요. LP판 특유의 지직거리는 백색 소음과 함께 맑고 고운 여성 목소리가 스피커로 울려 퍼집니다. 피가로의 결혼, 〈저녁 산들바람은 부드럽게〉였습니다. 잠시 감상하던 그는 잠시 고민하다가 곧 결심을 굳힌 표정으로 문을 잠급니다. 그 누구도 들어오지 못하도록 말이지요.

그는 방송실 마이크의 스위치를 올립니다. 그러자 교도소 전역에 아름다운 음악이 울려 퍼집니다. 교도소가 생긴 이래로 한 번도 음악이 흐른 적 없던 그 삭막한 교도소에 다채로운 음색이 흐릅니다. 재소자들은 놀라서 하던 일을 멈춥니다. 교도관은 무슨 일인가 하고 허둥댑니다. 그런데 역시 아름다운 음악은 사람의 마음을 사로잡는 힘이 있는가 봅니다. 모두들 잠시 그 음악을 들고 감상에 빠집니다. 노역으로 시끄럽게 돌아가던 작업장도 잠시 멈추고, 티격태격 싸우던 재소자들도 멍하니 듣고만 있습니다. 이윽고 악명 높은 교도관이 방송실에 들이닥치고, 듀프레인은 흠씬 두들겨 맞은 뒤 작은 독방에 갇힙니다.

우리는 일상 생활에서 다양한 음악을 감상할 수 있지만 쇼생크 교도소에서는 할 수 없는 금지된 일이었습니다. 쇼생크에서는 아름다움을 느낄 수 있는 기회가 존재하지 않습니다. 음악을 들을 수도, 예술품을 감상할 수도 없었습니다. 그게 법으로 규정된 것도, 대통령령으로 금지한 것도 아니었지만 말입니다. 마치 불타는 고통을 느끼는 '지옥'까지는 아니더라도 암묵적으로 교도소는 인간이 느낄 수 있는 즐거움, 만족, 행복을 최소화하는 장소여야 했습니다. 그런데 듀프레인이 그 금기를 깨버린 것입니다. 그러니 교도관뿐만 아니라 재소자들도 깜짝 놀라 멍하니 운동장에 달린 스피커만 쳐다보고 있을 수밖에요.

조직에도 터부taboo가 있습니다.[119] 이는 태평양 통가섬의 원주민이 사용하던 언어 'tabu'에서 유래한 말입니다. 제임스 쿡James Cook이라는 선장이 1784년에 《태평양 여행기A Voyage to the Pacific Ocean》를 펴내는데, 이 책에서 처음으로 'tabu'라는 단어를 소개했습니다. 'ta'는 표시를 해 놨다는 말이고, 'bu'는 특별하다는 말이므로, 즉 '특별하게 점 찍어 놓은 무언가'를 의미합니다.[120]

우리나라의 표현으로 하자면 '금기禁忌'라고 할 수 있습니다.[121] '일상 생활이나 종교 의례에서 어떤 대상에 대한 접촉이나 언행을 제한하는 관습을 가리키는 종교 용어'를 뜻합니다. 가려야 하는 일, 금해야 하는 일을 통칭하는 표현입니다. 그중 전자는 '선택의 원리', 후자는 '금지의 원리'입니다. 대표적인 선택의 원리로는 길일吉日이 있습니다. 좋은 기운이 가득한 날을 잡아서 행사를 치르는 것입니다. 대표적인 금지의 원리는 결혼식을 앞두고 다른 이의 장례식에 가지 않는 관습을 꼽을 수 있습니다. 일상에서는 선택의 원리보다도 금지의 원리가 더 많이 활용되곤 합니다. 이처럼 터부나 금기는 과학적이고 명확한 근거는 없지만, 두려움이나 무서움 때문에 사고와 행동을 구속하는 현상을 이릅니다.[122]

조직에도 터부, 금기, 금지의 원리가 상당히 존재합니다. 이 책 서두에서 개인 차원의 조직문화는 다음 세 가지 무의식적 질문으로 구성되어 있다고 짚었습니다. '이 직장에서 해야 할 것은 무엇인가, 하지 말아야 할 것은 무엇인가, 해도 되는 것은 무엇인가?' 터부와 금기는 바로 그 두 번째 질문을 일컫습니다. 누가 법으로 정해 놓은 것은 아니지만 구성원들은 '여기에서는 그렇게 하면 안 돼'라는 공통된 신념을 갖게 됩니다.

예를 들어, 창업자나 오너의 이름을 거론하면 안 되는 터부를 갖고 있는 회사들이 있습니다. 삼성그룹에서는 이건희 회장을 A라 하고, 그의 부인 홍라희 여사를 A-라고 칭합니다. 그리고 이재용 부회장을 JY 또는 VVIP라 부릅니다. 현대자동차 그룹의 정몽구 회장은 MK라 부릅니다.[123] 그 이유는 두 가지로 해석할 수 있습니다. 하나는 존경의 의미입니다. 성경에서 하나님의 이름은 '여호와'이지만 그 자체로 신성하기에 일반인들은 입에 담지 말아야 한다고, 그냥 하나님으로 불러야 한다고 일부 신학자들이 주장하듯 말입니다. 다른 하나는 높은 분에 대한 알 수 없는 두려움 때문일지도 모릅니다.

많은 대기업이 갖고 있는 또 다른 터부 중에 하나는 '사무실은 엄숙해야 한다'는 가정입니다. 직장인들에게서 널리 쓰이는 상투어가 있습니다. 바로 "회사에 놀러 왔냐"는 상사의 다그침입니다.[124] 주로 사무실에서 웃고 떠들 때, 상사의 다그침 어린 이 관용어가 튀어나옵니다. 노동에 신성한 가치를 부여해 왔기 때문인지, 직장은 늘 엄숙하고 경건해야 하는 공간이라고 가정하는 경우가 많습니다. 심지어 기업의 임원실은 "마치 엄숙한 장례식장 같다"라고 표현할 정도입니다.[125]

김 과장은 아침 출근길에 좋은 음악을 듣다 왔습니다. 그런데 사무실로 들어서니 적막감을 넘어서 삭막한 분위기가 펼쳐집니다. 속으로 '굳이 이렇게 조용할 필요는 없잖아?'라는 생각이 들었습니다. 최근 사장님이 새로 바뀌면서 "소통이 활발한 직장, 활기가 넘치는 기업"을 강조하고 있는 중이었습니다. 김 과장은 영화 〈쇼생크 탈출〉의 듀프레인이 되어 보기로 마음먹습니다. 이렇게 좋은 음악을 동료들도 들었으면 좋겠다 싶어서 잠시 고민하다가, 노트북에서 음악 프로그램을 열고 그 음악을 틀었습니다. 스피커 볼륨을 크게 높이고 영화 속 듀프레인처럼 의자에 눕듯이 앉아 두 팔을 머리 뒤에 괴고 음악을 감상합니다. 어떤 일이 벌어질까요? 아마도 사무실에 있는 모든 사람들이 속으로 '어떤 미친 놈이 음악을 이렇게 크게 틀어 놓은 거야?'라면서 자리에서 일어나 소리가 나오는 방향을 쳐다볼 겁니다. '어라? 김 과장이네. 평소에 조용하던 김 과장이 오늘 뭘 잘못 먹었나?'라고 생각하겠지요. 직속 상사인 팀장이 한마디 할지도 모릅니다. "김 과장, 음악 꺼. 집중해서 일하는데 방해가 되지 않나."

어느 회사는 임직원들이 회의할 때 아이디어를 내지 않고 다들 입만 꾹 다물고 있습니다. 격렬하게 토론하기를 바라는 CEO는 경영자 조찬 모임에서 이런 말을 듣습니다. "아마존에는 리더십 원칙leadership principle이 있다. 그중 한 원칙은 '기개를 부려라, 소신을 갖고 반대하고, 설득이 되었으면 받아 들이고 몰입하라Have Backbone; Disagree and Commit'인데, 이 원칙 때문에 구성원들이 회의할 때마다 치열하게 토론한다"라는 내용이었습니다. 그는 그 즉시 우리 회사에서도 그렇게 해 봐야겠다며, 사무실과 회의실 곳곳에 포스터를 붙이도록 합니다. "치열하게 토론하고, 설득되었으면 그 결정에 몰입하라".

과연 이 회사는 회의할 때 소통이 원활해질까요? 안타깝게도 이미 기존에 굳건히 형성된 관성이 있습니다. 이 보이지 않는 암묵적인 결계는 강력합니다. 누구도 그 선을 넘어서려 하지 않습니다. 과거에 그 선을 넘어서려다가, 강력한 전기가 흐르는 철조

망에 감전 사고를 당한 사례를 수도 없이 관찰해 왔기 때문입니다. 구성원들은 자기 혼자만 전사하고 싶지는 않습니다. 이상한 사람 취급 받고 싶지도 않고요.

이 구역의 꼰대가 되지 않으려면

구성원들은 속으로 불만을 갖고 있을 지언정 쉽게 변화를 선도하기 어렵습니다. 그래서 경계를 넘어서는 자, 결계를 파괴하는 자가 필요합니다. 기존의 관행을 넘어설 수 있는 사람이 있어야 합니다. 이제 막 입사한 신입사원이 그 회사의 문화를 바꿀 수 있을까요? 연차를 쓰려면 팀장 눈치를 봐야 하는 기존 분위기 속에서 자신의 소신대로 "연차는 제 권리입니다"라고 주장하다간 초반부터 밉상으로 찍히기 십상입니다. 용기를 내기에는 한계가 있지요.

그래서 창업자나 경영자가 먼저 나서야 합니다. 현대자동차의 사례를 보면 그로 인한 긍정적인 변화를 알 수 있습니다. 앞서 살펴봤듯 자동차 업계는 상당한 위기 의식을 갖고 있었습니다.[126] 구습으로는 더 이상 생존이 어렵다고 판단했기에 "ICT보다 더 ICT다워야 한다"는 선언까지 했습니다.[127] 이를 위해 정의선 회장은 조직을 변화하는 시도를 지속해서 펼쳐 오고 있습니다. 그 예로 2018년에는 자율출퇴근제를 시행하기 시작했습니다.

원래 정의선 회장은 새벽 6시 30분에 칼같이 출근하는 아침형 CEO입니다.[128] 이는 그의 할아버지 정주영 회장으로부터 내려온 오랜 전통이기도 했습니다. 정주영 회장은 새벽 4시에 일어나서 빨리 해가 뜨기만을 기다렸습니다.[129] 그리고 새벽 5시에는 정몽구, 정몽헌, 정몽준 등과 함께 아침 식사를 했습니다. 그의 손자들도 함께였고, 당연히 정의선 회장도 식사를 같이 했습니다. 6시쯤 정주영 회장은 아들들과 함께 청운동 집에서 계동 현대사옥까지 걸어서 출근을 했습니다. 이는 정주영 회장이 가지고 있었던 삶의 철학에서 우러나온 전통이었습니다. 그는 "새도 부지런해야 좋은 먹이를 먹는다. 하루 부지런하면 하룻밤을 편히 잠들 수 있고 1년, 2년, 10년… 평생을 부지런히 일하면 누구나 크나큰 발전을 볼 수 있다"라는 소신으로 살았습니다.[130]

아버지의 소신과 전통을 이어받아서 정몽구 회장도 6시 30분에 칼같이 출근했습니다.[131] 심지어 2013년에는 30분을 더 앞당긴 적도 있습니다.[132] 회사 전체에 긴장감을 불어넣기 위한 수단으로 6시 30분에서 6시 정각 출근으로 바꾸고, 출근하자마자 공장 가동률이나 해외 판매 현황을 보고받았습니다. 그러자면 주요 직책자들은 그보다 더 일찍 출근해야만 했고, 일반 구성원들 역시 늦어도 아침 7시에는 출근을 해야만 했습니다.

정주영 회장의 손자인 정의선 회장도 그 전통을 오래 지켜왔습니다. 하지만 테슬라, 다이슨, 애플과 같은 하이테크 기반의 기업들이 자동차 산업으로 진출하는 모습을 보면서 생각을 바꾸게 됩니다. 이제 자동차는 근면 성실이 중요한 전통적 제조업이 아니라 창의성, 혁신성이 필요한 산업으로 변화하고 있습니다. 농업적 근면 정신을 가진 출근이 아니라 새로운 아이디어를 떠올릴 수 있는 힘이 강조되는 출근 방식이 필요하다고 판단했던 것 같습니다. 2018년에 현대자동차는 자율출퇴근제도를 도입하고 정의선 회장이 직접 실천하여 솔선수범을 보입니다. 현대그룹의 오랜 전통을 그가 역사의 뒤안길로 보낸 것입니다.

잡플래닛에 현대자동차 임직원이 평가한 워라밸work-life ba-lance 척도 점수를 보면, 그가 팔을 걷어붙이고 직접 나선 결과를 볼 수 있습니다. 2017년까지만 하더라도 3.1점대(5점 척도 기준)에 머물렀던 점수는 2018년부터 상승하기 시작하더니 2021년에는 대기업 중에서도 상위권에 속하는 수준이 되었습니다.

어쩌면 정의선 회장도 자율출퇴근제도를 시행하기 전에 고심이 컸을지 모릅니다. 할아버지와 아버지가 가졌던 삶의 신조를 부인까지는 아니더라도 외면하는 일이 될 수 있으니 말입니다. 아무리 세상이 달라졌기 때문에 어쩔 수 없다는 명분이 있다고 해도 마음이 편치만은 않았을 겁니다.

우리나라 재벌 기업 역사에 또 다른 비슷한 장면이 있습니다. 앞서 살펴본 LG그룹 구자경 회장의 이야기입니다. 구자경 회장은 아버지로부터 '인화 단결, 연구 개발, 개척 정신'이라는 경영 이념을 물려받았습니다.[133] 그는 아버지가 평생 지켜왔던 창업

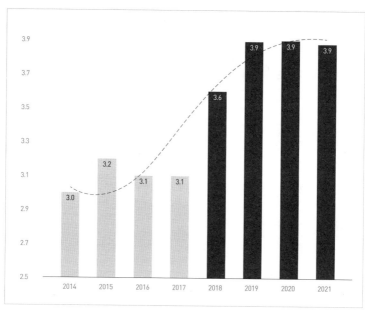

현대자동차 워라밸 척도 점수 (출처: 잡플래닛)

이념을 잘 이어나가는 것이 바로 자신이 해야 할 가장 중요한 일이라 믿었습니다.

원래 그는 국민학교에서 아이들을 가르치던 교사였습니다. 해방 직후에 아이들을 가르치고 계몽하는 일에 전념했습니다. 우리 역사와 우리 글을 가르치는 일이 즐겁고 행복했습니다. 그런데 한국 전쟁을 몇 개월 앞두고 아버지 구인회 회장이 명을 내립니다. 교직을 그만두고 이제는 아버지 일을 도우라고 말이지요. 구자경 회장이 했던 일은 주간에는 공장에서 일하고, 밤이면 하루씩 번갈아 가면서 숙직을 서고, 새벽이면 몰려드는 상인들에게 물건을 나누어 주는 일이었습니다. 그토록 고생을 했건만 아버지 구인회는 장남 구자경에게 고생한다, 수고한다는 위로의 한마디, 잘한다는 칭찬 한마디 해 주지 않았습니다. 그리고 병상에서 운명하기 전에서야 비로소 아들에게 "너 나를 원망 많이 했제. 기업을 하는 데 가장 어렵고 중요한 것이 바로 현장이다. 그래서 본사 근무 대신에 공장 일을 모두 맡긴 게다. 그게 밑천이다. 자신있게 기업을 키워 나가라"라며 격려의 말을 남깁니다.[134] 아버지가 물려주신 정신적 유산이 많았기에, 구자경 회장은 종종 '아버지께서 살아 계셨다면 이 상황에서 어떻게 결정을 내리셨을까' 하고 생각해 보곤 했습니다.

그런데 구자경 회장은 기업을 경영하면서 외부 환경이 예전과 크게 달라지고 있음을 감지합니다. 아버지가 기업을 운영하던 시절에는 플라스틱, 정유 산업이 첨단 산업이었습니다. 하지만 구자경 회장 시절에는 그런 산업이 '첨단의 범위에도 끼지 못할 정도로 산업 자체가 보편화되어' 버렸습니다. 그의 표현대로 '기술과 과학이 발달된 초현대사회'로 진입한 것이었습니다.[135] 그리고 생산자와 판매자가 주도하는 시대가 아니라, 이제는 소비자와 고객이 회사의 명운을 좌우하는 환경이 되었습니다. 그는 아버지가 물려주신 경영 이념이 새로운 시대에는 더 이상 효과적일 수 없다고 판단하고 새로운 경영 이념을 임직원들과 함께 만들고자 했습니다.

구자경 회장이 느꼈던 중압감을 현대자동차 정의선 회장도 느꼈으리라 충분히 짐작할 수 있습니다. 할아버지, 그리고 아버지로부터 내려온 삶의 신조이자 관습을 무시할 수는 없는 일이니 말입니다. 기업 내에서 권력의 정점에 있는 경영자도 과거에 내려온 유산과 관행 앞에서 중압감을 느낄 정도이니, 구성원은 어떻겠습니까? 신성한 터부 앞에서 등을 돌리기 어렵습니다. 자연히 구성원들은 경계를 넘어서거나 결계를 파괴하기 어려울 수밖에 없습니다.

그래서 경영자가 먼저 나서야 합니다. 삼성의 이건희 회장은 이를 잘 알고 있었습니다. 그는 1993년에 이렇게 강조했습니다.

> "삼성이 변해야 한다. 삼성이 변하려면 어떻게 해야 하는가? 삼성이 변해야 한다고 하지만 18만 명이 동시에 변하는 것은 불가능하다. 말도 안 된다. 그래서 한참 생각을 했다. 결론은 회장인 내가 먼저 변해야 한다는 것이다. 그 다음에 누구냐. (삼성그룹을 총괄하는) 비서실장부터 변해야 된다. 다음 누구냐. 사장이 변해야 한다. 그 다음 누구냐. 전무가 변해야 된다. 그 다음 누구냐. 관리담당 상무가 변해야 한다. 그래서 자꾸자꾸 늘어나는 것이다. 그러나 윗사람이 변한다고 말만 하면 믿겠는가. 행동으로 보여 주지 않으면 안 된다. 변화한다는 말도 필요 없다. 행동으로 보여 주면 된다. 그래서 나부터 변한 것이고 행동으로 보여 주고 있는 것이다. 나는 변했고 계속해서 변하고 있다. 매일매일 변하고 시간마다 변하고 있다."[136]

어느 경영자는 제게 이런 이야기를 했습니다. 그가 운영하는 조직은 몇 년 사이 크게 성장한 기업입니다. 회사를 키우는 일에 정신 없는 나날을 보내다, 어느 날 성장에 정체를 느낍니다. 정신을 차리고 회사를 면밀히 살펴보니 비효율과 불합리가 가득 차 보였습니다. 그래서 조직을 변화시켜야겠다고 다짐하고, 경영진과 구성원들을 대상으로 이렇게 바꾸고 저렇게 바꾸라고 지시했답니다. 그런데 몇 개월이 지나도 변화가 없어 보였습니다. 임원들은 뭐라도 해 보려고 하는 것 같기는 한데, 그게 시늉인지 아니면 진정 변화를 꾀하는데 기존의 거미줄처럼 촘촘한 관행에 묶여 못하는 것인지 알 수 없었습니다. 구성원들은 그야말로 복지부동처럼 보였습니다. 때로는 달래 보고, 때로는 위기감을 조장해 봐도 별 소용이 없는 듯했습니다. 그러다가 문득 '이 구역의 꼰대는 바로 나인가?' 하는 생각이 들었다고 합니다. 그는 제게 도움을 요청했습니다. 경영자인 자신과 회사를 객관적으로 관찰해 보고 어떻게 하면 좋을지를 알려 달라고 말입니다. 몇 개월 관찰하고 나서 그에게 내려준 결론은 이거였습니다. "사장님이 먼저 경영 스타일을 바꾸셔야겠습니다".

누군가는 선을 넘어야 한다

아마 경영자 입장에서는 답답한 마음

이 들 수도 있을 겁니다. "경영자에게만 너무 많은 짐을 지우는 느낌입니다. 구성원도 바뀌어야 하지 않겠습니까?" 맞습니다. 경계와 결계, 터부를 파괴하는 일은 경영자가 먼저 해야 합니다. 더불어 구성원들 중에서도 용기를 내서 경계를 넘는 사람이 필요합니다.

그런데 구성원 모두가 단번에 경계를 폴짝 뛰어넘을 수 있을까요? 앞서 이건희 회장도 18만 임직원이 동시에 변화하는 일은 현실적으로 불가능하다고 봤습니다. 그는 나중에 이런 생각을 밝혔습니다. "사장이 위의 5%에 관심을 쏟으면 나머지 90%도 위의 5%를 쫓아가게 되어 있다."[137] 이건희 회장의 관점은 학자들이 주장하는 비율보다 더 급진적입니다. 일부 학자는 파레토 법칙, 즉 20:80 비율을 언급하곤 합니다. 구성원 중에서 20%만 바뀌어도 나머지 80%는 점차 그 변화를 따라오게 되어 있다는 주장입니다.

몇몇 조직들은 구성원들 중에서 변화 대리인change agent을 선발하곤 합니다. 그리고 이들에게 조직문화를 변화시키는 임무를 부여합니다. 이들과 관련해서 세 가지만 짚어 보고자 합니다.

첫째, 변화 대리인은 이벤트를 만들고 추진하는 사람이 아니라 일하는 방식을 바꾸는 역할을 해야 합니다. 어느 날 한 기업으로부터 연락을 받았습니다. 이 기업은 그룹에 존재하는 SI업체(System Integration, 시스템 통합)로, 40여 개 건물에 구성원들이 분산되어 일하고 있었습니다. 지난 3년간, 각 근무지에서 사원부터 차장급에 이르기까지 골고루 변화 대리인을 선발해 왔다고 합니다. 한 번 선발되면 각자 1년간 변화 활동을 펼치도록 했습니다. 그런데, 3년 동안 해 오고 보니 내부에서 이런 자성의 목소리가 있었다고 합니다. "꾸준히 변화 대리인을 선발해서 활동하도록 했는데 도대체 바뀐 게 뭐냐"라고 말입니다. 그래서 그동안 무슨 활동들을 했는지 물어봤습니다. 그랬더니 한 달에 한 번, 수요일 오후 4시에 구성원들이 모두 퇴근해서 함께 영화를 보러 가는 '무비 데이', 화요일에는 무조건 칼퇴근을 해서 가족과 함께 보내는 '패밀리 데이'를 시행하고, 또 구성원들의 생일 파티를 주관하는 일을 했다고 합니다. 이 책 서두에서 살펴본 대로, '좋은 조직문화'를 인간다운 삶을 보장하는 영역으로만 국한하고 그에 집중해 왔던 것입니다.

둘째, 변화 대리인은 큰 틀을 바꾸는 사람이 아닙니다. 큰 틀, 즉 경계와 결계를 무너뜨리고 금기와 터부를 혁파하는 일은 CEO와 경영진이 할 일입니다. 변화 대리인은 다른 구성원보다 좀 더 용기를 갖고 선을 넘는 역할을 해야 합니다. 예를 들어 임직원들끼리 치열하게 토론하는 문화를 정착시키고 싶다면, 기존에 굳건히 형성된 '회의에서 입을 다물어야 한다'는 선을 의도적으로 넘는 일을 해야 하는 것입니다. 한 번이라도 더 아이디어를 내보고, 한 번 더 이견을 내보고, 상사 의견에 반박을 하기도 해야 합니다.

또 철저히 고객의 가치를 높이는 문화로 전향하려 한다면, 변화 대리인이 고객 입장에서 말하고 행동하도록 해야 합니다. 팀이 회의를 하고 상사가 의사결정을 내릴 때마다, 그들은 이렇게 질문해야 합니다. "그 방식이 진정으로 고객에게 가치를 제공할 수 있습니까?", "그 의사결정은 고객을 위한 겁니까, 아니면 우리 팀의 편의나 성과를 위한 겁니까?" 그러자면 상당한 기개를 갖고 있어야 하겠지요. 용기가 필요한 일입니다.

셋째, 그들이 '변화 대리인'이라는 점을 다른 구성원들이 널리 알도록 해야 합니다. 이들이 나름 용기를 내서 기존과는 다른 태도와 행동을 하게 되면—〈쇼생크 탈출〉의 듀프레인처럼—다른 구성원들은 그를 '색안경'을 끼고 바라보기 쉽습니다. 어느새 그들은 조직의 물을 흐리는 '이상한 놈'이 되어 버리고, 다들 은근히 피하게 될지도 모릅니다. 그런 시선을 견딜 수 있는 구성원이 얼마나 있을까요? 인간에게는 배제의 아픔이 큰 법입니다. 변화 대리인으로 내세웠으면 공식적으로 '경계를 넘는 자', '결계를 무너뜨리는 자'로 널리 알려야 합니다. 앞으로 조직이 지향해야 할 바람직한 모습을 보이려 노력하는 사람들임을 알도록 해야 합니다.

변화 대리인을 선별하지 않더라도, 최근 조직에서는 변화를 요구하고 과감하게 소신 있는 목소리를 내는 구성원들이 유입되고 있습니다. 기존의 리더들은 솔직하고 때로는 당찬 밀레니얼의 목소리에 의아해하거나, 혹은 불쾌해하기도 합니다. 하지만 어쩌면 더 많은 구성원이 원하는 변화의 발판이 될 수도 있을 것입니다. 무조건 수용하라는 것이 아니라 적어도 무조건 배제하고 억누르지는 말아야 합니다. 누군가 용기를 내어 다수를 대변하여 발언했을 때, 그 작은 변화의 목소리를 담아내지 못하면 시대가 요구하는 변화에 뒤처질 수밖에 없습니다.

3 HOW:
조직문화, 어떻게 바꿀 수 있을까?

경영자가 먼저 깨달아야 한다

　　　　　루이스 거스너는 IBM의 CEO직을 내려놓고 이런 소회를 밝혔습니다. "가장 어려운 의사결정은 기술적인 혁신도, 경제적인 혁신도 아니다. 그것은 바로 문화를 바꾸는 일이다. 그 누구도 부인하기 어려울 정도로 성공을 거둔 회사에서 성장한 수만 명 임직원들의 마인드셋과 본능을 바꾸는 일이다. 마치 평생 동안 우리 안에서 기르던 사자를 데리고 정글로 내몰아서 살아남도록 독려하는 일과 비슷한 심정이었다." 그러면서 그는 "문화가 승부를 결정짓는 하나의 요소가 아니라 문화 그 자체가 승부라는 점을 깨달았다"고 덧붙입니다.[138] 조직에서 가장 막강한 권한을 가지고 있는 CEO가 혼신의 힘을 쏟아 부어야만 비로소 변화가 가능할 수 있다는 점을 지적하는 말이기도 합니다.

마이크로소프트의 CEO 사티아 나델라의 말대로, CEO는 문화의 수호자이자 창조자이며 큐레이터가 되어야 합니다. 그런데 대부분의 기업에서는 그렇게 하지 않습니다. 조직문화 팀에 위임하거나, 태스크포스 팀을 꾸려서 추진하도록 하지요. "조직문화가 중요해, 우리 구성원들이 바뀌어야 해, 전권을 다 위임할 테니 열심히들 해 봐"라고 말로만 강조합니다. CEO가 한 걸음 뒤에 서 있거나, 뒷짐만 지고 있으면 변화 추진은 반드시 실패하게 됩니다. 실제로 조직을 변화시키려는 시도 중에 70% 이상이 실패했다는 주장이 있습니다.[139] 그 대부분은 CEO의 자각이 없거나, 의지가 약했던 것이 원인입니다. 일부 문헌에서는 'CEO의 제대로 된 지원'이 필요하다고 지적하지만, 지원만으로는 안 됩니다.[140] CEO와 경영자가 직접 총대를 메고 나서야 합니다.

어느 날 한 회사의 최고위 경영자로부터 초대를 받았습니다. 두 시간 가량 이어진 미팅에서 그는 어느 사업 부서에 대한 고민을 털어놨습니다. 수천 명의 임직원이 근무하는 사업부였습니다. 그런데 임직원이 수동적이고 복지부동하고 있는 것 같아서 최근 급격히 변화하는 환경에 과연 적응하고 생존할 수 있을지 고민된다는 것입니다. 그 사업부의 현재 문화가 어떤지 정확히 진단하고 싶다기에, 기꺼이 함께 고민해 보기로 했습니다.

그로부터 몇 주가 지나 주관 부서로부터 연락이 왔습니다. 경영자가 지시한 일이라 추진을 해 보려 한다고, 그 전에 미팅을 하자는 이야기였습니다. 약속을 잡고 회의 장소에 가 보니 조금 이상한 분위기가 감지되었습니다. 여러 개의 팀이 들어왔는데, 선뜻 이 일을 주관하겠다는 팀이 없었던 겁니다. 문득 '마밀라피나타파이mamihlapinatapai'라는 단어가 생각났습니다.[141] 칠레 남부에 거주하는 원주민이 사용하는 단어입니다. 단어 뜻이 매우 길어서 1993년에 기네스북에 등재되며 유명해졌습니다. 그 뜻은 '서로에게 꼭 필요하지만, 자신은 굳이 손대고 싶지 않은 어떤 일을 상대방이 자원해서 나서 주기를 바라면서, 두 사람 사이에 조용하면서도 긴급하고 오가는 미묘한 눈빛'입니다. 좀 쉽게 풀어보자면, 굳이 내가 하기는 싫고 상대방에게 어떻게든 떠넘기려고 눈치 게임을 한다는 뜻입니다. 그날 회의에 참석한 팀들 사이에 '마밀라피나타파이'가 횡횡한 듯 보였습니다. 이 조직에서 과연 변화가 제대로 추진될 수 있을까요?

이처럼 경영자가 스스로 나서지 않고 다른 이에게 위임하면 변화는 쉽게 일어나지 않습니다. 경영자들이 하는 흔한 오해 하나는 권한 위임이 리더십의 절대 선이라 믿는 것입니다. 일상적인 실무는 위임을 해야 하지만, 조직을 바꾸는 일은 위임해서는 안 됩니다. 경영자가 직접 주도하고 깊숙이 관여해야 합니다. 인텔의 전설적 경영자 앤디 그로브는 경영자는 편집증 환자처럼 변화를 챙겨야 한다고 말하기도 했습니다.[142]

문화를 바꾸려면 경영자에게 두 가지 자각이 있어야 합니다. 하나는 왜 지금 변화하지 않으면 안 되는지에 대한 자각입니다.

일례로, 이건희 회장이 신경영을 외치고서 일본에서 임직원을 대상으로 일침한 대목을 보면 그 절실함이 와 닿습니다.

> "세상은 과거 5천 년 동안 바뀐 것보다 앞으로 10년, 20년 동안 바뀌는 것이 더 클 것이다. 사람은 안 바뀌는데 경제나 제도, 기술 등은 엄청나게 바뀔 거다. 지금 지식으로는 따라갈 수도 없고 개념조차 모를 거다. 그러니 지금부터 삼성이 어디에 와 있는지 알아야 한다. (중략) 지난번 독일로 가는 길에 우연히 전자의 디자인센터에 있는 일본인 고문이 내게 직접 낸 보고서를 봤다. 이 사람이 그동안 사업본부장한테 여러 차례 건의하고 의견 내고 경고까지 해도 안 먹히니까 그만두려고 마음먹고 내게 보고서를 냈다. 그걸 보고 화가 치밀어올라 혼났다. 기술이 없어 고문을 데려왔더니 제대로 얘기를 듣지 않고 그를 무시하며 배척했다고 한다. 우리가 잘났으면 왜 일본인 고문을 두겠느냐. 나는 지금 국제화, 복합화를 이야기하는데 받아들일 토양조차 안 되어 있다."[143]

둘째, 경영자 자신에 대한 자각입니다. 이건희 회장은 자신부터 변해야 삼성이 바뀔 수 있음을 알았습니다. 그는 "나부터 변해야지, 나는 안 하고 낮잠이나 자면서 너는 하라고 하면 되겠는가? 그게 통하는가? 안 통한다"라고 여러 번 말했습니다.[144]

구자경 회장도 고객 중심의 문화로 변화시키면서 자신의 한계를 깨달았습니다. 눈이 어지러울 만큼 요란하고 대담한 여성복을 보면서, 또 한국 배우가 아니라 프랑스인 소피 마르소를 화장품 모델로 기용한 일을 두고서 현업 부서를 지적했다가 "고객이 좋아합니다"라는 답변을 듣게 되지요. 구자경 회장은 자신의 생각을 판단의 기준으로 삼았던 것을 반성했습니다.

어느 날 창업자이자 대표인 A사장님으로부터 초대를 받았습니다. 그는 여러 고민을 털어놓은 끝에 문화를 혁신적으로 바꿔야겠다며, 당장이라도 무엇을 어떻게 해야 하는지 알려 달라고 자문을 청했습니다. 그래서 "수신제가치국평천하修身齊家治國平天下라 하였으니, 사장님이 어떤 성격과 가치관을 가지고 있는지, 리더십 스타일은 어떠한지 먼저 살펴보면 좋겠습니다"라고 말씀드렸습니다. 자신을 객관적으로 비추어 볼 수 있는 성격 검사, 가치관 검사 등에 참여하도록 권했고, 며칠 후에 그 데이터를 놓고 서로 해석하는 시간을 가졌습니다. 저는 주로 질문을 하고, 그가 직접 자신이 어떤 특성을 가지고 있는지를 해석했지요. 자신의 기질적 특성은 무엇인지, 성장하면서 겪은 트라우마는 무엇인지, 인생에서 중요하게 여기는 가치는 무엇인지, 그것이 업무에서 어떤 태도와 행동으로 나타나는지, 그 특성이 조직에 어떻게 각인되고 투영되는지, 구성원들에게서 어떤 반응과 태도가 나타날 수 있는지 스스로 돌아보는 시간을 가진 것입니다. 다섯 시간을 이야기한 끝에 그는 두 손으로 얼굴을 쓰다듬으면서 한숨을 쉬더니 이렇게 말했습니다. "저 자체가 원인이 되어서 나타난 현상들이 많군요. 구성원을 탓할 게 아니라… 일단 저자신을 먼저 돌아봐야겠습니다."

후배를 위해 남겨두는 유산

〈거인의 어깨 너머로 배워라〉에서 다룬세 가지 사례를 다시 떠올려 보겠습니다. 이건희 회장이 '양이 아니라 질이 문제다, 앞으로는 질 경영을 최우선으로 추구한다'라고 강조했을 때 이수빈 비서실장은 고심 끝에 이렇게 직언합니다. "회장님, 아직까지 양을 포기할 수는 없습니다. 질과 양은 동전의 앞뒤입니다." 그러자 이건희 회장은 손에 들고 있던 커피 티스푼을 내던지고는 자리를 박차고 나갔습니다. 그로부터 4개월 후 그룹을 움직이는 실체인 삼성 비서실이 대폭 개편되었습니다. 아마 이건희 회장은 질 경영이 시대가 요구하는 길이며, 이를 제대로 추구하려면 그에 맞는 정신 소프트웨어를 가진 경영진이 반드시 필요하다고 판단했던 것 같습니다.

구자경 회장은 선친의 유훈과도 같은 경영 원칙을 바꾸고자 했습니다. 하지만 혼자서 정하지는 않습니다. 계열사 사장들과 함께 치열하게 논의하고 토론하면서 결정합니다. 그리고 자신을 먼저 다잡고, 또 경영진에게 변화를 촉구했습니다. 마이크로소프트 사티아 나델라 회장은 어땠나요? 인간을 향한 연민과 공감이 영감을 촉발한다는 점을 강조하고, 그러자면 누구보다 주요 경영진이 먼저 변화해야만 한다고 믿었습니다. 나델라를 포함한 경영진이 먼저 비폭력 대화의 기술을 익히고 지속적으로 연민과 공감을 표현하는 장을 마련했습니다.

이처럼 경영진이 먼저 본을 보여야 합니다. 하지만 물론 경영진들도 실질적인 고충들이 있고, 이렇게 말씀하는 분들도 계십니다. "사회적으로 경영진, 임원들은 화려해 보입니다. 하지만 실제로는 하루살이 인생과도 같습니다. 과연 내가 얼마나 이 조직에 남아 있을 것인가, 불과 1년 후도 내다보기 어렵습니다. 그런데 조직을 변화시키는 일에는 수년이 걸립니다. 임원으로서 조직을 바꾸는 일에 본을 보이고 앞장서야 하겠지만, 개인으로서는 지금 당장 이득이 되는 일에 신경을 쓸 수밖에 없습니다. 더구나 회사가 지향하는 방향이 제 담당 조직의 단기적인 이익과 상충되는 경우에는, 아무래도 개인의 이득부터 챙길 수밖에 없습니다."

저도 이 말에 깊이 공감합니다. 회사에서는 각 위치에 따라 입장 차이가 있습니다. 조직이 부여한 역할도 중요하지만, 개인의 욕구도 중요하기에 그의 말을 옳다 그르다 평할 수는 없습니다. 그럼에도 저는 두 가지 키워드를 언급하고 싶습니다.

하나는 '족적'에 대한 이야기입니다. 사람은 어디를 가든, 어디에 있든 그 흔적을 남깁니다. 조직에도 오랫동안 한 사람의 발자국이 남습니다. 수많은 구성원의 주목을 받는 임원이라면 더욱 상징적으로 남을 겁니다. 조직을 떠날 때 어떤 뒷모습으로 기억되고 싶은지 자문해 볼 필요가 있습니다. 중국의 사서인《오대사五代史》의 왕언장전王彦章傳에서는 맹장 한 명을 소개합니다. 왕언장은 병졸에서 시작해서 장군까지 오른 입지전적 인물입니다. 그가 전쟁에 임하는 결기는 무서울 정도였습니다. 백 근이나 나가는 철창을 들고서 좌고우면하지 않고 적진을 휘저었기에 그 자리까지 올라섰습니다. 그는 문자를 배우지 못해서 글을 읽지 못했지만, 좌우명처럼 평소 즐겨 인용하던 속담이 있었습니다. 바로 '표사유피 인사유명豹死留皮 人死留名'입니다. 표범은 죽어 가죽을 남기고 사람은 죽어 이름을 남긴다는 뜻입니다. 이 조직에서 내가 할 수 있는 일에 대해 불안한 마음이 들 땐 왕언장의 좌우명을 한 번쯤 떠올려 보는 것은 어떨까요?

다른 하나는 '유산'입니다. 경영진들에게는 까마득한 후배들이 조직에 많습니다. 대부분이 인생의 후배이자, 그 분야 후속 세대입니다. 퇴임한 어느 고위 임원은 이런 말을 했습니다. "인사 발표가 났을 때가 생각납니다. 제가 고문역으로 빠지게 되었다는 소식을 하루 전에 들었습니다. 자리를 정리하고 나서 몇 주는 서운하기도 하고, 허무하기도 했습니다. 또 그 누군가를 원망하기도 했습니다. 하지만 저는 우리 회사가 계속 발전해 나가기를 진심으로 바랍니다. 제가 다니던 시절보다 더욱 승승장구하길 원합니다. 그래야 후배들도 더욱 발전하고 지난 수십 년간 그 회사를 위해 일해 온 제 손이 더욱 빛날 수 있지 않겠습니까." 오늘의 성과를 챙겨서 보신하는 일도 중요하지만, 훗날을 위해서 어떤 유산을 남겨 놓을지 역시 고민해야 합니다.

때로는 학습한 것을 잊어야 한다

조직문화를 변화시키는 방법을 논한 도서들은 상당히 거시적입니다. 전략과 구조, 제도, 그리고 리더십을 바꿔야 한다는 거대 담론이 주로 나열되어 있다 보니, 막상 어떻게 적용해야 할지 막연한 기분이 들기도 합니다.

물론 거대 담론에 대한 것도 빠뜨릴 수는 없지만, 일단 가장 이해하기 쉽게 접근해 보고자 합니다. 이를 위해서 우리의 눈높이를 조직이 아니라 임직원 개인 수준으로 낮춰 보겠습니다. 임직원들 모두가 자신의 태도와 행동을 바꾸면 조직문화도 바뀝니다. 따라서, 개인 수준의 문화적 변화를 먼저 고려해 볼 수 있습니다.

그런데 개인의 태도와 행동은 어떻게 바뀔 수 있을까요? 흥미롭게도, 그들이 우리 조직의 문화를 어떤 과정을 거쳐서 학습했는지를 살펴보면 답이 나옵니다. 사람은 어떤 방식으로 특정 문화를 내면화하는지 먼저 들여다보는 것이지요.

저는 개인이 문화적 양식을 익히는 세 가지 코드가 있다고 봅니다. 앞서 언급했듯, "여기서는 이렇게 하면 안 돼(금기)", "여기서는 이렇게 해야만 해(당위)", "여기서는 이렇게까지는 해도 돼(허용)"라는 코드입니다. 우리는 어느 장소를 가든 이 코드에 따라 자신의 태도와 행동을 조절합니다.

교회나 성당 같은 종교적 장소에 처음 간다면 우리는 어떤 행동을 하게 될까요? 일단 남들의 태도와 행동을 유심히 관찰할 것입니다. 그리고는 이 장소에서는 어떻게 하면 안 되는지('떠들면 안 되는구나'), 이 장소에서는 어떻게 해야만 하는지('기도를 할 때는 눈을 감아야 하는구나'), 어디까지는 해도 되는지('졸리면 조금 졸아도 되는구나')를 예리하게 포착하고 그에 맞춰서 행동합니다.

또 그날 오후 층고가 높은 넓직한 카페에 들어갔다고 해 보겠습니다. 무의식적으로 이 세 가지 코드가 매우 빠르게 몸과 머리에 입력됩니다. 이곳에서는 남의 눈치를 별로 보지 않고, 어느 정도는 떠들기도 하고 일행과 가벼운 장난을 치기도 합니다. 동일한 사람인데도 장소에 따라서 태도와 행동을 달리하는 것이지요.

우리 조직에 경력직으로 입사한 구성원들 역시 입사한 첫째 날, 바로 이 세 가지 코드를 기민하게 작동시켰을 것입니다. '아, 이 회사는 회의할 때 편안하게 말을 해서는 안 되는구나, 긴장하고서 입을 다물어야 하는 분위기구나, 전화는 회의실에 들어가서 조용히 받아야 하는구나' 등을 익힙니다. 그리고 자신의 태도와 행동을 그에 맞추려 합니다. 그 집단으로부터 배척당하고 싶지 않기 때문입니다. 인간이 겪을 수 있는 가장 큰 고통 중에 하나가 바로 배척과 소외입니다.

회사 안에는 보이지 않는 무수한 선들이 그어져 있습니다. 마치 영화 〈미션임파서블 1〉에서 톰 크루즈가 보이지 않는 레이저 선에 몸이 닿지 않게 애쓰면서 이동하는 것처럼, 구성원들도 그 선을 넘으려 하지 않습니다. 이 무수히 많은 선이 고착화된 것이 또한 조직문화입니다.

조직문화를 변화시키려 한다면, 무엇보다도 개인 차원의 문화 학습 코드를 철저히 분석하고 해체해야 합니다. 명시적이든 암묵적이든 우리 조직의 금기, 당위, 그리고 허용이 무엇인지를 살펴야 합니다. 아울러 우리 회사가 나아가고자 하는 방향과 전략에 도움이 되는 것은 무엇인지, 저해하는 것은 무엇인지, 아무런 상관이 없어서 그냥 놔둬도 될 것은 무엇인지, 또한 굳이 그렇게까지 제약할 필요가 없는 것은 무엇인지를 구분해야 합니다.

그리고 구성원들이 보이지 않는 선을 넘게 지속적으로 독려하는 것이 필요합니다.

거시적인 변화를 계획하기 전에, 구성원 개인 수준의 문화 코드를 확인할 수 있습니다. 그들이 그 선을 넘도록 어떻게 유도할지를 검토할 수 있습니다.

• 첫 번째 코드: "여기서는 이렇게 하면 안 돼(금기)"

- 두 번째 코드: "여기서는 이렇게 해야만 해(당위)"
- 세 번째 코드: "여기서는 이렇게까지는 해도 돼(허용)"

경쟁자의 본질을 꿰뚫어라

외부 환경은 '거시 환경'과 '경쟁 환경'으로 구분합니다. 전자는 정치, 경제, 사회, 기술 환경입니다. 보통은 PEST 분석Political, Economic, Social and Technological analysis이라고 칭합니다. 태평양 마누스 섬에 사는 부족들은 그들이 사는 환경이 조금이라도 바뀌면 모두 광장에 모였습니다. 그리고 변화된 환경에서 생존하려면 그들 스스로 무엇을 어떻게 바꿔야 하는지 토론하고 합의했습니다.

1864년 영국 철학자 허버트 스펜서Herbert Spencer는 《생물학원리》라는 책을 펴내면서 '적자생존의 원리'를 제시했습니다. 강한 자가 살아남는 게 아니라 환경에 적응하는 개체가 살아남는다는 원리입니다. 이는 조직에도 그대로 적용됩니다. 지금 우리 회사의 자원, 임직원, 고객 수, 시장 점유율이 높다고 해서, 공룡 기업이라고 해서 무조건 살아남는 게 아닙니다. 외부 환경에 미어캣처럼 촉각을 모두 집중하고 유연하게 대응하는 조직만이 살아남습니다.

경쟁 환경은 더욱 민감하게 살펴야 합니다. 앞서 우리는 '경쟁

기업은 어떻게 일할까?'에서 테슬라와 기존 내연기관 중심의 자동차 산업을 비교해 봤습니다. 테슬라가 처음 나왔을 때 전통산업의 자동차 강자들은 대수롭지 않게 생각했습니다. "단차 잡으려면 아직 멀었어. 십 년이 지나야 경쟁이 될까 말까 하겠지." 테슬라가 만든 차를 직접 테스트 주행하고 나서 그들끼리 한 이야기였습니다. 단차는 자동차의 차체에서 본네트, 문짝, 트렁크 등의 판과 판 사이에 생기는 높낮이나 틈의 넓고 좁음을 뜻합니다. 명품 차일수록 단차가 없습니다. 기존 완성차 기업들은 단차가 상당한 테슬라를 보면서 안도의 한숨을 내쉬거나, 그들을 얕잡아 보기도 했습니다.

2000년 중반에는 애플이 휴대폰을 만들고 있다는 소문이 돌았습니다. 역시나 사람들은 별 기대를 갖지 않았습니다. "컴퓨터 만드는 회사가 휴대폰을 만든다고? 컴퓨터랑 휴대폰은 엄연히 다른데, 아무리 잘 만들어도 기존의 회사들을 쫓아갈 수 있겠어?", "음악을 듣는 아이팟은 괜찮은 제품이지만 휴대폰은 안정적인 통화 품질을 제공해야 하는데 가능할까?" 하지만 몇 년 후, 애플이 출시한 휴대폰은 업계 판도를 뒤흔들고 새로운 가치를 만들어 냈습니다.

이처럼 우리가 종종 범하는 실수가 있습니다. 경쟁사 또는 잠재적 경쟁자에 대해서 겉으로 드러난 모습만으로 그들의 내공을 평가하는 일입니다. 그들이 현재 만들고 있는 인공물, 즉 지금 이 시점의 제품과 서비스만으로 예단해 버리고 그들이 가진 잠재력은 살피지 않습니다. 경쟁자의 제품은 현 수준을 말해 주지만 그들이 가진 문화는 미래를 말해 줍니다. 경영자는 겉으로 드러난 모습보다 경쟁자의 본질을 꿰뚫어 볼 수 있어야 합니다. 그러자면 경쟁사가 가진 혼과 일하는 방식을 파악하는 것이 중요하겠지요.

최근 은행권이 시끄럽습니다. 2015년부터 시작한 스마트폰 애플리케이션 '토스' 때문입니다. 과거에는 누군가에게 돈을 보내려 할 때면 액티브 엑스 프로그램을 설치하고 공인인증서를 거쳐야만 했습니다. 이 절차가 복잡하기도 했고, 또 액티브엑스가 오작동해서 에러 메시지를 내는 경우도 잦았습니다. 그 과정에서 사용자는 지치고 짜증나기 마련이었고요. 그런데 토스는 스마트폰으로 불과 몇 초면 송금이 가능하도록 절차를 간편하게 만들면서도 보안 기능은 강력하게 구현해 왔습니다. 여러 명이 함께 밥을 먹고 '1/n로 나누자'고 할 때 토스는 간편하게 사용되고 있습니다. 2021년 말 기준으로 가입 회원이 2,100만 명입니다. 기업 가치는 8조 5천억 원으로 평가받고 있습니다. 이제 토스는 단순히 전자 송금 서비스를 넘어서 증권, 은행업까지 진출하고 있습니다.

기존 은행은 이를 어떻게 보고 있었을까요? 토스의 초기 서비스는 그들 눈에 정말 볼품없었습니다. 오로지 앱 이용자가 다른 사람에게 편하게 송금하는 서비스였습니다. 고도로 발달한 정밀한 금융 공학이 적용되지도 않았습니다. 또 적금이나 대출 등 다양한 서비스를 제공하지도 않았습니다. 거대 공룡의 눈에는 보이지도 않는 모기에 불과했을지도 모릅니다. 그런데 토스는 순식간에 엄청난 성장세를 보이면서 영역을 점차 확장해가고 있습니다. 토스에게는 어떤 잠재력이 있을까요? 은행권 임직원이 자기 회사를 평가한 데이터를 비교한 결과를 보겠습니다.

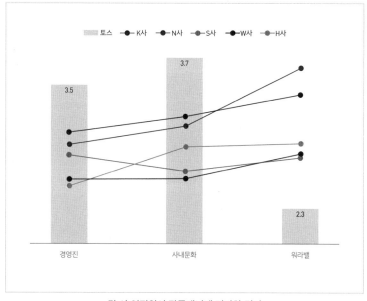

각 사 임직원이 잡플래닛에 평가한 결과

　　최근 2017년부터 2021년까지 5년간의 점수를 평균한 결과입니다. 토스는 경영진의 역량이 우수하다고 평가되어 있고, 사내 문화 역시 압도적으로 좋게 나타납니다. 토스 임직원들이 평가한 코멘트 중에서 기존 은행들에게 위협으로 작용할 수 있는 특징들을 인용하면 이렇습니다. "너무 빠르다", "역동적이다", "회사의 성장을 위해 미친 듯이 노력하는 동료들이 많다", "도전을 존중하고 명예로 생각한다. 직원이 업무적으로 마음껏 시도하고 과감하게 도전할 수 있도록 지원한다", "회사의 성장 방향과 전략을 투명하게 공유한다", "경영진의 퀄리티(역량)가 좋다" 등입니다.

한편으로 우리가 주목해 볼 점은 워라밸, 즉 일과 삶의 균형입니다. 토스는 기존 은행보다 워라밸 척도가 매우 낮게 나타납니다. 그렇다면 구성원들은 과연 스스로 불행하다고 생각하고 있을까요? 토스 임직원이 기술한 코멘트를 보면 그것과는 결이 조금 다릅니다. "업무에 몰두하다 보면 일과 일상의 경계가 허물어진다. 롱런하기 위해서 스스로 관리해야 한다", "일을 좋아하고 즐기는 사람에게 좋은 회사다", "근태가 자유로운 만큼이나 업무 강도가 엄청나다, 워라밸은 생각하지 말아야 한다", "직원들의 헌신도가 다른 회사와는 차원이 다르다."

더불어 토스의 이승건 대표는 밀레니얼 세대를 위한 조직문화의 중요성도 강조합니다. 회사의 모든 정보를 공유하여 구성원들이 회사 내에서 어떤 일을 하든 목표를 위해 기여하고 있다는 참여감을 가질 수 있도록 하고, 기업의 사회적 가치에 대한 믿음을 주고 있다는 것입니다. 밀레니얼 세대는 단순히 회사의 매출 증대보다는 세상에 의미 있는 가치를 만들고 있다는 점을 중요시하기에, 과거처럼 '회사에 충성하라'라고 말로 강조하는 것이 아니라 자발적으로 열정을 쏟을 만한 이유를 함께 만들어 가고 있는 것입니다. 스스로 믿는 가치가 없다면 워라밸 척도가 낮은 것이 회사에 대한 큰 불만으로만 이어졌을 겁니다.

토스가 일하는 모습을 보면 자동차 산업의 테슬라를 보는 듯합니다. 테슬라는 과거 수십 년간 아성을 지켜오던 내연기관 중심의 자동차 업계에 커다란 파문을 일으키고 있는 기업입니다. 그런데 토스도 비슷한 패턴을 보이고 있습니다. 금융 안전을 최우선 가치로 여기던 기존 금융기업들, 그래서 엄격하고 보수적이던 산업에 돌직구를 던지고 있습니다.

토스만이 아닙니다. 열정과 도전으로 똘똘 뭉친 여러 핀테크 기업이 전통 금융 산업에 침투하고 있습니다. 물론 현재 이들의 제품이나 서비스는 아직 볼품없을지도 모릅니다. 그러나 그들이 추구하는 가치, 일하는 방식은 무시할 수 없습니다. 3년 후, 5년 후에는 이 산업의 판도가 어떻게 달라져 있을까요?

당연한 말이지만, 경영자는 외부 환경 변화를 끊임없이 살펴야 합니다. 특히 경쟁 환경을 주목해야 합니다. 부동의 경쟁사뿐만 아니라, 잠재적 경쟁사들이 어떻게 일하는지 그 문화를 살피고 우리가 가진 문화로 경쟁 우위를 확보할 수 있는지를 고민해봐야 합니다.

전략이 먼저일까, 문화가 먼저일까?

"조직문화와 전략은 어떤 관련이 있는 건가요?"라고 질문하는 경영자가 많습니다. 우선 전략의 정의부터 짚어보겠습니다. 다양한 학자들이 전략에 대해 정의했는데, 그중에서도 마이클 포터Michael Porter는 전략이란 경쟁자들과는 차별화된 경로를 선택하는 일이며, 독특하고 가치 있는 위치position를 정하는 일이라고 했습니다.[145]

그와 쌍벽을 이루는 헨리 민츠버그Henry Mintzberg는 전략의 일면만을 비추었다며 마이클 포터의 정의를 비판합니다. 그는 전략이 무엇을 의미하는지 보다 포괄적으로 접근해야 한다고 주장합니다. 그러면서 그는 영문자 'p'로 시작하는 5가지 정의를 제시했습니다.[146] 그에 따르면 전략은 곧 계획plan입니다. 앞으로 조직이 나가야 할 방향, 행동 단계를 의미합니다. 또한 전략은 패턴pattern이기도 합니다. 시간에 따라 조직이 어떤 경로로 움직였는지를 의미합니다. 일례로, 애플과 같은 회사가 고가의 혁신 제품만을 개발하고 판매하는 것을 들 수 있습니다. 전략은 마이클 포터가 말한 포지션position입니다. 특정 시장에 제품과 서비스를 위치시키는 일입니다. 전략은 전망perspective이기도 합니다. 경영자들이 꿈꾸는 원대한 비전을 말합니다. 마지막으로 전략은 책략ploy입니다. 경쟁자를 속이거나 그 아성을 위협하기 위한 특별한 묘책을 이릅니다.

저는 이들을 관통하는 본질을 '경영자의 공식적이고 의도적인 선택'이라고 표현하고 싶습니다. 전략 수립에 다양한 사람들이 참여하지만, 결국엔 경영자가 결정을 내립니다. 어떤 방향으로 갈 것인지, 어떤 계획과 묘책을 실행할 것인지 말이지요.

그렇다면 이제 조직문화와 전략의 관계를 살펴볼까요? 많은 경영 서적에서 피터 드러커가 이런 말을 했다고 언급합니다. "문화는 전략을 아침 식사로 먹는다!culture eats strategy for breakfast!" 흥미로운 은유가 가득합니다. 점심과 저녁 식사도 있는데 왜 하필 아침 식사라 했을까요? 그리고 왜 먹는 일에 비유했을까요? 이 유명한 경구가 의미하는 바는 이렇습니다. 경영자는 지극히 논리적이고 합리적인 절차를 거쳐 조직이 추구해야할 전략을 결정하고 주간 업무 동안 그 전략을 실행해 나가야 합니다. 그런데 경영자가 제대로 추진해 보려 하기도 전에 원래 의도했던 전략이 사라집니다. 기존에 굳건히 형성된 문화가 전략을 이상하게 변질시켜 버리거나, 앞으로 나가지 못하게 발목을 잡거나, 또는 아예 뭉개 버리기 때문입니다. 즉 해가 떠서 경영자가 사무실로 출근하고 그 전략을 펼치려 하기도 전에 사라져 버린다는 의미로 하는 표현입니다.

그런데 여담입니다만, 이는 드러커가 한 말이 아닙니다. 그가 집필한 저작에서도 이러한 문장은 나와 있지 않고 그 어디에서도 그가 말했다는 증거는 없습니다.[147] 출처가 불분명한 경구를 "드러커가 말했다"면서 그 권위에 기대어 주장을 펼치는 일은 유의해야 하겠습니다.

보다 공신력 있는 경구를 살펴보겠습니다. 조직문화 연구에서 한 획을 그은 에드거 샤인은 자신의 저서에서 비슷한 뉘앙스로 "문화가 전략을 제약한다culture constrains strategy", "문화가 전략을 결정하고 제한한다culture determines and limits strategy"라고 주장했습니다.[148] 그리고 이렇게 부연합니다. "우리는 문화에서 전략을 분리해 낼 수 있다고 생각하는 경향이 있지만, 대부분의 조직에서 전략은 조직의 정체성과 미션에 관한 암묵적 가정으로부터 영향을 받는다."

전략은 허공에서 나온 산물이 아닙니다. 그 조직에서 산전수전 공중전 다 겪어 본 사람들로부터 나오기 마련입니다. 여러 시행착오를 겪으면서 어떤 일이 실패했고, 어떤 일이 미진했으며, 어떤 일이 성공적이었는지에 대한 기억을 갖고 있습니다. 그리고 무엇이 중요한지, 무엇은 중요하지 않은지 확고한 가치 체계도 지니고 있습니다. 그 과정에서 자신도 모르게 암묵적인 신념을 갖게 됩니다.

예를 살펴보겠습니다. A사는 1960년부터 비스킷 생산을 시작으로 과자를 만들고 팔았습니다. 과자는 '한 개에 몇 백 원' 사업입니다. 소비자에게 100개를 팔아야 1~2만 원이 남습니다. 이런 기업들은 전형적인 '원 단위 사고'를 보입니다. 새로운 사업을 할 때도 몇 십 원, 몇 백 원, 몇 천 원 사업도 마다하지 않습니다. 사업 기회가 보인다 싶으면 골목 시장도 적극 뛰어듭니다. 이들에게는 '티끌 모아 태산'이 금과옥조입니다. 반면 B사는 1960년대 국가 기간 산업을 인수했습니다. 그 당시에도 매출이 몇 백억, 영업 이익이 최소 몇 억 단위였습니다. 그 후로도 최소 몇 백억의 이익을 남기는 사업에만 뛰어듭니다. 이들은 소위 '억 단위 사고'가 체화되어 있습니다. 몇 십 원, 몇 백 원을 남기는 일은 사업이 아니라고 간주합니다. 그래도 천억 원 정도 규모는 되어야 사업다운 사업이라 여기는 것이지요. A사와 B사의 경영진이 새로운 길을 모색하려 할 때, 어떤 전략을 만들어 낼까요? 자연히 그들이 오랫동안 형성해 온 신념, 가정을 기반으로 생각하려 할 겁니다.

우리는 흔히 전략이 지극히 이성적이고 논리적으로 탄생한 산물이라고 생각하곤 합니다. 과학적이고 객관적인 분석 기법들, 수많은 근거 자료와 데이터, 다양한 변수를 고려한 시나리오에 입각해서 전략이 나온다고 믿습니다. 하지만 조직문화 연구자인 에드거 샤인이 관찰한 바에 의하면 그렇지 않았습니다. 그는 이렇게 질문합니다. "전략은 완벽하게 공식적인 추론과 논리에 근거한 것인가? 아니면 조직의 설립자들과 리더들의 신념 및 성향의 부분적 산물인가?"[149] 그는 후자, 즉 조직문화의 결과로 전략이 나온다고 봤습니다.

전략이 전부는 아니다

경영전략 학자들은 어떻게 봤을까요? 저명한 경영전략 학자인 C. K. 프라할라드C. K. Prahald와 리차드 베티스Richard Bettis는 1986년에 사업 다각화와 기업 성과 간의 관계를 고찰하는 논문 한 편을 냅니다.[150] 10년이 지나 그 논문은 경영전략 학계에서 최고의 논문상을 받습니다.[151] 사업 다각화를 할수록 기업 성과가 좋을까요, 아니면 성과가 나빠질까요? 어떤 유형의 다각화가 기업 성과를 높이거나 해칠까요? 프라할라드와 베티스는 기존 연구 흐름과는 다른, 새로운 시각으로 고찰합니다. 그런데 이 논문은 사실 공개되기까지 상당한 우여곡절을 거쳤습니다.

처음에는 1981년 캐나다 몬트리올에서 열리는 학회에서 논문을 발표했습니다. 이들의 연구 동기는 크게 세 가지였습니다. 첫째는 기존의 연구들이 지나치게 경제적인 인간관으로만 현상을 설명하려 했다는 점입니다. 즉 경영자는 합리적이고 이성적인 판단을 하는 존재라고 가정했습니다. 그런데 관찰한 바에 따르면, 경영자들은 생각보다 그리 합리적이지 않았습니다. 그들이 내린 의사결정을 보면 특정한 틀에 갇혀 있는 듯 보였습니다. 두 번째는 굉장히 영리한 경영자들조차 사업을 다각화할 때 제대로 판단하지 못한 사례들이 많이 보인다는 겁니다. 이들은 궁금했습니다. 왜 그토록 똑똑한 사람들이 전략적으로 사고하지 못하고 오판을 했을까? 세 번째는 사업 다각화와 기업 성과 간의 관계를 살펴본 기존 연구들에서 한계를 느낀 것이었습니다. 그들은 이제 새로운 시각으로 접근할 필요가 있다고 판단했습니다. 그런데 이들이 몬트리올 학회에서 발표를 하고, 또 주변 연구자들에게 피드백을 구하자 반응은 극과 극으로 갈렸습니다. 어떤 이들은 상당히 긍정적으로 반응하면서 건설적인 피드백을 주었지만 어떤 이들은 매우 부정적이고 비판적이었습니다. 몇몇은 그 논문이 학술지에 출간될 가능성이 전혀 없다고, 더 이상 진전시키지 말고 포기하라고 권하기도 했습니다. 하지만 그들은 현재 경영전략 분야에서 세계 최고의 권위를 갖고 있는 〈전략경영저널Strategic Management Journal〉에 투고를 했고 이 논문은 수차례 수정과 보완을 거쳐서 마침내 빛을 볼 수 있었습니다. 한 편의 논문이 나오기까지 무려 6~7년이 걸렸던 것입니다.

이들 논문의 요지는 이렇습니다. 창업자가 회사를 차립니다. 회사에는 그 산업이 갖고 있는 특성과 그 산업에서 성공하기 위해서 창업자 및 구성원들이 수행해야 할 핵심적인 과업들이 있습니다. 수년간 그 일을 하다 보면, 창업자, 경영진, 구성원들 사이에 지배적인 세계관과 사고방식이 형성됩니다. 프라할라드와 베티스는 이를 '지배적인 논리dominant logic'라 불렀습니다. 지배적인 논리는 특정 산업에서 견고히 성장하는 데 기여하지만, 한편으로는 걸림돌이 되기도 합니다. 그 산업에 갑작스런 풍파가 닥칠 때, 경영진이 가지고 있는 지배적인 논리는 경직성을 유발합니다. 변화에 유연하게 대처하지 못하고 기존의 방식만을 답습하게 합니다. 그리고 다각화 전략을 구사할 때 결정적으로 발목을 잡습니다.

사례를 통해 살펴볼까요? 천주교에서 미사를 드릴 때 제대 위에 켜 놓는 '기도초'를 만들어 성당에 납품하는 C사가 있습니다. 이 회사는 몇 년간 그 사업을 영위해 왔습니다. 이들에게 형성된 지배적인 논리는 무엇일까요? 이 산업에서 중요한 일은 품질 유지와 대량 생산, 원가 절감, 그리고 납기 기한을 맞추는 일입니다. 경영진과 구성원은 오랫동안 그 가치를 중요시해 왔습니다. 그러던 어느 날, 경영자는 사업을 확대해야겠다는 마음을 먹고 양키 캔들Yankee Candle처럼 아기자기하고 로맨틱한 분위기를 낼 수 있는 양초 시장에 진입하기로 했습니다. 경영진은 어차피 같은 초를 만드는 일인 만큼, 기존에 하던 일과 비슷할 것이라고 예상했습니다. 그런데 실제로 뛰어들고 보니 그 시장은 완전히 달랐습니다. 양키 캔들로 대변되는 양초 산업에서 중요한 것은 브랜드, 디자인, 다품종 소량 생산, 그리고 향기였던 것입니다. 향을 내는 기술도 없고, 우아하게 디자인하는 역량도 없었을 뿐 더러, 기존에 형성된 경영진의 지배적인 논리가 계속 발목을 붙잡고 놓아 주질 않았습니다.

또 다른 D사는 소비재 중심으로 성장해 온 기업입니다. 지난 40여 년간 여러 굴곡을 겪긴 했지만, 그 위기를 잘 견뎌 내고 굴지의 회사로 성장했습니다. 그러다 '계란을 한 바구니에 담지 말고 여러 바구니에 담아야 한다'는 말처럼, 어느 한 산업에만 집중하는 일이 위험할 수도 있겠다는 생각이 들었습니다. 마침 시장에 몇 백 억 규모의 화학 회사가 매물로 나왔다는 소문을 듣고 그동안 축적한 자금을 끌어 모아서 그 회사를 인수하기로 합니다. 그런데 인수한 이후 피인수 기업에서 여러 불만이 나왔습니다. 그 업의 생리를 제대로 알지도 못하고 경영하려 한다는 이야기였습니다. 기존에 D사가 종사하던 소비재는 원가 절감과 단기 이익이 매우 중요했습니다. 반면, 새로이 인수한 화학 산업은 당장은 이익이 나지 않더라도, 장기적으로 접근하면서 연구 개발에 투자하는 일이 핵심이었습니다. D사의 경영진은 투자보다는 원가 절감, 단기 이익에만 집중하는 모습을 보였기 때문에 경영이 잘 이루어지지 않았던 것입니다.

문화가 뒷받침되어야 한다

유명한 전략 컨설턴트의 한 경험담을 살펴보겠습니다. 1982년 《초우량 기업의 조건》이란 책으로 이름을 알린 톰 피터스입니다. 그는 맥킨지 컨설팅에서 근무하며 스탠퍼드 대학교에서 조직행동 학문으로 박사 학위를 받습니다. 그가 학위를 마치고 맥킨지에 복귀하자마자, 고위 임원이 그를 부릅니다.[152] 그 임원은 평소 고객들로부터 지속적인 불만을 듣고 있었습니다. 주로 그들이 제안한 전략대로 실행하려 해 봐도 현실적으로 진행되지 않으니, 실행 가능한 전략을 제시해 달라는 요구였습니다. 그 임원은 톰 피터스에게 고객들의 불만을 해소하기 위해 어떻게 해야 할지 물었습니다. 피터스는 당시 맥킨지의 상황에 대해 이렇게 회고합니다. "맥킨지의 주된 상품은 '전략'으로 구성되어 있었고, 두 번째는 '구조'였습니다. 참신한 전략으로도 해결할 수 없는 프로젝트는 공식 조직도의 상자들을 이리저리 재배치하여 해결했습니다. 물론 제가 좀 과장해서 말하긴 했지만, 그렇다고 지나치게 말한 건 아닙니다."**153**

당시 톰 피터스는 '효과적인 조직의 특성이란 무엇인가?'라는 주제를 탐구하던 시절이었습니다. 그는 노벨상 수상자인 허브 사이먼Herb Simon과 미시간 대학교의 석학인 칼 와익Karl Weick의 사상에 영향을 받았습니다. 이 학자들의 공통점은 인간과 조직에 대해 기계적인 합리성을 가정하지 않았다는 것입니다. 그들은 인간이 충분히 비이성적이고 비합리적이며 감성적으로 의사 결정을 할 수 있는 존재이고, 조직 또한 그와 같을 수 있다고 지적해 왔습니다. 톰 피터스는 논리적이고 합리적인 과정을 거쳐 나온 전략이 제대로 실행되지 않는 원인에 대해 허브 사이먼과 칼 와익의 사상에서 실마리를 찾을 수 있다고 보았습니다. "단순히 차트와 상자를 기계적으로 조작하는 일 너머에 무언가가 더 있다"고 믿었던 겁니다.**154**

그는 2년간 미국과 유럽에 있는 유명한 학자들을 만나고 다니며 각 산업에 종사하는 전문가를 인터뷰했습니다. 그 결과, 전략strategy이 제대로 실행되려면 구조structure만 고려해서는 안 된다는 사실을 발견합니다. 그는 시스템system, 관리 스타일style, 구성원staff, 핵심 역량skill, 그리고 공유 가치shared values가 유기적으로 연계되어 있을 때 비로소 전략의 실행이 가능하다고 주장했습니다. 그러면서 맥킨지 컨설팅은 오로지 '전략'과 '구조'

만 건드렸기 때문에 실제로 실행에 돌입했을 때 다른 다섯 가지 기어(시스템 등)와 제대로 맞지 않아 삐걱거릴 수밖에 없었다는 점을 지적합니다. 그는 이를 종합해서 '맥킨지 7S 모델'이라 이름 붙여 세상에 발표했고, 학계나 산업계로부터 엄청난 주목을 받았습니다.

후에 톰 피터스는 〈월스트리트저널〉에 단독으로 기사를 냅니다. 그는 전략과 구조보다는 문화가 더욱 중요하며, 문화를 가장 높은 우선 순위로 고려해야 하고, 문화가 뒷받침되지 않으면 아무리 전략이 합리적이고 매력적이라 하더라도 제대로 실행되지 못한다는 주장을 펼쳤습니다. 더불어 이 기사 때문에 맥킨지에서 해고당할 뻔하기도 했지요. 맥킨지의 주된 상품은 전략과 구조인데, 정작 톰 피터스는 그게 중요한 게 아니라고 미디어에서 떠들어댄 셈이니 말입니다.

어쨌든 바로 이런 이유로 많은 학자가 "문화는 전략을 아침 식사로 먹는다", "문화가 전략을 제한한다", "문화가 전략을 결정한다"라고 말하고 있는 것입니다.

전략은 문화에 영향을 미치지 않는 걸까?

문화는 전략에 이처럼 많은 영향을 미치는데, 반대로 전략은 문화에 영향을 미치지 않는 걸까요? 전략이 문화에 영향을 미친다는 가설로 연구한 논문은 찾아보기 어렵습니다. 하지만 학문 연구가 없다 해서 그 현상이 존재하지 않는 것은 아닙니다.

전략이 문화에 미치는 현상을 실제 사례로 살펴보겠습니다. A 기업은 통신망을 공급하는 회사입니다. 거대한 자본을 들여 망을 설치하고, 그로부터 수년간 수익을 내는 사업 구조를 갖고 있습니다. 오랫동안 이 사업은 황금알을 낳는 거위와 같았습니다. 그런데 스마트폰이 보급되기 시작하면서 그 독점적인 위치가 흔들리기 시작했습니다. 기존의 문자 메시지 서비스를 대체하기 시작한 카카오톡, 라인의 등장이 신호탄이었습니다.[155] 또한 실리콘밸리의 혁신 기업 구글이 전 세계인들이 무료로 사용할 수 있는 인터넷망을 제공하겠다고 선포하기도 했습니다.[156] 더구나 통신비가 가계에 상당한 부담으로 작용한다는 발표가 나면서 정부와 정치인이 통신비 인하를 정치 공약으로 내세우기도 했습니다.[157] 점차 외부 환경적인 요소가 A사에 불리하게 흘러가고 있었습니다.

이 상황에서 2017년에 새로운 CEO가 부임합니다. 그는 상당히 냉철하고 명확한 인물입니다. 맞으면 맞고, 틀리면 틀리다고 직선적으로 말하는 성품의 소유자로 알려져 있습니다. 그는 부임한 지 2개월 만에 A사의 전략 축을 크게 바꿉니다. 미래 사업의 3대 축으로 미디어, IoT(Internet of Things, 사물 인터넷), 인공지능을 내세우면서, 특히 인공지능 기술을 위한 인력 확보와 개발에 박차를 가합니다. 기존의 통신망 사업은 황금알 낳는 거위로 놔두고 이로부터 얻은 수익을 인공지능에 쏟아붓기로 합니다.

이 회사의 전현직 임직원이 잡플래닛에 기술한 데이터를 살펴보면 흥미로운 패턴이 나타납니다. '사내 문화'를 평가한 지표만 살펴보겠습니다. 풍토와 문화로 구분하자면 전형적으로 풍토를 측정한 결과입니다. 즉, 구성원들이 집단적으로 지각하고 느끼는 수준입니다surface level culture. 이 지표를 연도별로 펼쳐 보면, 2017년의 수치가 움푹 꺼진 모습으로 나타납니다.

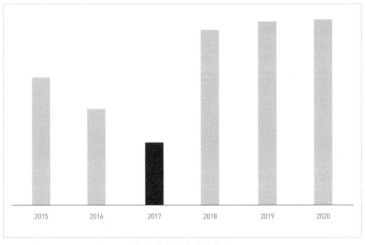

A사의 사내 문화 시계열 점수

그 당시 A사의 구성원들을 면담해 보면 이런 불만들을 토로하곤 했습니다. 기존의 통신망 사업에 종사하던 구성원들은 "우리가 지금까지 이 회사를 키워 왔는데, 갑자기 찬밥 신세가 된 기분이 듭니다. 우리는 이제 사양 산업이라는 뜻인가요? 언제라도 정리될 수 있는 대상이 된 건가요?" 하며 불안해했고, 또 인공지능 등 새로운 사업을 추진하는 조직의 구성원들은 "스타트업보다 더 일하기 힘든 측면이 있습니다. 자원도 생각보다 풍족하지 않고, 더구나 기존에 형성된 사고관과 일 처리 방식이 매번 걸림돌이 됩니다"라고 하소연했습니다.

해당 사례를 보면 새로운 전략을 구사하는 것이 사내 문화, 특히 풍토에 영향을 미쳤다는 사실을 알 수 있습니다. 따라서 전략이 문화에도 영향을 미친다고 볼 수 있겠지요. 그런데 문화 연구자들은 전략이 문화의 표층 수준에는 영향을 미칠 수 있으나, 심층 수준에는 미칠 수 없다고 봅니다. 심층 수준이란 그 조직의 암묵적이고 지배적인 신념입니다. 여기에는 그들 자신도 모르게 형성된, 세상을 보는 일관된 사고 방식도 포함됩니다. 혹자는 그 조직의 무의식이라고 표현을 하기도 합니다.[158] 그래서 문화가 종종 '심리적 감옥'을 만들어 내기도 하지요.[159] 이 관점에 따르면 경영진의 공식적이고 의도적인 선택조차도 문화의 심층 수준에서 나왔다고 볼 수 있습니다.

경영자로서 새로운 전략을 구상했을 때, 또는 새로운 산업에 진입하고자 할 때, 전략과 문화의 관계를 고려하면서 다음과 같은 질문을 고민해 봐야 합니다.

1. 경영진의 지배적인 논리는 무엇인가?
2. 우리가 일하는 지배적인 방식은 무엇인가?
3. 새롭게 구상한 전략은 과연 얼마나 새로운가? 기존의

문화와 얼마나 색다른가?

4. 새로운 전략의 실행에 돌입할 때, 기존 문화에서 강점으로 작용할 특성은 무엇인가?

5. 새로운 전략이 기존의 지배적 논리, 일하는 방식과 결이 다르다면 무엇을 어떻게 해야 하는가?

구조와 문화는 닭과 달걀의 문제

닛산 자동차를 변혁시킨 카를로스 곤 Carlos Ghosn 회장은 "올바른 조직 구조를 만들면 사람들이 협력하고 목표를 달성할 수 있다"고 말했습니다.[160] 카를로스 곤과 같은 구조주의자들은 구조만 갖추면 경영자의 전략이 잘 실행될 수 있다고 주장합니다.

《룬샷Loon Shots》이라는 베스트셀러를 펴낸 사피 바칼Safi Bahcall 역시 대표적인 구조주의자 중 한 명입니다. 그는 물리학자 부부 사이에서 태어나서 열세 살부터 프린스턴 대학교에서 물리학과 수학을 배웠고, 하버드 대학교에서 최우등 졸업을 했으며, 스탠퍼드 대학교에서 물리학 박사를 취득하고 바이오테크 회사를 설립했습니다. 그는 기업을 설립하고 경영하는 과정에서 체득한 암묵지를 물리학 박사 출신답게 물리 개념으로 설명합니다. 그는 물리학만이 삼라만상을 제대로 설명하며, 경영과 조직에 대해서도 근본적인 진리를 알려 준다고 주장합니다. 전형적인 구조주의자의 입장을 취하면서 "조직문화에 관한 논문이나 책은 늘 귀에 걸면 귀걸이, 코에 걸면 코걸이 같다", "문화보다 구조, 혁신보다 설계가 중요하다"고 단언하지요. 그럼 그 구조와 설계는 누가 만들어 내느냐 하면, 그는 룬loon, 즉 괴짜 천재들이 창조해 낸다고 주장합니다. 어쩌면 그 자신이 화려한 학력과 경력을 자랑하는 천재라서 그런지도 모르지요.

과연 그의 말처럼, 문화보다 구조가 중요할까요? 그에 반하는 의견도 만만치 않습니다. HP의 창업자 데이비드 패커드는 "나는 일단 조직이 완성되면 조직도 따위는 버리라고 말해 주고 싶다. 너무 융통성이 부족한 조직은 바람직하다고 할 수 없다. 조직이 변화하는 환경에 유연하게 대처하기 위해서는 조직도를 뛰어넘어야 한다"라고 지적했습니다.[161] 톰 피터스와 로버트 워터먼Robert Waterman은 베스트셀러 《초우량 기업의 조건》에서 "기존의 낡은 습관을 완전히 버리고 새로운 근육을 단련시키는 것은 어려운 일이다. 이 같은 일은 분명히 조직 구조라는 문제를 벗어나는 새로운 과제다"라면서 구조보다 문화의 중요성을 강조했습니다.[162]

각각의 중요성을 들여다보기에 앞서 먼저 구조가 무엇인지 제대로 정의해 보겠습니다. 보통 조직 구조라 하면 조직도 organizational chart를 떠올리기 쉽지만,[163] 사실상 그것만 의미하지는 않습니다. 구조는 조직 목표를 달성하기 위해서 기능, 권한, 책임을 배분한 결과이자 공식적인 정보 흐름과 보고 체계를 설계한 결과입니다.[164] 또 다른 학자는 구조가 조직을 통제하는 시스템이자 기능을 구분하고 미션을 부여한 체계라고 정의합니다.[165] 좀 더 풀어서 설명하면 우리 회사의 각 조직들(부서/팀)이 각자 무슨 일을 할 것인지, 누구와 누가 협업을 자주 해야 할 것인지, 정보를 누구와 어떻게 주고받을 것인지, 의사결정의 권한과 범위는 어떻게 가져갈 것인지를 공식적으로 규정한 결과입니다.

문화와 구조는 어떤 관계가 있을까요? 경영학에서 널리 알려진 경구로 이야기해 볼까 합니다. 하나는 앞서 말한 '문화는 전략을 아침으로 먹는다'입니다. 문화가 전략을 무력화시킨다는 의미지요. 문화가 발목에 족쇄를 채우듯이 전략 실행을 방해하기도 하고, 토양처럼 전략이라는 씨앗을 틔우기도 하며, 반대로 죽이기도 한다는 관점입니다. 그래서 에드거 샤인은 '문화가 전략을 제약한다', '문화가 전략을 결정하고 제한한다'라고 표현한 것입니다. 다른 하나는 '구조는 전략을 따른다structure follows strategy'입니다. 이들 명제를 조합해 보면, 구조는 전략을 따르는데 문화가 전략을 결정하고 제한하니 문화 ⇨ 전략 ⇨ 구조와 같은 위계적 관계가 있다고 말할 수 있겠습니다. 그러나 과연 이들의 관계가 이렇게 단순할까요?

구조는 전략을 따른다

"구조는 전략을 따른다"는 것은 미국 경영학자인 알프레드 챈들러Alfred Chandler가 그의 저서 《전략과 구조》에서 주장한 말입니다.[166] 그는 화학 회사 듀폰, 자동차 회사 GM 등을 연구했고 이를 바탕으로 조직은 4단계에 걸쳐 순차적으로 발전한다고 이야기합니다. 첫 번째 단계는 필요한 자원을 획득하고, 마케팅과 유통 채널을 구축하는 단계입니다. 두 번째는 효율성을 극대화하기 위한 기능 구조functional structure를 형성하는 단계입니다. 세 번째는 단일 시장의 한계를 극복하기 위한 다각화 전략과 성장 전략을 추구하는 단계입니다. 마지막으로 거대 복합 기업을 제대로 관리하기 위해 혁신적인 구조를 만들어 내고 실험하는 단계입니다. 그는 이러한 단계들을 고찰하면서 이렇게 결론을 내립니다. "회사가 제품이나 지역을 새롭게 확장하려 할 때는 관리적인 의사결정이 증가한다. 따라서 고위 임원들에게 업무량이 가중되어 그들의 관리 효율이 떨어지게 되어 있다. 이 문제를 해결하기 위해서 대부분의 기업이 다중 사업부제 구조 multi-divisional structure를 채택하려는 니즈를 갖게 된다." 다시 말해서 다각화를 추구하는 기업들은 이 전략이 제대로 구현되도록 하기 위해서 그에 적합한 구조를 선택하는 경향이 있다는 뜻입니다.

1960년대 그가 제시한 명제가 유명해지면서 일부 학자들은 정설처럼 받아들이곤 했습니다.[167] 예를 들어, 챈들러와 함께 경영 전략을 주창하고 널리 알리는 일에 앞장서는 학자였던 하버드경영대학원의 케네스 앤드루스Kenneth Andrews는 저서 《기업 전략의 본질》에서 "전략을 알기 전까지는 어떤 구조가 적합한지 전혀 특정할 수 없다"고 주장했습니다.[168] 앞서 언급한 톰 피터스도 "전략을 제대로 수립하고, 그리고 나서 구조를 바꿔라"라고 조언하기도 했지요.[169]

우리나라 재벌 기업 중에도 이와 같은 명제에 암묵적으로 입각해서 회사를 이끌어가고 있는 곳들이 있습니다. 이들은 매년 11월마다 차년도 전략을 검토합니다. 각 사 CEO가 전략을 구상하고, 이를 제대로 실행하고 성과를 낼 수 있는 조직 구조를 설계하고, 주요 직책에 어떤 임원을 배치할지 계획합니다. 그리고 나서 회장과 개별적으로 회의를 하면서 전략, 구조, 인사 순으로 논합니다. 구조는 전략을 따른다는 가정을 갖고 있는 프로세스인 것이지요.

전략은 구조를 따른다

챈들러에 반하는 다른 의견은 없었을까요? 역시 학문은 정반합의 세상입니다. 1970년대 그에 반하는 주장, 즉 '구조가 전략의 원인이 된다structure as a cause of strategy'[170] 또는 '전략이 구조를 따른다strategy follows structure'가 대두됩니다. 일례로, 하버드경영대학원의 리처드 루멜트Richard Rumelt는 이렇게 설명합니다.[171] 어느 기업이 사업부제를 시행하기 시작했다고 가정해 보겠습니다. 각 사업부를 책임지는 경영자들에게 자율권을 상당히 부여했습니다. 이와 같은 조직 구조를 '분권화된 다중사업부제decentralized multi-divisional structure'라 하고 흔히들 'M-form'이라 줄여서 부르기도 합니다. 루멜트는 이 구조가 사업부 경영자에게 상당한 시간적 자율성을 가져다 줄 수 있고, 그에 따라서 시장을 보다 객관적으로 조망할 수 있는 시야를 확보하게 한다고 봤습니다. 그렇게 되면 각 사업부는 또 다른 사업 기회를 발견할 계기가 많아지고 새로운 제품과 시장에 뛰어들 가능성도 더 커진다고 주장했습니다. 결론적으로 분권화된 다중사업부 구조structure가 다각화 전략strategy으로 이어질 수 있다는 말입니다.

우리나라 재벌 기업들에는 본부 조직이 있습니다. 삼성그룹에서는 시대에 따라 비서실, 구조 조정 본부, 미래 전략실이라고 불렀습니다. 롯데그룹에도 오래전부터 정책 본부가 있었고 최근에는 경영 혁신실로 바뀌었습니다. 이들 그룹 본부가 하는 역할 중에 하나는 계열사 간에 벌어질 수 있는 이해 충돌을 교통 정리하는 일입니다. 삼성그룹에서 건설 산업에 집중하는 회사는 '삼성물산 건설 부문'으로, 아파트 브랜드 '래미안'을 주력으로 내세우고 있습니다. 그런데 원래 조선업이 주력이던 '삼성중공업'이 '쉐르빌'이란 이름으로 건설업에 뛰어들었습니다. 다각화를 시도한 것이었습니다. 2011년에는 매출이 1조 원이 넘을 정도로 커졌습니다. 그런데 부동산 시장 침체가 본격화되자, 삼

성그룹 본부에서 교통 정리를 합니다.[172]

롯데그룹에서도 비슷한 일이 있습니다. '롯데캐슬'을 주요 브랜드로 내세우는 '롯데건설'이 있습니다. 그런데 롯데그룹의 다른 계열사, '롯데기공'도 한동안 아파트를 지어 공급해 왔습니다. 이 회사는 원래 공해방지시설을 전문적으로 설치하는 회사로 시작했다가 보일러가 주력 사업이 되었습니다. 그리고 2000년대부터 롯데인벤스 등의 브랜드로 주택 사업에도 뛰어들었지요. 사업 다각화를 시도했고, 매출액이 5천억 원에 이를 정도로 규모를 키웠습니다. 하지만 역시 부동산 시장 침체로 롯데그룹 본부에서 교통 정리를 합니다.[173] 이들 사례는 루멜트가 지적한 '전략이 구조를 따른다'는 현상을 보여 주는 전형입니다.

전략과 구조는 오른발과 왼발이다

한동안은 두 명제가 대립해 왔습니다. 그러다 경영전략의 대가인 헨리 민츠버그가 정반합의 마지막 단계를 이렇게 정리합니다. 전략과 구조는 상호 영향을 주는 관계라고 말입니다. 그는 이렇게 주장했습니다.[174] "전략이 구조보다 우위에 있다는 주장은 전략이 조직 구조에 깊이 박힌 기존 역량보다 우위에 있다는 주장과 다르지 않다. 구조가 다소 신축성을 지닐 수 있지만, 리더가 새로운 전략을 생각해 냈다고 해서 마음대로 바꿀 수 있는 것은 아니다." 그리고 이렇게 덧붙입니다. "또한 구조는 전략을 따라야 한다. 오른발을 내딛으면 왼발이 따라오듯 말이다".[175]

"전략 개발과 구조 설계는 함께 조직을 떠받친다. 조직이 새로운 포지션으로 껑충 뛸 때처럼 두 발을 동시에 움직여야 할 경우를 제외하면 언제나 하나가 다른 하나에 앞서거나 그 뒤를 따른다."[176]

데이터로 실증한 연구는 어떤 결과를 보였을까요? 켄터키대학교 테리 앰버게이Terry Amburgey와 티나 데이신Tina Dacin은 포춘 500 기업 중에서 262개 회사를 대상으로 연구를 진행했습니다.[177] 이들은 1949년부터 1977년에 걸친 시계열 데이터를 입수하여 분석하고 이렇게 결론을 내립니다. "연구 결과는 전략과 구조 간에 서로 영향력이 미치는 것으로 나타났다. 그런데 전략이 구조보다 좀 더 우위에 있는 것으로 보인다." 그리고 논문 말미에 민츠버그의 오른발-왼발 비유를 언급하면서 이렇게 표현합니다. "민츠버그의 말을 재기술하자면, 전략과 구조는 왼발과 오른발처럼 서로를 뒤따르긴 하지만 동일한 보폭은 아니다."

스페인에서도 호세 갈란Jose Galan과 마리아 산체스부에노Maria Sanchez-Bueno가 동일한 연구를 합니다.[178] 이들도 두 가지 대립 명제, 즉 '구조는 전략을 따른다'와 '전략이 구조를 따른다'를 가설로 세웁니다. 그리고 자국 기업 100개를 대상으로 1993년부터 2003년까지 데이터를 입수해서 분석합니다. 그 결과, 두 명제 모두가 통계적으로 유의한 결과를 보였습니다. 즉 구조가 전략을 따르고, 전략이 구조를 따르는 현상이 모두 존재한다는 의미입니다. 그런데 이들도 위에서 언급한 결과와 동일한 패턴을 발견했습니다. 구조가 전략을 따른다는 챈들러의 명제가 더욱 두드러지게 나타난다는 점을 말입니다.

지금까지 전략과 구조 간의 서사를 살펴봤습니다. 챈들러가 말한 유명한 명제, '구조는 전략을 따른다'라는 현상이 두드러지지만, 한편으로는 그 역의 관계도 존재한다는 점을 알 수 있습니다. 전략과 구조는 조직을 함께 떠받친다는 민츠버그의 말 역시 옳았지요. 또한 이전 장에서 톰 피터스가 신랄하게 밝힌 바처럼, 맥킨지 컨설팅의 주력 상품이 전략과 더불어 구조였다는 점도 납득이 갑니다. 전략과 구조는 자동차의 두 앞바퀴 같은 관계입니다. 다만, 전략이란 바퀴가 좀 더 크겠지요.

전략과 구조를 떠받치는 조직문화

그렇다면, 문화와는 어떤 관계가 있을까요? 2000년에 리들리 스콧 감독이 발표한 명작 〈글래디에이터〉를 보면 중반쯤에 전투 명장면이 나옵니다. 영화 주인공인 막시무스는 억울한 누명을 쓰고 노예로 전락합니다. 로마 제국의 어느 지방에서 검투사 단체를 운영하는 사람에게 팔려가지요. 막시무스는 검투사 싸움에서 연달아 승리하면서 군중들의 주목을 받습니다. 그리고 노예 신분으로 함께 훈련을 하던 동료 검투사들에게도 인정을 받고 신뢰를 얻습니다. 마침, 아버지를 죽이고 황제에 올라선 콤모두스는 로마 시민의 동요를 잠재우려 합니다. 그래서 화려하고 거대한 검투사 시합을 개최하여 제국 전역에 난다 긴다 하는 검투사들을 초대하지요. 드디어 주인공은 동료 검투사들과 함께 콜로세움 무대로 나갑니다. 이들이 상대해야 할 적은 아직 등장하지 않았습니다. 이때, 막시무스는 동료들에게 힘있는 어조로 이렇게 말합니다. "저 문에서 어떤 상대가 나오든, 뭉치기만 하면 살 수 있다". 생존하기 위한 '전략'을 표명한 셈이지요.

첫 상대는 누구였을까요? 모두가 전차로 무장한 야만족이었습니다. 이들은 말과 전차뿐만 아니라 화살과 창, 그리고 칼을 갖추고 있습니다. 반면, 막시무스와 동료들은 보병이라서 방패와 창만 들고 있을 뿐입니다. 전차 부대는 등장하자마자 검투장을 빙빙 돌면서 화살을 쏘아 댑니다. 압도적인 전력 차이에 막시무스 동료들은 당황합니다. 그러자 막시무스가 "뭉쳐! 흩어지면 안 돼!"라고 외칩니다. 그리고는 모두를 2열로 정렬하고, 방패를 모두 세우고 나란히 연결시키도록 명합니다. 덕분에 날아오는 화살과 창을 잘 막아 낼 수 있었습니다. 소위 '구조'를 만들어 낸 셈입니다.

공격이 통하질 않자 전차 부대는 바퀴에 달려서 회전하는 창으로 공격을 시도합니다. 서로 뭉쳐서 방패를 땅바닥에 곧추세우고 요새를 만든 막시무스 무리를 향해 전차가 돌진합니다. 기회를 엿보던 막시무스가 갑자기 소리칩니다. "다이아몬드 대열을 만들어라!" 전차 한 대가 지나가기 직전에 동료 검투사 몇 명이 다이아몬드 대형으로 바꿉니다. 그러자 전차의 왼쪽 바퀴가 여러 방패에 걸리면서 뒤집어집니다. 적군이 당황하기 시작하면서 전세가 바뀌기 시작합니다. 싸움이 마무리될 즈음 막시무스는 "일렬 횡대로 정렬하라!"라고 지시하고, 적군을 가운데 몰아넣은 다음 창을 던져서 죽입니다. 목적에 따라 구조를 유연하게 바꾼 거지요.

그런데 만일 주인공 막시무스에 대한 신뢰가 없다면 어떻게 되었을까요? 그의 전략이 전혀 먹히지 않았을 겁니다. "뭉치기만 하면 살 수 있다"는 막시무스의 말이 공허한 외침이 되었을 겁니다. 또 동료 검투사들 간에 믿음이 없었다면 어떻게 되었을까요? 공동 운명체로서 함께 생존해 나가야 한다는 자각이 없으면 이들은 이합집산, 오합지졸에 불과합니다. 각자 뿔뿔이 흩어져서 제 살 길을 찾는 데 급급했을 것입니다. 동료 검투사들이 서로 합을 어떻게 맞출지 몰랐다면 어떻게 되었을까요? 아무리 구조를 바꾸려 해도 제대로 움직여지지 않았겠지요. 2열로 정렬했다가, 다이아몬드 대열로 만들었다가, 다시 일렬 횡대로 정렬하는 일이 쉽지 않았을 겁니다.

전략, 구조, 문화의 관계는 이처럼 긴밀하게 연결되어 있습니다. 문화는 한 조직의 집단적 정신 프로그램이라고 정의할 수 있습니다.[179] 이 정신 프로그램은 무엇을 해야 되고 무엇을 하지 말아야 하는가, 무엇이 중요하고 무엇이 중요하지 않은가, 무엇은 해야 하고 무엇은 할 필요 없는가 등에 대한 답을 갖고 있습니다. 그리고 전략과 구조는 그 조직의 정신이 만들어 낸 산물입니다.[180]

2000년대에 들어서 우리는 글로벌 선진사의 전략과 구조를 그대로 복사해 이식하려 했다가 실패했던 사례들을 익히 알고 있습니다. 그 조직의 정신 프로그램, 즉 조직문화가 뒷받침되지 않으면 아무리 설득력 있는 전략도, 효과적인 구조도 제대로 실행되지 않습니다. 이전 장에서 톰 피터스가 맥킨지 컨설팅에서 근무하던 시절에 목도했던 일처럼 말입니다. 당시 맥킨지는 고객들에게 합리적이고 타당한 전략과 구조를 제안했지만, 고객들은 자기네 조직에서 전혀 실행되지 않는다고 불만만 토로했습니다. 오랜 연구 끝에 톰 피터스는 그 주된 원인이 문화적 토양에 있다고 지적했습니다.

문화는 전략과 구조 변화에 영향을 받기도 한다

그런데 역으로, 전략과 구조가 문화에 영향을 미치지는 않을까요? 그 인과관계를 연구한 논문은 거의 찾아보기 어렵습니다. 다만 그들 간에 인과를 따지지 않고 전략·구조·문화를 병렬적으로 가정하여 기업 성과와 어떤 관련이 있는지를 살피는 논문들은 많습니다.[181] '문화가 전략에 영향을 미친다',[182] '문화가 구조에 영향을 미친다'[183]는 연구 논문들도 있습니다.

왜 전략과 구조가 문화에 어떤 영향을 미치는지에 대한 연구는 없을까요? 그중 한 가지 이유는 시간의 선후 문제입니다. 인과를 따지려면 무엇보다도 시간 순서를 살펴야 하지요. 원인으로 여겨지는 대상이 시간적으로 선행되어야 하고, 결과는 그 후에 발생해야 합니다. 대표적인 예가 닭이 먼저냐 달걀이 먼저냐 하는 논쟁입니다. 문화는 사람 3명만 모여도 시작되는 현상으로, 조직의 탄생과 동시에 나타나는 현상입니다.[184] 그리고 공식적인 전략과 구조는 서서히 나타나기 시작합니다. 따라서 전략과 구조가 문화에 영향을 끼친다고 가정한 뒤 연구를 하면, 시간 선후를 설명하기 어렵습니다.

또 다른 이유로 연구자들의 생산성 문제가 있습니다. 만일 어느 조직이 특정 시점에서 전략과 구조를 크게 바꾸었다고 가정하겠습니다. 한 연구자가 그런 변화가 문화에 어떤 영향을 미치는지를 탐구하겠다고 나섰습니다. 그런데 문화는 바뀌기까지 상당한 시간이 소요됩니다. 적어도 2~3년은 기다려야 할지도 모릅니다. 연구 하나를 수행하는 데는 수년이 걸리지요. 그보다 더 어려운 점은 통계적 확신을 위한 샘플을 모으는 일입니다. 비슷한 현상이 벌어진 100개 이상의 기업으로부터 협조를 구하고 데이터를 모아야 합니다. 정말 만만치 않은 일입니다.

전략과 구조가 문화에 미치는 영향을 다룬 연구는 따로 없지만, 현실에서 이같은 현상이 없다고 말할 수는 없습니다. 실제 사례를 하나 살펴보겠습니다. A사는 연구 개발과 제조를 핵심으로 하는 산업에 종사하고 있습니다. 지난 40년간 이 산업은 안정적인 추세를 이어왔고, 판도를 바꿀 변화는 거의 없다시피 했습니다. 그런데 2010년 초부터 외부 환경에 변화의 조짐이 불기 시작하더니, 최첨단 기술로 무장한 경쟁자들이 등장하기 시작했습니다. 위협을 느낀 A사는 2017년에 주요 전략 축을 인공지능 기술에 두고 변화를 추진하기 시작했고, 조직을 두 개로 나누려 했습니다. 하나는 기존의 전통적인 기술과 제조가 주를 이루는 사업부입니다. 이 사업부는 여전히 캐시카우cash cow, 즉 지금까지도 수익을 왕성하게 창출하는 역할을 하고 있지만 언제 사양 산업이 될지 전망이 불투명한 조직입니다. 다른 하나는 첨단 기술을 연구하고 개발하며 제조하는 사업부입니다. 캐시카우 사업부에서 얻은 이윤을 통해 공격적인 인력 채용과 기술 개발에 집중하는 부서입니다. 초기에는 사업부를 구분하고 점진적으로 별개의 회사로 독립시키려 했으나, 어느 날 모든 계획을 백지화했습니다. 지배 구조와 노사 관계를 포함하여 역사적으로 층층이 쌓인 이슈들 때문이었습니다.

이 회사의 잡플래닛 평판 데이터는 2014년부터 수백여 건이 축적되어 있습니다. 이들 데이터를 시계열적으로 살펴보면(오른쪽 페이지), 2017년의 각종 지표가 움푹 파인 모습을 보입니다.

이전 장에서 다룬 바와 같이, 외부에서 강한 충격이 조직에 가해졌거나 조직 내부에서 이슈가 발생했을 때 나타나는 패턴입니다. A사는 그중에서도 후자의 유형입니다. 전략과 구조를 변화시키려다 그 과정에서 구성원들이 부정적 감정을 느끼고는 여러 지표에 낮은 점수를 준 것입니다. 이 사례에서 볼 수 있듯이 전략과 구조의 변화도 분명 문화에 영향을 미칩니다.

그런데 위에서 살펴본 문화는 표층 수준surface level, 즉 조직

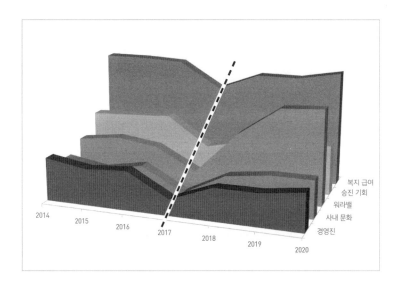

풍토입니다. 그 심층 수준의 암묵적인 신념까지는 바꾸지 못하는 경우가 많습니다.

저는 문화연구자이긴 하나 문화가 전략과 구조보다 우월하다고 보지는 않습니다. 제가 이번 장에 긴 서사들을 함께 엮은 이유는 단 하나입니다. 일원론 사상, 즉 하나의 원리나 요소로 전체를 설명하려는 사고방식은 지양해야 한다는 점을 지적하고 싶었기 때문입니다. 전략만 제대로 수립한다고 해서, 또 구조만 잘 갖춘다고 해서 조직이 잘 움직이는 것은 아니며, 문화 역시 모든 걸 결정하지는 못합니다. 단적으로 말해서 전략과 구조는 이성주의자, 합리주의자의 관점입니다. 경영진이 구상한 바대로 조직이 바뀔 수 있고 전진할 수 있다는 관점을 취합니다. 반면 문화는 감성의 영역입니다. 어떤 학자들은 무의식의 세계라고도 주장합니다. 조직에는 임직원이 역사적으로 느껴왔던 감정이 마치 지층처럼 켜켜이 쌓여 있습니다. 또한 그들 스스로도 자각하지 못하는 무의식이 스며들어 있습니다.

조직은 어느 하나로만 움직일 만큼 단선적이지 않습니다. 조직의 이성과 감성을 동시에 챙겨야 합니다.

---

1. 조직을 변화시키려 할 때 그동안 우리 회사에서 지배적으로 나타났던 암묵적인 신념은 무엇이었습니까? 다음 문장에서 골라 보시기 바랍니다.

[전략 ⇨ 구조] 구조는 전략을 따른다.

[전략 ⇦ 구조] 전략은 구조를 따른다.

[전략 ⇨ 문화] 전략이 문화를 바꾼다.

[전략 ⇦ 문화] 문화가 전략을 아침 식사로 먹는다.

[구조 ⇨ 문화] 구조는 문화를 지배한다.

[구조 ⇦ 문화] 문화는 구조를 지배한다.

[전략·구조·문화] 전략, 구조, 문화가 복합적으로 상호작용한다.

2. 회사에서 지금까지 시도한 변화 중에서 실패한 사례가 있습니까? 위의 신념 중에서 어떤 가정으로 접근한 시도였습니까? 간과하거나 놓친 요소는 무엇입니까?

메시지는 정확하고 일관성 있게

제도는 회사에서 구성원들에게 지키도록 명시적으로 만든 틀을 의미하며, 원칙과 규정에 더해서 때로는 절차까지도 포함합니다. 조직을 변화시키고자 할 때 제도를 간과해서는 안 됩니다. 특히나 오래전부터 이어오던 제도들은 현재 구성원들의 성향이나 문화를 제대로 반영하고 있지 못한 경우가 많습니다. 이전 세대는 납득하기 어려워도 회사에서 그렇다고 하면 따라야 한다는 생각으로 참고 다녔지만, 요즘 세대는 비합리적이거나 비효율적인 제도를 잠자코 따르기보다 인정하고 공감할 수 있는 방향으로 개선되기를 기대합니다. 회사에서 제시하는 직무, 연봉, 복지 제도 등이 납득할 수 있는 근거를 가지며 또한 정당하게 지켜지기를 바라는 것이지요. 그래서 제도는 회사의 공정성과 가치를 이해하는 구체적인 지표가 되기도 합니다. 경영진의 생각이나 가치관은 이러한 밀레니얼의 변화에 공감하고자 하면서도, 아직 제도적으로는 이전의 수직적이고 지시적인 문화에 머물러 있는 경우가 많습니다.

예시를 살펴보겠습니다. A 기업은 1960년대에 설립된 제조업입니다. 내수시장은 포화 상태에 이르렀기에 이들은 새로운 돌파구를 찾고자 했습니다. 그래서 구성원들로부터 자유롭고 창의적인 아이디어를 이끌어 내기 위해 우선 수평적 문화를 가치로 내세우기 시작했습니다. 나이와 직급과 부서 간의 벽을 넘어서 자유롭게 소통하는 분위기를 만들고자 했던 것이지요.

어느 날 이들 회사에서 조직문화를 주제로 특강을 하던 중, 제가 문화를 어떻게 탐구하는지를 여담으로 이야기했습니다. 저는 어느 회사를 가든 도착하면 주차장부터 관찰을 시작합니다. 어떤 곳은 본사 건물 바로 옆에 장애인 주차장, 그리고 고객 주차장이 있고, 그 다음으로 임직원 주차장이 있습니다. 임직원 주차장의 규칙은 딱 하나입니다. 먼저 온 사람이 자기가 원하는 장소에 주차를 하는 것이지요. 또 다른 회사에서는 본사 건물 바로 옆에 대표이사 주차장, 그 옆에 부사장, 전무, 상무 주차장이 있습니다. 그 다음으로 임직원 주차장이 있는데, 규칙이 있습니다. 연차와 직급을 고려해서 주차 자리가 정해져 있는 것입니다. 일부 회사는 임원 자리에 주차를 하면 바로 문자를 발송하기도 합니다. "임원 전용 8번석에 주차하신 차주는 지금 즉시 다른 곳에 차를 대시기 바랍니다"라고 말입니다. A와 B사의 문화적 표상이 서로 다릅니다. 이와 같은 제도는 구성원에게 어떤 메시지를 줄까요?

A기업의 경영지원본부장이 제 이야기를 듣고는 속으로 '아뿔싸' 했던 모양입니다. 입으로는 수평적 문화를 부르짖고 있는데, 실제 운영되는 제도는 그렇지 않았던 겁니다. 이 회사에는 임원이 12명이 있는데 이들 모두 주차 공간이 배정되어 있었습니다. 구성원들과 구분을 해 놓고 그들에게만 특권을 제공했던 상황

이었습니다. 오랜 세월 그리해 왔던 터라, 구성원들에게는 '성역'과도 같은 공간이었습니다. 본부장은 이를 바꾸기로 결심하고 바로 다음주에 행동으로 옮깁니다. 우선 그는 한 주 동안 임원들이 지정석에 얼마나 주차를 해 놓고 있는지 시간을 측정합니다. 실제 데이터를 보니 임원들이 실제로 사용하는 시간은 별로 많지 않았습니다. 그는 그 결과를 들고 임원들을 한 명씩 만나서 설득합니다. 우리 회사가 수평적 문화를 정착시키려고 노력하고 있는데, 구성원들에게 피부에 와 닿는 실질적인 제도는 여전히 수직적이고 권위적이라고 말입니다. 실사용 시간도 적으니 임원들부터 그 특권을 내려놓자고 설득한 끝에 모든 임원으로부터 동의를 받고 제도를 바꾸었습니다. 그리고 "임원 지정석을 폐지하고, 직급에 관계없이 먼저 도착한 사람이 원하는 장소에 주차하면 됩니다"라고 공표합니다.

구성원 반응은 어땠을까요? 놀라워했습니다. 그들은 다가갈 수 없는 오래된 성역마저도 회사가 철폐하는 걸 보면서 "우리 회사가 진짜로 변화하려고 노력하는구나"라는 인식을 갖게 되었습니다.

인사 제도도 살펴야 합니다. 이는 관리자와 구성원의 행동을 가이드하는 명시적인 틀입니다. 즉 '우리 회사에 입사하면 이렇게 일합니다(업무 규칙), 우리 회사는 이런 사람을 원합니다(채용), 우리 회사는 이런 특성을 가진 사람을 육성합니다(육성), 우리 회사는 이렇게 일하는 사람을 승진시킵니다(승진), 우리 회사는 이런 결과를 가져온 사람을 고성과자라고 평가합니다(평가), 업적이 우수한 사람들에게는 이렇게 보상합니다(보상), 이런 행동을 하면 제재를 가합니다(징계)' 등 조직이 기대하는 바람직한 태도와 행동을 구성원들에게 명시적으로 전달하는 역할이라고 볼 수 있습니다.

조직이 지향해야 하는 가치와 신념을 강화시키려면 인사 제도를 들여다봐야 합니다. 특히 허울뿐인 제도, 실효성 없는 깡통이 되지 않도록 세심하게 설계하고 실행할 수 있어야 합니다. 아마존의 14개 리더십 원칙과 관련된 사례를 보겠습니다.

아마존에서 2004년부터 근무한 한국인 엔지니어가 입사 초기에 겪은 흥미로운 일화를 들려주었습니다. 그가 입사하자마자 배치를 받은 곳은 아마존의 다양한 서비스를 테스트하는 팀이었습니다. 입사한 지 2주 만에 테스팅팀 팀장이 그에게 아마존 브라우즈 서비스가 제대로 작동되는지 검증하는 업무를 맡겼습니다. 브라우즈 서비스는 고객이 원하는 상품을 신속하게 찾아내도록 돕는 기능인데, 현재 사용하는 기존 기능과 새롭게 추가되는 기능이 제대로 작동하는지 검사하라는 것이었습니다.

테스트가 거의 막바지에 다다를 무렵, 개발팀 팀장이 새로운 브라우즈 기능을 추가하기 위해 테스팅팀과 회의를 요청했습니다. 개발팀은 새로운 기능을 빨리 론칭해야 하는 입장이었기에, 지금 상태에서 새 기능 론칭이 가능한지 물었습니다. 하지만 테스트가 충분히 완료되지 않았기에 그는 "아직 준비가 끝나지 않았습니다"라고 대답했지요. 그러자 갑자기 회의 분위기가 싸해졌습니다. 날카로운 눈매에 머리가 벗겨진 카리스마 넘치는 개발팀 팀장의 얼굴이 살짝 구겨졌습니다. 그는 새 기능 론칭을 일주일 후로 연기하겠다고 결정했고, 그렇게 회의가 끝났습니다.

입사한 지 한 달도 안 된 신입사원의 말 한마디에 개발팀 프로젝트가 연기된 상황이었습니다. 혹시 눈치 없이 실수한 게 아닌가 불안해하고 있는데, 그날 오후에 개발팀 팀장이 찾아와서 잠시 보자고 했다는 겁니다. 카페테리아로 같이 걸어가면서 아무래도 신입 주제에 프로젝트를 연기시켰다고 질책할 것 같아 불안한 마음이 들었습니다. 그런데 개발팀 팀장은 자판기에서 아이스크림을 하나 사주면서 예상 밖의 격려를 해 주었다고 합니다. "아마존이 강조하는 리더십 원칙 14개 중에 13번째는 '강골 기질을 가져라. 소신을 갖고 반대하되, 설득되었으면 헌신해서 몰입해라'예요. 오늘 당신이 회의에서 보여 준 행동은 13번째 원칙에 매우 부합하죠. 앞으로도 오늘처럼 흔들리지 않고 항상 사실을 말해 주세요."

개발팀을 이끌고 있다고는 하지만 말단 관리자일 뿐인 팀장이 아마존 리더십 원칙 14개를 정확히 숙지하고, 거기다 그 원칙을 바탕으로 다른 팀 구성원을 칭찬하고 격려한 것입니다. 어떻게 이럴 수 있을까요? 아마존 리더십 원칙이 액자 속에만 담겨 있는 것이 아니라, 인사 제도에 구체적으로 녹아들어 현실에서 살아 숨쉬고 있었습니다.

채용 제도를 살펴보면 좀 더 이해가 쉬울 것입니다. 아마존의 채용은 엄격한 절차로 유명합니다. 지원자와 면접관 간에 일대일 면접을 하루에 다섯 번이나 치릅니다. 팀장, 고연차 팀원, 밀접하게 같이 일할 팀원들이 한 명씩 돌아가면서 면접을 봅니다. 이때 주요하게 평가하는 요소는 무엇일까요? 한 번의 면접마다 아마존 리더십 원칙 2~3가지를 평가합니다. 예를 들어 첫 번째 면접에서는 리더십 원칙 첫 번째인 '고객에 집착하라customer obsession', '주인 의식을 가져라ownership', '발명하고 단순하게 만들어라invent and simplify'를 평가할 수 있는 질문을 합니다.[185] 이런 과정을 통해 지원자 각각이 14개의 원칙에 대해 어느 정도 자질을 갖추고 있는지 평가하는 것입니다. 그리고 마지막에는 채용 담당자 한 명과 면접관 다섯 명이 함께 모이는데, '바 레이저bar-raiser'라는 사람이 추가적으로 참가합니다. '기준을 높이는 사람'이란 뜻을 가진 바 레이저는 어제보다 더 나은 인재를 뽑는 데 집중하는 사람들입니다. 원래 본인이 맡은 전문적인 업무가 따로 있고, 그 시간 외에 자원해서 바 레이저 역할을 합니다. 최소 100회 이상의 인터뷰를 경험한 사람 중에서 엄격한 교육을 받고 검증된 사람들입니다. 만일 바 레이저가 채용 거부권veto을 행사하면 아무리 현업 팀에서 뽑고 싶다고 하더라도 채용할 수 없습니다. 이렇게 총 7명이 한 자리에 모여서 그날 면접을 본 지원자를 두고 자질을 평가합니다. 아마존 리더십 원칙들 중

어떤 측면에서 두드러진 특성을 보이는지, 어떤 측면이 부족한지 다각도로 평가한 다음 채용 가부를 결정합니다.

이러한 제도를 만들어 놓았기 때문에, 아마존에 입사하려는 사람들이라면 리더십 원칙 14가지를 제대로 숙지할 수밖에 없습니다. 또한 면접에 참여한 내부 구성원들은 어떨까요? 이들도 지원자를 평가하려면 리더십 원칙이 무엇인지, 그게 행동으로 어떻게 구현될 수 있는지 정확히 알고 있어야 합니다. 이들의 원칙이 액자 속에만 존재하는 허상이 아니라, 실제 업무 장면에서 살아 숨쉬는 언어로 활동하는 것이지요.

어느 회사는 오래전 '사원-대리-과장-차장-부장'에 이르는 다섯 단계를 '매니저-책임 매니저'라는 두 단계로 축소했습니다. 또 최근 일 년 사이에는 창의적인 아이디어를 자유롭게 말할 수 있는 환경이 중요하다면서 수평적 조직문화를 지속해서 강조해 왔습니다. 그래서 기존의 수직적이고 '답정너'에 가까운 회의 문화부터 바꾸려 했습니다. 형형색색의 포스터를 벽에 붙이고, 아이디어 제안 대회도 열고, 리버스 멘토링(낮은 연차 구성원이 고연차 구성원에게 새로운 기술을 가르치는 멘토링)도 실시했습니다. 그런데 내부 서베이를 해보니 여전히 위계적이고 수직적인 문화가 강하다는 의견이 지배적이었습니다. 한편, 구성원들이 성장감을 느끼지 못하고 있다는 의견도 그만큼 많이 나왔습니다.

그 결과를 보고 CEO는 "기존의 직급이 축소되어 있어서 구성원들이 성장감을 못 느끼는 것이 아니냐, 기존 두 단계의 직급을 늘려서 세 단계로 가자, 매니저, 선임 매니저, 책임 매니저로 세분하자"라고 결정했습니다. 직급을 축소한다고 수평적 문화가 정착되지는 않지만, 수평적 문화를 강조하고자 한다면서 반대로 계층을 나누는 것은 구성원들에게 상충하는 메시지를 전달할 수 있습니다. 역시나 이 소식을 들은 구성원들은 시큰둥한 반응을 보였습니다. "수평적 문화가 중요하다면서 매니저와 선임 매니저, 그리고 책임 매니저로 나눈다고?" 제도는 구성원들에게 전하고자 하는 메시지를 제대로 담고 있어야 합니다. 그래야 구성원들도 제도가 의미하는 방향을 진정으로 이해할 수 있습니다.

조직이 추구하고 공유하는 핵심 가치를 정하라

과거 선경그룹, 지금의 SK그룹은 우리나라에서 핵심 가치를 명문화해 책으로 엮은 최초의 기업입니다. 그 탄생 배경은 이렇습니다. 1950년대 최씨 집안의 장남 최종건이 선경을 세웁니다. 그리고 그 당시 서울대학교 화학과를 다니던 남동생 최종현이 좀 더 큰 세상을 보고 오도록 지원합니다. 미국으로 유학을 보내 위스콘신매디슨 대학교에서 학사를 마무리하게 하지요. 그렇게 기술의 세계는 어느 정도 배웠으니, 기업 경영도 배워두는 게 좋겠다고 조언을 한 모양입니다. 최종현은 시카고대학교에서 경제학 석사까지 수료하고 한국에 돌아옵니다. 그렇게 형이 만든 회사 선경에 입사하고 보니, 관리자들이 주먹구구식으로 회사를 경영하고 있었습니다. 형인 최종건이 질환으로 사망하자 그 뒤를 이어서 최종현이 회장으로 취임합니다. 그는 설비 경쟁의 시대가 지나고, 1970년대부터는 '경영 전쟁 시대'라고 봤습니다. 서양 교과서를 그대로 가져오기보다는 우리 한국 토양과 실정에 맞는, 선경만의 독특한 경영법을 정립해야 한다고 믿었습니다. 그래서 1975년에 회사 내 주요 리더들과 학계 인물들을 모아서 태스크포스를 만들고 4년여 동안 연구합니다. 그 후 1979년에 경영 철학과 핵심 가치를 담은 SKMS Sun Kyoung Management System를 만들어 반포합니다.

1979년에 이를 정립한 이래로 최종현 회장은 수차례 직접 개정 작업을 벌여왔습니다. 그리고 그의 장남 최태원 회장도 그 바톤을 이어받아 최근까지 수정하고 보완해 왔습니다. 외부 환경이 크게 변할 때마다, 그룹의 지향점이 바뀔 때마다 SKMS를 고집스러우면서도 유연하게 바꿔 온 것입니다. 대표적으로 4차 산업혁명이라는 키워드가 광풍처럼 불기 직전인 2016년에는 "앞으로 산업 환경이 요동치는 세상이 왔기에 변화Deep Change하지 않으면 죽을 수도 있다"며 13차 개정을 단행했습니다. 그리고 2020년에도 14차 개정을 하여 재공표했습니다.

현재 SK그룹에서 SKMS는 성경과도 같습니다. SKMS가 탄생한 지 30주년이 되는 2009년에 최태원 회장은 "SKMS 30년은 SK의 생명력이고, SK의 생명력은 SKMS에서 나온다"라고 강조했습니다. 그 정도로 회장이 직접 SKMS를 챙깁니다. 개정을 단행하려 할 때에는 관계사 CEO들, 학자들, 구성원들과 직접 여러 번 토론합니다. 환경이 어떻게 변하고 있는지, 그래서 SK가 어떻게 운영되어야 하는지, 의사결정을 할 때 중요하게 고려해야 하는 가치는 무엇인지를 고민합니다. SKMS 개정을 담당하는 팀이 개선 초안을 링바인더로 엮어 최태원 회장에게 올리면 일주일 후 미팅에서 회장이 직접 고민한 내용을 가지고 옵니다. 링바인더 곳곳에 형형색색으로 밑줄이 쳐져 있고, 그 옆에는 깨알 같은 글씨로 썼다 지웠다를 반복한 문장들이 적혀 있습니다. 그룹의 핵심 정신을 담고 있는 SKMS를 얼마나 신중하게 개선하는지, 그는 이런 말을 하기도 했습니다. "생각이 잡힐 듯 말 듯한데 도무지 명쾌하게 정리가 안 돼서 개선 초안을 머리 밑에 베개처럼 베고 자 봤습니다."

2010년 이후로 실리콘밸리 기업들은 컬처데크culture deck와 컬처코드culture code라는 이름으로 자신들의 핵심 사상을 정립한 자료를 발표하기 시작했습니다. 그 첫 주자는 넷플릭스입니다. 넷플릭스는 90년대 후반 작은 DVD 대여점으로 출발했습니다. 기술과 매체의 변화에 따라 몇 번의 위기를 맞이했지만 오랜 기간 승승장구해 온 곳이지요. 구멍가게로 출발한 넷플릭스가 오늘날 어떻게 미디어와 엔터테인먼트 산업의 거인이 되었는지 궁금하지 않나요? 많은 사람이 그 성공 요인을 찾아보고자 했습니다. 혹자는 그 원동력 가운데 하나로, 넷플릭스의 CEO인 리드 헤이스팅스Wilmot Reed Hastings가 만든 컬처데크를 꼽기도 합니다.[186] 많은 기업과 경영대학에서 이 자료를 연구하고 참조해 왔습니다. 페이스북 COO Chief Operating Officer를 맡고 있는 쉐릴 샌드버그Sheryl Sandberg는 이 자료를 두고 "실리콘밸리에서 만들어진 가장 중요한 문서입니다"라고 단언할 정도였습니다.[187] 실리콘밸리가 만들어 낸 대표적인 문화적 유산으로 자리매김한 것입니다.[188]

리드 헤이스팅스는 그들이 지향해야 할 가치를 만들어 온라인으로 배포합니다. 그 서문의 일부는 이렇습니다. "많은 기업이 보기에 그럴 듯한 단어들을 로비에 걸어 둔다. '청렴, 소통, 존중, 탁월함'. 파산한 엔론(Enron, 부실한 재정 상태를 회계 조작으로 은폐한 기업으로, 기업 사이와 비리의 대표적 사례)은 이런 가치를 자신들의 로비에 걸어 두었다. 그러나 위의 가치들은 엔론에서 정말 중요한 가치가 아니었다. CEO는 사기 혐의로 감옥에 갔다. 회사의 진짜 가치는 그럴 듯해 보이는 구호가 아니라, 누가 보상받고, 승진하고, 해고되는지로 나타난다. 회사의 실제 가치는 동료 직원들이 가치 있게 여기는 행동과 능력에 있다. 넷플릭스에서는 특히, 아래 아홉 가지 행동과 기술을 가치 있게 여긴다." 이처럼 넷플릭스의 컬처데크는 그들이 중요하게 여기는 가치, 그들이 추구하고자 하는 이상적 조직을 명시적으로 정리한 자료입니다.

페이스북의 이사회도 이 자료에 담긴 통찰력에 주목했습니다. 그리고는 리드 헤이스팅스를 자신들의 이사회 구성원으로 추대했지요.[189] 페이스북의 문화를 긍정적이고 건설적인 방향으로 가꾸어 나가고, 조직을 운영하는 원칙을 굳건히 하기 위해 그의 지혜를 구하고자 했던 겁니다. 그리하여 페이스북도 다섯 가지의 핵심 가치를 정립합니다.

그러자 실리콘밸리 기업이 너도나도 넷플릭스처럼 컬처데크를 만들어 발표했고, 우리나라의 많은 스타트업이 또한 이를 따라했습니다.

핵심 가치를 정할 때 유의해야 할 것들

핵심 가치를 정할 때에는 세 가지를 유의해야 합니다. 첫째, 핵심 가치는 무엇보다 사업을 위한 의사결정에 가이드를 제공할 수 있어야 합니다. A회사에서는 리더들이 지켜야 할 핵심 가치를 정했습니다. '구성원을 존중하라, 협업해라, 모르면 모른다고 인정해라, 다른 사람이 말할 때 끝까지 경청하라, 투명하게 소통하라'라는 내용이었습니다. 이 자체는 물론 좋은 말이지만, 이상한 부분이 있습니다. 구성원을 대할 때 보여야 하는 태도와 행동 지침만 제시되어 있기 때문입니다. 리더는 다양한 비즈니스 의사결정을 내리는 사람인데, 그들이 무엇을 중시하면서 결정을 해야 하는지에 대한 가이드가 전혀 없습니다. 조직은 희소한 자원을 활용해서 최대의 성과를 거두어야 합니다. 리더들이 각기 다른 곳을 쳐다보고 있어서는 안 되며, 같은 방향을 보면서 나아가야 합니다. 그러자면 의사결정도 한 지점을 향해야 할 것이고, 핵심 가치가 바로 그 가이드를 제시할 수 있어야 합니다. 마치 거대한 대양을 항해하는 선박에게 '북극성'과 같은 역할을 해야 하는 셈입니다.

그래서 핵심 가치는 부서와 부서 간 이해관계를 조율하고 정리해 주는 역할을 하기도 합니다. 조직에서 연구 개발, 생산, 구매, 영업 등 각 부서의 이해가 서로 충돌할 때 신호등처럼 서로의 이해를 정리해 줄 수 있어야 합니다. 우리 회사가 가장 우선적으로 추구해야 할 가치가 무엇인가, 그 가치를 구현하기 위해서는 부서 각자가 무엇을 양보하고 희생하고 서로 도와야 하는가, 모두가 가장 중요한 관점을 기준으로 의견을 조율할 수 있도록 방향을 제시해 주는 것입니다.

앞서 A사가 설정한 가치를 다시 보겠습니다. 존중하라, 협업하라, 모른다고 인정하라, 경청하라, 소통하라. 이런 행동 지침이 비즈니스 차원에서도 과연 북극성이 되어줄 수 있을까요? 그렇지 않다는 것을 아셨을 겁니다.

둘째, 경영자가 직접 핵심 가치를 정립해야 합니다. 적지 않은 기업들이 핵심 가치를 정립할 때 경영자는 뒷선에 빠져 있습니다. 실무 부서가 임직원을 만나 의견을 수렴하고 그 초안을 잡습니다. 그들끼리 또 여러 번 수정하고 보완하는 작업을 거치고 나서 최종안을 경영자에게 올립니다. 경영자는 아주 짧은 시간만 할애하여 읽어 보고는 약간의 피드백을 한 다음 승인합니다. 그리고 실무 부서가 임직원을 대상으로 전파하는 과정에 돌입합니다. 그런데 경영자의 혼이 담겨 있지 않으니 충돌이 발생합니다. 중요하다고 부르짖는 가치와 실제 의사결정이 다른 현상이 벌어지게 되는 것입니다.

한 회사는 주무 부서가 핵심 가치의 초안을 만들었습니다. 제1가치를 '고객 지향'으로 잡고, '고객이 만족할 때까지 최고의 가치를 제공하라'는 행동 강령을 만들었습니다. 그리고 이를 CEO에게 올려서 확인받자, CEO도 만족합니다. 그가 자주 나가던 경영자 조찬 모임에서 여러 번 언급된 내용이기도 했습니다. 그가 "핵심 가치를 이렇게 정하고 전파합시다"라고 승인하자, 몇 개월간 모든 임직원을 대상으로 가치관 교육이 진행됩니다.

분명 이상적으로는 좋은 얘기였으나 현실은 달랐습니다. 일부 구성원들이 회사 이익을 조금 양보하고서라도 고객에게 보다 더 나은 가치를 주려 하자, 영업 이익율이 전년 대비 소폭 하락했습니다. CEO는 이익을 깎아 먹으면 어떻게 하느냐며 불같이 화를 냈습니다. 그리고 모든 임직원들 앞에서 단호하게 말합니다. "기업은 생존이 중요합니다. 이익은 몸의 피와 같습니다. 이익이 마르면 기업은 죽습니다. 고객 지향이란 말은 고객들에게 이익을 양보하라는 말이 아닙니다. 이익은 더욱 높이면서도 고객의 마음에 따스한 바람이 스며들도록 하자는 의미입니다." 임직원들은 혼란스러울 수밖에 없습니다. 지난 몇 개월간 교육받았던 내용과는 의미가 너무 다르니까요. 결국 많은 자원을 들여서 정립한 핵심 가치는 유명무실한 것이 됐습니다. CEO가 스스로 깊이 생각하지 않고, 핵심 가치에 담긴 내용을 그저 좋은 말이라 여기며 승인했기 때문에 벌어진 사단입니다.

셋째, 경영자가 직접 나서서 핵심 가치를 전파해야 합니다. 원칙과 가치를 멋진 액자에 담아 사무실 벽에 걸어 놓는 것은 큰 의미가 없습니다. 앞에서 LG그룹 구자경 회장이 자주 가던 단골 냉면집에 '고객은 왕이다'라는 액자가 걸려 있던 것과 달리, 실제로는 매우 불친절했던 일을 예로 들었습니다. 핵심 가치를 고심해서 만들어도 그게 실생활에 녹아 들지 않으면 아무런 소용이 없다는 걸 알 수 있습니다.

어떻게 하면 이상 가치가 현실에서 실제로 구현되도록 할 수 있을까요? 반면교사로 볼 수 있는 사례가 있습니다. 우리나라의 어느 기업은 CEO가 새로 부임하자 비전과 핵심 가치를 새롭게 바꿨습니다. 그리고 임직원에게 숙지시키기 위해서 수십 명씩 집합 교육을 실시했습니다. 모든 임직원을 대상으로 교육을 끝마치자, 주관 부서는 임직원들을 대상으로 무작위로 전화를 걸었습니다. 그리고는 비전과 핵심 가치를 제대로 알고 있는지, 노트북에 핵심 가치 스티커를 제대로 붙였는지, 휴대폰 배경화면을 비전과 핵심 가치 그림으로 바꿨는지 확인했습니다. 직장인들이 익명으로 회사에 대한 평가를 올리는 어플리케이션 블라인드에는 이에 대한 임직원들의 불만이 올라왔습니다. "쌍팔년도로 돌아왔다", "암기 강요는 군대에서도 가혹 행위다", "전화를 받고 귀를 의심했다"는 의견이었습니다. 이렇게 하면 회사가 중시하는 가치가 제대로 체화될 수 있을까요? 오히려 임직원으로부터 반감만 살 뿐입니다.

디즈니월드의 청소부가 사명감을 갖는 이유

한동안 아이패드로 책과 논문을 봤는데, 한두 시간만 봐도 눈이 아프고 눈물이 나와서 괴로웠습니다. 노안이 오는 듯하여 눈이 편안한 잉크 태블릿 구매를 고민하기 시작했습니다. 잉크 태블릿은 속도가 느리고 흑백이지만 종이책과 비슷하여 눈에 부담이 가지 않습니다. 몇 주를 고민한 끝에 소니 제품을 사기로 결정했습니다. 그런데 한국에는 유통되지 않아서 미국 아마존에서 구매를 할 수밖에 없었습니다.

잉크 태블릿을 사용하니 완전 다른 세상이었습니다. 책이나 논문을 한참 들여다봐도 종이에 인쇄된 활자를 보는 듯 눈이 정말 편안했습니다. 내 눈을 위한 보배다 싶어서 애지중지 사용하고 있었지요. 그런데 아뿔싸, 사용한 지 불과 3개월 만에 액정이 열십자 형으로 나가 버렸습니다. 그 부위에 도트가 찍히질 않아 무슨 글자인지 보이지 않는 겁니다. 원래 잉크 태블릿이 깨지기 쉬운 단점이 있긴 한데, 신주단지 모시듯 사용했는데도 망가져 버린 상황이었습니다. 우리나라에는 서비스 센터가 없기에 무작정 아마존 사이트에 접속했습니다. 고객 서비스 섹션에 들어가니 온라인으로 서비스 담당자와 채팅을 할 수 있었습니다. 자초지종을 설명했더니 "반품 처리 기간이 이미 지났습니다"라는 답변이 왔습니다. 한숨을 쉬면서 이렇게 물었습니다. "그러면 AS는 어떻게 해야 합니까? 제가 있는 한국에는 서비스 센터가 없습니다. 어디로 연락하면 서비스를 받을 수 있을까요?" 그러자 담당자가 값비싼 물건이 그렇게 고장 나서 안타깝다며 제 처지를 공감해 주더군요. 그리고 이렇게 말했습니다. "몇 분만 기다려 주시길 바랍니다. 제가 조항들을 한번 찾아보고, 당신에게 줄 수 있는 베스트 옵션best option이 무엇인지 알아보겠습니다."

몇 분 뒤에 답변이 왔습니다. "반품 처리 기간이 지났지만, 이번에 한해서 그냥 환불해 드리겠습니다. 아마존 물류처리장으로 본체를 보내 주세요. 저희가 제조 회사에 그대로 반품을 처리하겠습니다." 이 말을 듣고 저는 정말 놀랐습니다. 우리나라에서는 확실히 드문 상황이니 말입니다. 너무 기뻐서 "아마존은 정말 듣던 대로 세계 최고의 회사군요! 고맙습니다"라고 했더니 그녀는 "저도 아마존이 최고의 회사라 생각합니다"라고 답했습니다. 태블릿을 미국으로 보내고 또 환불을 받는 과정에서 이런 생각이 들었습니다. '아무리 아마존이 최우선으로 추구하는 가치가 '고객에 집착하라'라고 하더라도, 어떻게 일선 서비스 담당자가 환불 규정을 어기면서까지 이런 고객 위주의 결정을 내릴 수 있었을까? 아마존에서 비용을 통제하고 관리하는 부서와 서비스 센터 간의 이해 상충은 어떻게 해소하는 걸까?'

글래스도어에서 전현직 임직원들이 아마존을 평가한 데이터를 크롤링해 봤습니다. 그리고 고객customer이란 단어가 출현하는 문장을 샅샅이 살펴봤지요. 대표적인 내용은 대체로 이런 것이었습니다. '내가 여러 직장을 다녔지만 아마존처럼 고객을 강조하는 회사는 보지 못했다', '아마존은 진짜로 고객에 집중한다', '아마존은 무엇보다 고객을 최우선적으로 고려한다', '고객에게 제공할 이익과 만족을 고려하여 장기적인 관점에서 의사결정을 내린다', '아마존은 말로만 고객 집착을 강조하지 않는다. 이 회사는 진짜로 그 가치와 함께 사는 방법을 가르친다', '고객에게 최고의 가치를 제공하는 방안이라 여겨질 경우 의사결정이 매우 빠르게 내려진다' 등입니다.

그들이 지향하는 핵심 가치, 아마존 리더십 원칙principle이 키워드로 나온 문장도 살폈습니다. 대표적으로 '여기는 진짜로 리더십 원칙에 따라 산다고 보면 된다', '모두가 아마존의 리더십 원칙을 지키려고 상당한 시간과 노력을 투자한다', '리더십 원칙은 정말로 심각하게 받아들여지고 실제로 작동하는 원리다', '리더십 원칙에 따라 우선 순위를 매기고, 그에 따라 결정을 내린다' 등입니다. 특히 어느 엔지니어는 이렇게 평가했습니다. "보통 다른 회사들에서는 고객 만족라는 게 그저 말뿐이거나 서류상 적혀 있는 선언문에 불과하다. 그런데 아마존에서는 매일매일 의사결정을 하는 데 실제로 적용된다. 입사 첫날부터 고객을 우선적으로 고려하면서 일하는 법을 배우고, 여기서 하는 모든 일은 고객 경험을 실질적으로 향상시키기 위한 것이다."

이상의 데이터를 살펴보면, 아마존에서는 그들이 중요하다고 내세우는 가치에 따라 임직원이 실제로 의사결정을 내리고 업무를 수행하는 것으로 나타납니다. 리더십 원칙이 현실에 살아 숨쉬도록 만들었기 때문입니다.

여기에는 몇 가지 장치가 복합적으로 작용하고 있습니다. 첫째, CEO인 제프 베조스가 직접 리더십 원칙을 만들었고, 실제로 집요하리만큼 현장에 적용하는 모습을 보여 준다는 점입니다. 어느 날, 제프 베조스는 아마존 사내 카페테리아에 있는 자판기 안에 환하게 켜진 불빛이 쓸데없이 전기료만 소모할 뿐이라고 생각했습니다. 내용물을 돋보이게 하기 위한 자판기 전구를 없 앤다면, 전기료를 아낀 돈으로 고객들에게 더 좋은 가치를 제공할 수 있을 거라 여겼지요. 그래서 2008년에 아마존 내부에 있는 모든 자판기에서 전구를 모두 꺼내도록 지시합니다. 실제로 이렇게 해서 절약한 전기료는 한화로 연간 2천 2백만 원 정도인 것으로 알려져 있습니다.[190]

둘째, 몇 가지 의례를 거쳐서 근검절약frugality과 이를 통해 고객에게 최고의 가치를 제공해야 한다는 메시지를 전달합니다. 대표적인 의례로 모든 직원은 입사를 하자마자 문짝으로 자기가 사용할 책상을 만듭니다. 관련된 일화가 참 흥미롭습니다. 1994년에 베조스는 차고에서 아마존을 처음 열었습니다. 몇 명의 직원을 채용하자 이들이 일할 수 있는 책상이 필요해졌지요. 그런데 사무실 책상을 사는 비용이 만만치 않았습니다. 그는 가정용 건축 자재를 파는 홈디포Home Depot를 지나치다가 혹시 쓸 만한 물건이 있을까 싶어서 들어갑니다. 한쪽에 세워진 문짝을 우연히 발견하고는, 문짝 가격이 책상 가격보다 훨씬 저렴하다는 사실을 발견합니다. 문짝으로 책상을 만들면 비용을 크게 절감할 수 있었지요. 그래서 60달러짜리 갈색 문짝을 사서 책상두 개를 만들었습니다. 그날의 연장선상으로, 오늘날 아마존 모든 입사자는 근무 첫날부터 문짝으로 자기 책상을 만드는 의식을 치릅니다. 물론 쉽게 조립할 수 있도록 친절한 매뉴얼을 제공하고 있습니다.[191]

셋째, 모든 제도에 리더십 원칙을 녹여서 적용하고 있습니다. 채용 제도에서부터 이를 철저히 반영하고 있는 것은 물론이고, 평가 제도와 보상 제도, 승진 결정에서도 이 원칙이 지켜집니다. 모두가 이 원칙을 기억하지 않을 수 없을 만큼 말이지요.

한 가지 사례를 더 살펴보겠습니다. 2014년에 미국 올란도에 위치한 디즈니월드에 간 적이 있습니다. 그 안에 4개의 테마파크가 있었는데, 그 당시 입장료가 각각 12만 원 정도였습니다. 나흘에 걸쳐 모든 테마파크를 다 구경했습니다. 신기한 볼거리, 맛있는 먹을거리, 박진감 넘치는 탈 거리가 많았지만 그중에서도 제일 압권은 그곳에서 일하는 구성원들이었습니다. 성별, 나이, 인종을 가리지 않고 누구에게나 매우 친절한 모습이 인상적이었습니다. 입장권을 구매하고, 보안 검색대를 거치고, 줄을 서서 놀이기구를 타고, 상점에서 상품을 문의하고, 퍼레이드를 구경하고, 먹거리를 사고, 길 가다가 방향을 물어보는 모든 순간마다 최고의 친절함을 경험할 수 있었습니다. 디즈니에서는 그들의 미션 그대로 '지구상에 존재하는 가장 행복한 장소'를 구현한 듯 보였습니다. 이런 장소가 탄생하기까지 그 과정은 어땠을까요?

디즈니월드는 이런 질문을 던졌습니다. "테마파크에서 가장 중요한 역할을 수행하는 사람은 누구인가?" 아마 디즈니월드를 상징하는 미키 마우스를 먼저 떠올리기 마련일 겁니다. 누구나 미키 마우스를 만나고 싶어 할 테니까요. 아니면 놀이기구를 설계하는 공학자일 수도, 티켓을 판매하는 사람일 수도, 이곳의 경영진일 수도 있습니다. 이들은 질문을 바꿔 봅니다. "어떤 집단의 수행 수준을 높여야 우리 조직이 지속적으로 성공하는 데 있어서 큰 역할을 할 것인가?"[192]

디즈니 사가 분석한 바에 따르면 미키 마우스를 연기하는 직원도 물론 중요한 위치를 차지했습니다. 이들은 미키 마우스 복장과 탈을 쓰고 시간당 수백 명의 고객을 맞이합니다. 미키 마우스는 존재 자체만으로도 주목을 끌며, 고객들이 다가와 사진을 찍고 어린아이는 품에 안깁니다. 하지만 그뿐입니다. 미키 마우스 연기자가 임기응변으로 대응할 수 있는 폭은 매우 좁습니다. 그 누구도 미키 마우스에게 "기념품은 어디 가서 살 수 있냐, 햄버거를 먹고 싶은데 어디로 가면 되냐, 시원한 장소에서 쉬고 싶은데 추천해 줄 곳이 있냐"를 묻지 않습니다. 그저 반갑게 인사하며 다가와 사진을 찍을 뿐입니다. 최고의 연기자와 최악의 연기자 간에 업무 성과 차이는 미미했습니다.

흥미롭게도 고객들이 받는 인상에 매우 결정적인 역할을 하는 것은 테마파크를 깨끗하게 치우는 청소부들이었습니다. 테마파크 곳곳에 퍼져서 청소를 하는 수많은 직원은 고객들이 가장 접근하기 쉬운 대상이었습니다. 이들에게 무언가를 물어보는 사람은 하루에 수백 명에 달합니다. 고객이 다가와 청소부에게 무언가를 물어볼 때, 이때가 고객의 기억과 경험, 추억에 강렬한 인상을 남기는 지점입니다. 청소부가 어떻게 반응하고 행동하느냐가 이곳을 '지구상에 존재하는 가장 행복한 장소'로 만들어 주기도 하고, '최악의 불친절한 장소'로 기억되게 할 수도 있습니다.

디즈니월드를 방문했던 고객들이 본사에 보낸 감사의 편지를 통해 이 사실을 다시 확인할 수 있습니다. 고객들은 미키 마우스와 같은 캐릭터가 기억에 남았다고 해도 그들의 서비스에 감명

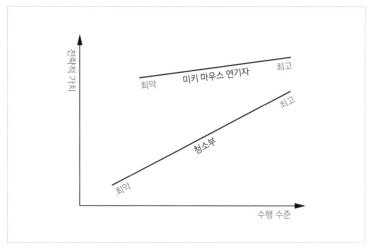

미키 마우스 연기자와 거리 청소부 간의 전략적 가치 수준
(Boudreau & Ramstad, 2007)

받았다는 내용은 잘 언급하지 않았습니다. 오히려 길거리 청소부나 호텔 청소부들로부터 예상치 못한 환대와 친절, 서비스를 받았을 때를 언급하는 경우가 매우 많았습니다.

그런데 이게 가능하려면 청소부까지 구성원 모두 디즈니월드가 지향하는 가치에 동참하고 매일 지켜나가야 합니다. 디즈니 사는 어떻게 그렇게 만들 수 있었을까요?

디즈니 사는 첫 번째로 선발과 훈련, 보상, 경력 개발 등을 세심하게 설계합니다. 그리고 무엇보다도 이들의 정체성을 다시 정의합니다. 회사가 이들을 그저 '청소부'라고 정의하고 바라보면, 그는 청소만 열심히 하면 된다고 생각할 터입니다. 그런데 디즈니는 길거리에서 일하는 모든 청소부를 '연출가'로 정의합니다. "무대에서는 미키 마우스 탈을 쓴 이가 고객들을 즐겁게 하기 위해 연기를 하지만, 길거리에서는 청소부 여러분이 고객들을 행복하게 하는 연출가입니다"라는 메시지를 지속적으로 보냈습니다. 저 역시 테마파크를 돌아다니면서 청소부, 아니 연출가들이 청소를 하다가 길바닥에 캐릭터 그림을 그려서 지나가는 사람들을 즐겁게 하는 장면들을 목격할 수 있었습니다.

둘째, 교육입니다. 이들 모두가 쇼show, 안전safety, 친절courtesy, 효율성efficiency이란 업무 지침을 명확히 이해하고 있습니다. 아울러, 7가지 서비스 가이드라인을 가슴에 품고 있습니다. 동화 백설공주에 나오는 일곱 명의 귀여운 난쟁이 캐릭터에 빗댄 지침입니다. 두 가지만 소개하자면, 첫 번째 지침은 "행복이Happy처럼 되세요. 눈을 마주치고 웃으세요!"입니다. 난쟁이 중에는 '행복이'가 있는데, 백설공주 동화에서 늘 유쾌한 눈빛으로 항상 행복한 표정을 짓습니다. 두 번째 지침은 "부끄럼쟁이Bashful처럼 되지 마세요. 항상 고객들과 접촉할 기회를 찾으세요"입니다. 난쟁이 캐릭터 중에서 항상 쑥쓰러움을 타서 낯을 가리는 '부끄럼쟁이Bashful'에 빗댄 지침입니다.

셋째, 그들을 의사결정에 참여시키고 또 그들이 직접 결정하도록 합니다. 새로운 놀이기구를 만드는 등 테마파크에 변경사항이 있을 때마다 청소부의 수장을 참여시킵니다. 고객들의 동선은 어떻게 되는지, 그에 따라 어느 지점에 쓰레기가 많이 발생할 수 있는지, 또 고객들이 어디서 길을 헤맬 수 있는지를 함께 고민합니다. 또한 테마파크를 통틀어 어떤 경로로 청소를 할지도 청소부들이 직접 결정하게 합니다. 현장의 문제는 현장 사람들이 가장 잘 알기 때문입니다.

넷째, 이들에게 고객 행복을 통한 긍정성을 강화합니다. 디즈니 사에서는 〈Ears and Eyes〉라는 사내 잡지를 매달 발행하고 있습니다. 여기는 디즈니월드 팬들, 즉 고객들이 보낸 편지들이 소개됩니다. 이들 대부분이 특별한 서비스에 감명을 받았다는 내용입니다.

제가 관찰한 일부 기업은 핵심 가치를 멋있고 매력적인 문장으로 설정해 두지만, 거기서 그치는 경우가 있었습니다. 말로만 중요하다고 할 뿐 경영진이 모범을 보이지 않고 도리어 역행하는 모습을 보이기도 합니다. 또 제도는 핵심 가치와는 다른 방향을 가리키고 있습니다. 회사의 핵심 가치에 진심으로 동조하는 디즈니의 청소부들과 달리, 이런 상황에 놓인 구성원들은 무엇을 강조해도 옴짝달싹하지 않습니다.

암묵적인 신념을 점검하라

에드거 샤인은 '암묵적인 신념과 가정'이 조직문화의 가장 중요한 하부 기초라 보았습니다. 따라서 이것이 바뀌지 않으면 문화도 바뀌지 않는다고 주장합니다. 문화의 세 가지 차원 중에서 가장 밑바닥부터 접근하여 문화를 바꾸는 방식을 선호했습니다. 조직의 무의식이 바뀌어야만 그들의 실질적인 사고 방식과 태도 및 행동이 바뀐다는 가정입니다. 이를 '본질론'이라 칭하겠습니다.

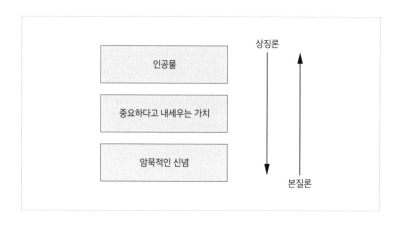

암묵적인 신념이 어떻게 우리의 행동을 지배하는지는 이미 앞서 살펴봤지만, 한 가지 사례를 더 들여다보겠습니다. 우리나라에서 컨설팅과 용역 계약을 맺을 때 두드러지게 나타나는 관행이 있습니다. 하나는 갑의 사무실에 상주한 채로 일을 시키려 한다는 점이고, 다른 하나는 용역 범위를 넘어서는 일을 끼워 넣으려 한다는 점입니다.

우리나라는 역사적으로 쌍방이 경제적 주체가 되어 '일을 의뢰한다', '일을 수주한다'는 개념이 희박합니다. 삼국, 신라, 고려 시대를 거쳐 조선 시대에 이르기까지 주종 관계나 노예 제도가 뿌리 깊었고, 일제 치하와 군부 독재 시절에도 그 기조는 계속되었습니다. 그러다 보니 시장 경제 체제를 제대로 경험해보지 못했습니다. 장마당에서 물물교환을 하거나 물건을 사고파는 행위는 있었지만, 이는 극히 짧은 시간에 일어나는 거래에 지나지 않았으니까요.

이런 역사적 맥락 때문에, 오늘날 많은 경제적 주체가 용역 계약을 맺으려 할 때 '결과물'이 아니라 '과정'을 사는 개념으로 접근하곤 합니다. 갑에서 을, 병, 정으로 이어지는 복잡한 도급 계약에서 '사람'을 사고, 그들의 '시간'을 산다고 가정합니다. 그래서 서로 계약을 맺은 '시간' 내에서는 애초에 약속된 범위를 벗어나는 일까지 시킬 수 있다고 생각하는 경우가 많습니다.

이 암묵적인 신념은 많은 계약 관계에서 드러납니다. 용역 내용을 보면 굳이 갑의 사무실에 상주하지 않고 컨설팅 업체 본사에서 일해도 충분히 결과물이 나오는 프로젝트들이 있습니다. 그럼에도 기존의 많은 기업에서는 컨설턴트가 자기네 사무실에 나와서 일하길 원합니다. '눈에 보이지 않으면 일하지 않는 것이다'는 생각과 더불어, '용역 계약은 그 사람과 그 시간을 산 것이다'라는 암묵적인 가정이 상호작용한 결과입니다.

인공지능 솔루션을 개발하는 어느 업체의 관리자는 이 문제에 대해 하소연했습니다. "한국 기업은 미팅을 하더라도 만나서 이야기하자고 합니다. 그리고 실제로 용역 계약에 들어가기까지 다양한 서류를 요청하고요. 계약을 맺으면 무조건 자기네 회사에 나와서 일하라고 합니다. 프로젝트에 돌입한 지 불과 몇 주도 안 돼서 계약 범위를 넘어서는 일도 해 달라고 하기 일쑤입니다. '이것도 가능하지 않냐, 어차피 할 건데 저것도 같이 해 달라, 업계 좁아서 소문 금방 나니 알아서 해라' 하는 거죠." 반면 해외의 기업에서는 다른 모습이 많이 보인다고 합니다. "미국 기업들도 저희에게 의뢰를 하는데 그쪽은 상당히 효율적입니다. 이메일로 연락이 와서 프로젝트 범위를 아주 구체적으로 명시하고 기한과 비용도 정확히 제안합니다. 만일 그쪽이 제안한 비용이 너무 낮으면 이유를 상세히 기술해 적절한 비용을 역으로 제안하죠. 그렇게 눈높이를 맞춘 뒤 계약을 진행합니다. 그러고 나면 과정은 터치하지 않고, 정해진 기한 내에 구체적으로 정의된 스펙대로 납품을 하면 됩니다. 그렇게 몇 번 프로젝트를 이어가며 신뢰를 쌓아가는 거죠."

본질론자들은 암묵적인 신념을 먼저 바꿔야 비로소 문화가 변한다고 믿습니다. 예를 들어, 어느 기업은 무작정 야근하는 문화를 근절하려 했습니다. 이 조직은 임직원들이 주당 80시간을 넘게 일하는데도 실상을 살펴보니 생산성은 높지 않았습니다. 자기 업무를 모두 끝마쳤음에도 불구하고 상사가 아직 퇴근하지 않았다는 이유로 자리에 남아 있을 수 밖에 없었던 겁니다. 그래서 거의 대부분의 임직원이 공식적인 주간 업무 시간에는 담배를 피우거나 잡담을 나누거나, 일을 설렁설렁하고는 저녁 식사를 마치고 나서 야근하며 그날 업무를 마무리하곤 했습니다.

이런 문화 현상은 목표 달성과 생존 측면에서 바람직하지 않습니다. 생산성이 극도로 떨어지는 업무 방식입니다. 또한 인간다운 삶을 보장하는 측면에서도 바람직하지 않습니다. 임직원들은 가족을 제대로 돌보기 어려웠으며, 아이들 입학식과 졸업식에도 참여하지 못하는 경우가 많았습니다. 더구나 오랜 기간 야근을 반복하다 보니 심신이 지쳐 있었습니다. 인사 부서와 경영진은 이 구습을 바꾸기로 합니다.

인사 부서에서 가장 집중한 것은 '암묵적인 신념'을 새로운 신념으로 대체하는 일이었습니다. 업무 시간에는 꼭 자리를 지켜야 한다거나, 늦게까지 야근하는 직원이 일을 잘하는 사람이라거나, 상사보다 일찍 퇴근하는 건 부적절한 행동이라는 생각들을 바꿔 나가야 했지요. 무엇보다 리더들이 먼저 바뀌는 것이 중요했습니다. 경영자는 일하는 새로운 방식을 제안하면서 리더들에게 이렇게 강조했습니다. "업무량으로 경쟁하던 시대는 지났습니다. 농업적 근면성이 중요한 시대에는 통했으나, 이제는 아닙니다. 부서 내에 습관적으로 야근을 하는 이가 있다면 두 가지를 검토해야 합니다. 하나는 사람을 한 명 더 뽑아야 하는 상황은 아닌지, 다른 하나는 그의 역량 수준이 부족한 건 아닌지 살펴야 합니다. 만일 역량이 부족하다면 성과를 높이기 위해서 어떤 지원을 해야 하는지 리더가 챙겨 주시기 바랍니다. 주간 업무 시간에 팀원들이 강한 집중력으로 몰입해서 일을 마무리할 수 있도록 하는 사람이 최고의 리더입니다. 저부터 그리할 수 있도록 하겠습니다." 그는 이와 같은 메시지를 한 번이 아니라 기회가 있을 때마다 반복적으로 전달했습니다.

그리고 구성원들에게도 지속적으로 강조했습니다. "업무 목표를 어떻게든 달성하려 노력하되, 그 방법은 유연하게 접근할 수 있습니다. 지난 주에는 이런저런 업무가 몰려서 야근도 불사해야 했지만 이번 주에는 상대적으로 여유가 있다면 일찍 퇴근해서 아이들과 여가 시간을 즐겨도 됩니다. 아니, 즐겨야 합니다. 상사나 동료보다 일찍 퇴근한다고 눈치를 보거나 부끄러워할 필요 없습니다. 일찍 가는 이유를 장황하게 변명처럼 늘어 놓을 필요도 없습니다."

반면, 현실에서는 '상징론'을 빈번하게 접할 수 있습니다. 인공물에 의도적인 변환을 가해서 임직원에게 강력한 메시지를 빠르게 전달하여 변화를 꾀할 수 있다는 입장입니다. 현대자동차 정의선 회장은 2017년에 신차 코나를 발표하면서 주변을 놀라게 합니다.[193] 흰색 티셔츠에 청바지, 그리고 운동화를 신고무대에 올랐기 때문입니다. 현대자동차는 원래 한여름에도 넥타이에 정장을 입어야 했습니다. 셔츠도 흰색 외에 파랑이나 빨강 계열의 컬러를 암묵적으로 피해야 했지요.[194] 그런데 회사 내부 행사도 아닌 미디어와 대중을 대상으로 시행한 신차 발표회에 일상복 차림으로 나타난 겁니다. 현대자동차가 젊은 감각으로 변화해야 한다는 신호탄을 상징적으로 보여 준 일이었습니다. 그리고 2019년에는 모든 임직원을 대상으로 전면적으로 복장 자율화를 추진합니다.

누군가는 임직원의 복장을 자율화한다고 해서 조직이 젊어지 거나 소통이 원활해지는 것은 아니라고 비판할지도 모릅니다. 하지만 상징론자들은 인공물을 바꿔서 구성원들에게 빠르게 메 시지를 전달하는 측면에서 상당히 의미가 있다고 생각합니다. 인공물부터 바꾸면 구성원들이 피부로 느낄 수 있으며 '우리 조 직이 변화하고 있구나, 그러면 나도 그에 맞춰서 변화해야지'라 는 생각을 하도록 촉진하기 때문이라며 말이지요.

본질론이든 상징론이든 공통점은 한 가지입니다. 암묵적인 신 념은 반드시 점검해야 한다는 점입니다. 상징론으로 접근해서 임직원에게 빠르게 메시지를 전달한다 하더라도, 암묵적인 신 념을 바꾸는 노력을 병행해야 비로소 문화가 바뀔 수 있습니다.

앞서 마이크로소프트의 사티아 나델라가 문화를 바꾼 여정 을 살펴본 바 있습니다. 그가 CEO로 취임하면서 가졌던 단 하나 의 화두는 '우리의 영혼은 무엇인가'였습니다. 그는 마이크로소 프트의 영혼이 '개인뿐만 아니라 학교, 병원, 기업, 정부기관, 비 영리 단체 등 기관들이 무엇인가를 해낼 수 있도록 능력을 증진 empowering시키는 데 있다'는 점을 깨달았습니다.[195] 그리고 그 영혼을 다시 살리려면 인간에 대한 가정부터 바꿔야 한다고 생 각했습니다. 기존에 마이크로소프트에 팽배했던 가정은 '인간 은 게으르고 나태하다, 실수투성이다, 성과를 내게 하려면 고과로 압박하고 경쟁시켜야 한다'였습니다. 기존의 CEO였던 빌 게이츠, 스티브 발머가 모두 그런 신념을 갖고 있었고, 그에 근간한 제도와 문화를 만들어 왔습니다. 자연히 부서와 부서, 개인 간에 경쟁을 부추기는 분위기가 되었습니다. 결국 어느 만화가가 그린 것처럼 마이크로소프트 내부는 서로가 서로에게 총질하는 모습에 이르게 되었지요. '만인의 만인에 대한 투쟁'이나 다름없었습니다.

그는 기존의 신념을 버리고, 캐럴 드웩이 연구하고 제시한 성장 마인드셋을 조직의 신념으로 정착시키려 했습니다. 성장 마인드셋의 핵심은 인간은 '그의 지능, 성격, 품성을 지속적으로 개발시킬 수 있으며 개인의 진정한 잠재력에는 한계가 존재하지 않는다'라는 믿음입니다. 그는 인간에 대한 이런 가정이 조직에 제대로 뿌리내리면 마이크로소프트의 영혼을 활활 타오르게 해줄 수 있다고 보았습니다.

아울러 그는 '내세우는 가치'도 바꿉니다. 전임 CEO 시절에는 성실함, 정직성, 개방성, 개인의 탁월성, 건설적인 자기 비판, 지속적인 자기 개선 등을 가치로 꼽았습니다. 반면 사티아 나델라는 무엇보다도 '존중respect'을 가장 우선하는 가치로 내세웁니다.[196] 이어 "우리는 다른 사람들의 생각, 감정, 배경이 우리 자신의 것만큼이나 중요하다는 것을 믿는다"라고 부연하지요.

또한 그는 '인공물'도 바꿉니다. 인사 제도를 포함하여 모든 제도를 뜯어 고친 것이지요. 일단 스택랭킹stack ranking, 즉 구성원 개인 간에 경쟁을 시키는 악명 높은 평가 시스템을 바꾸기 위해 평가 등급부터 없앴습니다. 성과를 칭하는 '퍼포먼스 performance'는 '임팩트impact'라는 단어로 대체했습니다.[197] 전자는 목표 대비 얼마나 달성했는지를 평가했던 반면, 후자는 조직에 미친 기여도, 그리고 그 과정에서 얼마나 협업에 중점을 두었는지로 리뷰하는 관점입니다. 또한 팀즈Teams라는 솔루션을 마련하여 협업을 촉진하고자 했습니다. 이를 통해서 마이크로소프트 임직원들은 개인과 개인, 부서와 부서 간에 원활하게 소통하고 협력할 수 있게 되었습니다.

오늘날 많은 경영자가 '회의를 개선하자, 소통을 밀도 있게 하자, 수평적으로 일하자, 창의성과 독창성을 발현하자'라고 행동을 강조하지만 그것만으로는 변화가 일어나지 않습니다. 기존에 암묵적으로 믿고 있는 신념과 가정을 파헤치고, 심리적 장벽을 없애야만 가능합니다.

최근 조직에서 386 및 X세대 리더들과 밀레니얼 세대 직원들 간에 가장 많은 갈등이 일어나는 이유도 서로가 지닌 암묵적인 신념의 충돌 때문입니다. 일을 잘한다는 것은 무엇인지, 개인에게 직장은 어떤 의미인지 등 각 세대가 전제하고 있는 바가 다릅니다. 기존의 신념들 중에서 시대에 뒤쳐진 것은 무엇인지, 계속해서 지켜가야 할 것은 무엇인지, 새롭게 대체해야 할 것은 무엇인지를 살펴보고 변화해 가는 자세가 필요합니다.

나가며: 개인을 넘어, 조직이 갖는 잠재력

오래전에 어머님께서 "아버지와 나는 네가 장가갈 때 집은 못 사준다. 대신 청약이라도 넣을 수 있게 미리 청약 통장 만들어 줄게"라며 통장을 만들어 주셨습니다. 살다 보니 어느덧 가점이 상당히 높은 나이가 되어 아파트 청약을 준비하다가, 누군가 알려 줘서 메신저 오픈 채팅방에 들어가 봤습니다. 그곳에서 오가는 이야기를 보니 전혀 다른 세상에 접속한 기분이었습니다. 어느 아파트는 가격이 몇 배를 뛰었다느니, 집값이 상승한 이유가 역세권일 뿐만 아니라 주변 '학군'이 좋기 때문이라느니 하는 이야기가 정신없이 오갔습니다.

예전부터 참 의문이었습니다. 우리나라는 유난히 아이들 교육열이 높은 나라로 손꼽힙니다. 의무 교육인 초등학교와 중학교는 기본이고 고등학교, 그리고 대학교와 유학까지, 개인의 능력 개발에 집중해 왔습니다. 우리나라 국민 개개인의 역량과 자질은 세계적으로 내로라할 만합니다. 그래서 우리나라가 이만큼 정치·경제·문화적으로 성장해 올 수 있었던 것이겠지요. 그런데 이상하게도 함께 모여서 집단으로 일하면 다들 평범한 사람이 되어 버립니다. 아니, 때로는 오히려 역량이 떨어지고 점차 하향평준화되는 현상이 나타나기도 합니다.

우리나라 인재들과 구글이나 애플에 근무하는 이들은 정말 능력에서 차이가 날까요? 문제는 개인이 아니라 조직력입니다. 고래로부터 두레와 품앗이처럼 우리는 한데 어울려서 노동력을 배가하는 일은 잘해왔지만, 창의력을 높이는 일에는 취약했습니다. 누군가가 아무도 하지 않는 새로운 말을 하면 이상한 사람 취급을 받기 십상입니다. 사람들 사이에 조용히 섞여 있으면 문제가 없는데, 손을 들고 질문을 하거나 튀는 행동을 하면 그 사람이 유난인 것처럼 받아들여집니다. 그러니 구성원 중 누군가가 말한 작지만 새로운 아이디어를 테이블 위에 올려 두고 새로운 생각을 더하거나 건설적이고 진취적인 방향으로 발전시키는 일도 어색하게만 여겨집니다. 괜히 바보 취급을 받을까봐 의견을 말하지 않게 되고, 다른 이들을 설득해서 어제보다 더 나은 방식을 탐색하고 싶어도 '가만히 있으라'는 핀잔을 들을까 두렵습니다.

이런 개인의 두려움을 변화시키는 것은 주변 환경의 변화입니다. 주변 사람들이 무시하는 것이 아니라 칭찬하고 북돋아준다면 또 누군가가 한마디를 더 하게 되고, 예기치 못한 훌륭한 아이디어로 연결될 수도 있습니다. 누군가의 사소하고 새로운 시도가 실제로 받아들여지는 것을 경험한다면 사람들의 생각도 바뀌게 됩니다. 이제 개인의 능력을 고도로 발전시키는 일뿐만 아니라, 조직이 가진 잠재력에 집중할 때입니다. 하나 더하기 하나는 둘이 아니라 셋이고 넷이어야만 합니다. 그러자면 조직에서 구성원들이 서로 조응하고 공명할 수 있어야 합니다. 우리가 가진 문화가 구성원들의 잠재력을 폭발적으로 발휘하도록 촉진시킬 수 있는지 돌아봐야 하는 것입니다.

그 길에서 경영자가 오른발이라면 구성원은 왼발입니다. 가보지 않은 길을 가려면 오른발을 먼저 내딛어야 합니다. 오른발은 전혀 움직이지 않으면서 왼발 먼저 가라고 떠밀어서는 안 되겠지요. 왼발이 먼저 한 발 내디뎠다 하더라도 결국 그 자리에 머물러 있을 뿐입니다. 먼저 오른발을 내딛으면 왼발도 따라 움직입니다. 다시 오른발, 그리고 왼발. 그러다 보면 어느새 왼발이 땅을 강하게 박차고 나가고자 할 때가 옵니다.

미주

1 이건희 (1997). 생각 좀 하며 세상을 보자. 동아일보사.

2 Karkaria, U. (2013). Wozniak: 'I begged HP to make the Apple I. Five times they turned me down.' Atlanta Business Chronicle. https://www.bizjournals.com/atlanta/blog/atlantech/2013/01/woz-i-begged-h-p-to-make-the-apple-1.html

3 다음 주소 참조. http://blog.b3k.us/2009/01/25/ec2-origins.html

4 박홍윤 (2014). 조직문화 기업문화. 유페이퍼

5 박승규 & 홍미화. (2012). 다문화 교육에서 '다문화'의 교육적 의미 탐색. 사회과교육, 51(3), 155-166.

6 Packard, D., Kirby, D., & Lewis, K. R. (1995). The HP way: How Bill Hewlett and I built our company (p. 166). New York: HarperBusiness.

7 Hofstede, G. H., Hofstede, G. J., & Minkov, M. (2005). Cultures and organizations: Software of the mind (Vol. 2). New York: Mcgraw-hill.

8 테레사 에머빌, 스티븐 크레이머 (2013). 전진의 법칙. 리더는 무엇을 해야만 하는가. 윤제원 옮김. 정혜.

9 테레사 에머빌, 스티븐 크레이머 (2013). 전진의 법칙. 리더는 무엇을 해야만 하는가. 윤제원 옮김. 정혜.

10 김순영. (2014). 19 세기 말~ 20 세기 초 한국 갓의 인식에 관한 연구. 복식, 64(6), 176-191.

11 삐에르 부르디외 (2005). 구별짓기. 최종철 옮김. 새물결.

12 Schein, E. H. (2010). Organizational culture and leadership (Vol.

2). John Wiley & Sons.

13 김중순 (2001). 문화를 알면 경영전략이 선다. 일조각.

14 김용환 (2004). 말리노프스키의 문화인류학. 살림.

15 레비 스트로스 (1998). 슬픈 열대. 박옥줄 옮김. 한길사.

16 Rethinking the Concept "Primitive". Current Anthropology, 5(3), 169-178.

17 Stocking Jr, G. W. (1966). Franz Boas and the Culture Concept in Historical Perspective 1. American Anthropologist, 68(4), 867-882.

18 관광지식정보시스템, 세계관광지표(https://know.tour.go.kr/stat/worldTourStatSummaryDis.do)

19 이병철 (1986). 호암자전. 중앙M&B. / 2014년에 나남 출판사에서 양장본으로 재출간하였다.

20 이맹희 (1993). 묻어둔 이야기. 청산. / 이맹희 (1993). 하고싶은 이야기. 청산.

21 박은하. (2009). 한국 속담에 표현된 수(數)와 의미. 한국학연구, 31, 235-263.

22 신미경, & 정희정. (2008). 한·중·일 세시풍속과 세시음식 (歲時飮食)에 대한 비교. 동아시아식생활학회지, 18(3), 277-293.

23 김기종. (2011). 배달민족의 심층의식속에 뿌리내린 수 "3"의 상징성. 중국조선어문, 2011(2), 5-9.

24 Wilkins, A. L. (1984). The creation of company cultures: The role of stories and human resource systems. Human Resource Management, 23(1), 41-60.

25 McPherson, M., Smith-Lovin, L., & Cook, J. M. (2001). Birds of a feather: Homophily in social networks. Annual Review of Sociology, 27(1), 415-444.

26 홍하상 (2003). 이건희. 한국경제신문사.

27 Montoya, R. M., Horton, R. S., & Kirchner, J. (2008). Is actual similarity necessary for attraction? A meta-analysis of actual and perceived similarity. Journal of Social and Personal Relationships, 25(6), 889-922.

28 Street, R. L., O'Malley, K. J., Cooper, L. A., & Haidet, P. (2008). Understanding concordance in patient-physician relationships: personal and ethnic dimensions of shared identity. The Annals of Family Medicine, 6(3), 198-205.

29 Milgram, S., Bickman, L., & Berkowitz, L. (1969). Note on the drawing power of crowds of different size. Journal of personality and social psychology, 13(2), 79.

30 이 실험은 내셔널지오그래픽 채널에서 방영된 유명한 텔레비전 프로그램인 Brain Games의 시즌 5번, 에피소드 8번의 내용을 묘사한 내용이다. 그 어떤 학술 연구보다 동조 현상을 생생히 묘사하기에 본 실험을 인용하고 언급했다.

31 Chris, T. (2009). Handshake. Priest and two soldiers, 500BC. Pergamon Museum Berlin (SK1708).

32 Grind, K, Eaglesham, J., & Rana, P. (2020). Airbnb's Coronavirus

Crisis: Burning Cash, Angry Hosts and an Uncertain Future. The Wall Street Journal. https://www.wsj.com/articles/airbnbs-coronavirus-crisis-burning-cash-angry-hosts-and-an-uncertain-future-11586365860

33 Laurent. L. (2020). Will Airbnb Become Obsolete After the Coronavirus?. Bloomberg. https://www.bloomberg.com/opinion/articles/2020-04-02/will-airbnb-become-obsolete-after-the-coronavirus

34 https://www.airbnb.co.kr/resources/hosting-homes/a/march-30-a-message-to-hosts-from-ceo-brian-chesky-172

35 다음 주소에서 찾아볼 수 있다. https://www.airbnb.co.kr/d/talent

36 다음 주소에서 전문을 볼 수 있다. https://www.airbnb.co.kr/resources/hosting-homes/a/may-5-an-important-update-from-airbnb-188

37 Climate (n.). (n.d.). https://www.etymonline.com/word/climate#etymonline_v_13813

38 Culture (n.). (n.d.). https://www.etymonline.com/word/culture

39 Schneider, B., White, S. S., & Paul, M. C. (1998). Linking service climate and customer perceptions of service quality: Tests of a causal model. Journal of Applied Psychology, 83(2), 150-163.

40 Schneider, B., White, S. S., & Paul, M. C. (1998). Linking service climate and customer perceptions of service quality: Tests of a causal model. Journal of Applied Psychology, 83(2), 150-163.

41 Schein, E. H. (2010). Organizational culture and leadership. John Wiley & Sons.

42 대니얼 데니슨, 로버트 후이즈버그, 낸시 레인, 콜린 리프 (2014). 전략을 넘어 문화로 PSI.

43 https://www.samsungsemiconstory.com/535

44 김태섭 (2013). 반도체 수율, 0.1%의 싸움. 전자신문. https://www.etnews.com/201302140382

45 정거배 (2019). [미디어 비평] (2) 기사제목, 독자를 헷갈리게 하다. News in 전남. http://www.ohmyjnews.com/news/articleView.html?idxno=73197

46 조직 규모를 어떻게 정의하느냐 하는 문제가 대두될 수 있습니다. 일반적으로는 종업원 수로 규모를 정의하곤 합니다. 그 외에, 그 조직이 보유한 물적자산(병원의 경우 병상수, 운수업은 택시나 트럭 수), 그리고 고객수와 매출액 등으로 정의하기도 합니다. 자세한 내용은 다음 문헌을 참고할 수 있습니다. Kimberly, J. R. (1976). Organizational size and the structuralist perspective: A review, critique, and proposal. Administrative Science Quarterly, 571-597.

47 Damanpour, F. (1992). Organizational size and innovation. Organization studies, 13(3), 375-402. / Camisón-Zornoza, C., Lapiedra-Alcamí, R., Segarra-Ciprés, M., & Boronat-Navarro, M. (2004). A meta-analysis of innovation and organizational size. Organization studies, 25(3), 331-361.

48 Forsyth, D. R. (2019). 집단역학 7판. 남기덕, 노혜경, 안미영, 이종택, 이진환, 최훈석 옮김. Cengage.

49 Burton, R. M., Minton, J. W., & Obel, B. (1991). Organizational size and efficiency: An information processing view. Scandinavian Journal of Management, 7(2), 79-93.

50 Packard, D., Kirby, D., & Lewis, K. R. (1995). The HP way: How Bill Hewlett and I built our company (p. 166). New York: HarperBusiness.

51 앤드루 그로브(2018). 하이 아웃풋 매니지먼트. 어떻게 성과를 높일 것인가. 유정식 옮김. 청림출판.

52 Barney, J. B. (1986). Organizational culture: can it be a source of sustained competitive advantage?. Academy of Management Review, 11(3), 656-665.

53 김성준 (2019). 조직문화 통찰. 클라우드나인.

54 Hofstede, G. H., Hofstede, G. J., & Minkov, M. (2010) . Cultures and organizations: Software of the mind. Maidenhead: McGraw-Hill

55 다음 사이트에 권력거리 지수를 참고할 수 있다. https://clearly cultural.com/geert-hofstede-cultural-dimensions/power-distance-index/

56 백준무(2018). 실리콘밸리처럼⋯대기업들, 수평적 조직문화 만든다. 아주경제. https://www.ajunews.com/view/2018123014575 4598

57 이철희 (2003). 군대 '짬밥 문화' 없앤다. https://news.joins.com/article/215233 / 김디모데(2014). 군대를 수평적 조직으로 만든다고? http://m.businesspost.co.kr/BP?command=mobile_view&num=3959

58 Anicich, E. M., Swaab, R. I., & Galinsky, A. D. (2015). Hierarchical cultural values predict success and mortality in high-stakes teams. Proceedings of the National Academy of Sciences, 112(5), 1338-1343.

59 켄 코시엔다 (2020). 잡스의 기준. 비밀 규약에서 벗어나 최초로 밝히는 애플의 아이디어 창조론. 박세연 옮김. 청림출판.

60 Herodotus. (1998). The Histories.

61 도현철. (2015). 조선 건국기 성리학자의 불교 인식. 한국사상사학, 50, 33-65.

62 Schiappa, E. (2013). Protagoras and logos: A study in Greek philosophy and rhetoric. Columbia: University of South Carolina Press.

63 https://petapixel.com/2017/03/03/latest-camera-sales-chart-reveals-death-compact-camera/

64 https://www.itmedia.co.jp/news/articles/1905/01/news005_3.html

65 에드워드 홀 (2013). 에드워드 홀 문화인류학 4부작. 1: 침묵의 언어. 최효선 옮김. 한길사.

66 Bock, A. J., Opsahl, T., George, G., & Gann, D. M. (2012). The effects of culture and structure on strategic flexibility during business model innovation. Journal of Management studies, 49(2), 279-305.

67 Chatman, J. A., Caldwell, D. F., O'Reilly, C. A., & Doerr, B. (2014). Parsing organizational culture: How the norm for adaptability influences the relationship between culture consensus and financial performance in high-technology firms. Journal of Organizational Behavior, 35(6), 785-808.

68 Cameron, K. S., & Quinn, R. E. (2011). Diagnosing and changing organizational culture: Based on the competing values framework. John Wiley & Sons.

69 미셸 겔펀드 (2020). 선을 지키는 사회, 선을 넘는 사회. 이은진 옮김. 시공사.

70 톰 피터스, 로버트 워터먼 (2005). 초우량 기업의 조건. 이동현 옮김. 더난 출판.

71 테슬라 한국어 홈페이지 참조. https://www.tesla.com/ko_KR/about?redirect=no

72 램 차란, 줄리아 양 (2020). 포에버 데이 원: 위기 때 더 강한 아마존 초격차 시스템. 고영훈 옮김, 박남규 감수. 매일경제신문사.

73 정철환 (2019). 오류 없이 1만7950*km* 자율주행… 압도적 기술력 뽐낸 구글 웨이모. 조선일보. https://biz.chosun.com/site/data/html_dir/2019/03/20/2019032004015.html

74 다음 주소 참조. https://appleinsider.com/inside/apple-car

75 오민준 (2017). 청소기 명가 다이슨, 전기차에 도전. Automotive.

http://www.autoelectronics.co.kr/article/articleView.asp?idx=2578

76 홍대선 (2018). 정의선 현대차 부회장 "ICT 기업보다 더 ICT다워야 살아남아" http://www.hani.co.kr/arti/economy/car/827124.html

77 이항수 (2009). "천리 밖까지 바라보고자 다시 한 층(욕궁천리목 갱상일층루(欲窮千里目 更上一層樓)) 누각을 오른다". 조선일보. http://news.chosun.com/site/data/html_dir/2009/05/28/2009052800030.html

78 Williams, K., Haslam, C., Williams, J., Adcroft, A., & Johal, S. (1993). The myth of the line: Ford's production of the Model T at Highland Park, 1909-16. Business History, 35(3), 66-87.

79 위키백과, '포드 모델 T' 참조

80 Kurylko, D. T. (2003). Model T had many shades; black dried fastest. Automotive News. https://www.autonews.com/article/20030616/SUB/306160713/model-t-had-many-shades-black-dried-fastest

81 이규연, 장윤경(2016). [Who Is?] 이수빈 삼성생명 회장. Business Post. http://businesspost.co.kr/BP?command=mobile_view&num=25828

82 삼성반도체이야기 (2020). 반도체 역사에 획을 그은 '64M D램', 국가중요과학기술자료로 지정! https://www.samsungsemiconstory.com/2216

83 장시형(2014). 삼성을 바꾼 이건희 회장의 신경영 대장정⑩. 조선일

보. https://m.chosun.com/svc/article.html?sname=premium&cont id=2014040103300

84 삼성 신경영 실천위원회 (1993). 삼성 신경영—나부터 변해야 한다. 사내한.

85 연합뉴스 (2018). "마누라·자식 빼고 다 바꿨나"…삼성 신경영 25 년 '환골탈태'. 연합뉴스. https://www.yna.co.kr/view/AKR2018 0607052400003

86 박태희 (2013). 칼로 깎은 불량 세탁기, 삼성을 바꾸다. 중앙일보. https://news.joins.com/article/11735794

87 김지현 (2015). "나는 지금껏 속아왔다" 삼성 체질 바꾼 이건희 불 호령. 동아일보. https://www.donga.com/news/Economy/article/all/20150809/72956654/1

88 뉴시스 (2018). "마누라·자식 빼고 다 바꿔라"…절박함이 낳은 초일 류기업 첫 걸음. https://news.joins.com/article/22686405

89 신은진 (2012). [품질 경영] 품질경영 두 사건… '티스푼' '불량제품 화형식' 이후 삼성은 송두리째 변화를 시작했다. 조선비즈. https://biz.chosun.com/site/data/html_dir/2012/11/29/2012112901544. html

90 이완배 (2017). 삼성그룹 2인자들의 오욕의 역사와 비참한 최후. 민 중의소리. www.vop.co.kr/A00001192476.html

91 삼성 신경영 실천위원회 (1993). 삼성 신경영—나부터 변해야 한다. 사내한.

92 이형섭 (2013) 이건희 '신경영' 20년…삼성의 빛과 그림자. 한겨레.

www.hani.co.kr/arti/economy/economy_general/590875.html

93 한국경제 (1993). 삼성그룹 새 회장비서실장에 현명관씨등 조직개편 단행. https://www.hankyung.com/news/article/1993102301341

94 이승훈, 윤진호 (2016). '애니콜 화형식' 계기 훌쩍 큰 삼성…기억하라 1995!. 매일경제. https://www.mk.co.kr/news/special-edition/view/2016/10/719580/

95 유진상 (2016). [정보화 리더십 탐구]⑪ 이기태 전 삼성전자 부회장, "연구만 잘해도 상상 뛰어넘는 제품 쏟아진다". 조선비즈. https://biz.chosun.com/site/data/html_dir/2016/07/18/2016071801466.html

96 김지현 (2015). "나는 지금껏 속아왔다" 삼성 체질 바꾼 이건희 불호령. 동아일보. https://www.donga.com/news/Economy/article/all/20150809/72956654/1

97 백기복. (2018). 계량역사학적 방법(historiometry)을 이용한 리더십 연구. 리더십연구, 9, 157-175.

98 구자경 (1992). 오직 이 길밖에 없다. 행림출판.

99 구자경 (1992). 오직 이 길밖에 없다. 행림출판.

100 김상진 (1991). "그것도 아파트입니까". 중앙일보. https://news.joins.com/article/2636018

101 사티아 나델라. (2018). 히트 리프레시: 마이크로소프트의 영혼을 되찾은 사티아 나델라의 위대한 도전. 최윤희 옮김. 흐름출판.

102 https://bonkersworld.net/organizational-charts

103 사티아 나델라. (2018). 히트 리프레시: 마이크로소프트의 영혼을 되

찾은 사티아 나델라의 위대한 도전. 최윤희 옮김. 흐름출판.

104 사티아 나델라. (2018). 히트 리프레시: 마이크로소프트의 영혼을 되
찾은 사티아 나델라의 위대한 도전. 최윤희 옮김. 흐름출판.

105 사티아 나델라. (2018). 히트 리프레시: 마이크로소프트의 영혼을 되
찾은 사티아 나델라의 위대한 도전. 최윤희 옮김. 흐름출판.

106 Mark Abadi. (2018). When CEO Satya Nadella took over
Microsoft, he started defusing its toxic culture by handing each of
his execs a 15-year-old book by a psychologist. Business Insider.
https://www.businessinsider.com/microsoft-satya-nadella-non
violent-communication-2018-10

107 마셜 로젠버그 (2017). 비폭력대화 : 일상에서 쓰는 평화의 언어, 삶
의 언어. 캐서린 한 옮김. 한국NVC센터.

108 캐럴 드웩 (2017). 마인드셋 스탠퍼드 인간 성장 프로젝트 | 원하는
것을 이루는 태도의 힘. 김준수 옮김. 스몰빅라이프.

109 Felix Richter. (2019). Microsoft's Share Price Quadrupled Under
Satya Nadella. https://www.statista.com/chart/16903/microsoft-
stock-price-under-satya-nadella/

110 사티아 나델라. (2018). 히트 리프레시: 마이크로소프트의 영혼을 되
찾은 사티아 나델라의 위대한 도전. 최윤희 옮김. 흐름출판.

111 Gerstner, L. V. (2002). Who says elephants can't dance?: inside
IBM's historic turnaround. HarperCollins Publishers.

112 Cummings, T. G., & Worley, C. G. (2014). Organization develop-
ment and change. Cengage learning.

113 Seligman, M. E. P., & Csikszentmihalyi, M. (2000). Positive psychology: An introduction. American Psychologist, 55(1), 5-14.

114 Buckingham, M., & Clifton, D. O. (2001). Now, discover your strengths. Simon and Schuster.

115 사티아 나델라. (2018). 히트 리프레시: 마이크로소프트의 영혼을 되찾은 사티아 나델라의 위대한 도전. 최윤희 옮김. 흐름출판.

116 브렌트 슐렌더, 릭 테트젤리 (2017) 비커밍 스티브 잡스. 안진환 옮김. 혜윰.

117 C, Warren (2016). Here's why Apple is flying a pirate flag to celebrate its 40th anniversary. https://mashable.com/2016/04/01/apple-pirate-flag-40th-anniversary/

118 Online Etymology Dictionary의 expert 제하. https://www.etymonline.com/word/expert

119 강승훈 (2015). 당신의 조직에는 어떤 터부가 있습니까? LG Business Insight.

120 Online Etymology Dictionary, 'Taboo' 제하. https://www.etymonline.com/word/taboo

121 한국민족문화대백과사전. '금기' 제하.

122 강승훈 (2015). 당신의 조직에는 어떤 터부가 있습니까? LG Business Insight.

123 이재홍 (2007). [경제] 삼성에서 'A'로 통하는 사람은 누구? 뉴스메이커. http://www.weekly.khan.co.kr/khnm.html?mode=view&artid=14929

124 김민제 (2019). "○○○가 내 기쁨조"…올해의 직장갑질 5대 키워드는? 한겨레. http://www.hani.co.kr/arti/society/society_general/921709.html

125 성행경 (2016). "국내 기업 조직건강 '중병' 수준… 임원실은 엄숙한 장례식장 같아". 서울경제. https://www.sedaily.com/NewsVIew/1KTRSGCV5P

126 장창민 (2019). 협력사 다독이는 정의선 부회장 "부품 경쟁력은 車 산업의 근간". 한국경제. https://www.hankyung.com/economy/article/2019101310431

127 홍대선 (2018). 정의선 현대차 부회장 "ICT 기업보다 더 ICT다워야 살아남아" http://www.hani.co.kr/arti/economy/car/827124.html

128 이충희 (2011). 〈3세 경영인 그들은 누구인가〉 정의선 현대자동차 부회장, 새벽 6시30분 칼출근…소탈하고 따뜻한 '워커홀릭'. 헤럴드경제. http://biz.heraldcorp.com/common_prog/newsprint.php?ud=20110523000157

129 박정규 (2015). [정주영 도전경영 7·끝] 왕회장이 심장에 새겼던 두 단어는? 뉴데일리경제. http://biz.newdaily.co.kr/site/data/html/2015/01/20/2015012010006.html

130 박정규 (2015). [정주영 도전경영 7·끝] 왕회장이 심장에 새겼던 두 단어는? 뉴데일리경제. http://biz.newdaily.co.kr/site/data/html/2015/01/20/2015012010006.html

131 김태진 (2011). 왕회장에게 배웠다 … 월화수목금금일 … 정몽구 회장 '토요 경영'. 중앙일보. https://news.joins.com/article/5027219

132 권효준 (2013). 정몽구 회장 14년 만에 출근 시간 6시로 앞당긴 까닭 알고 보니… 한국경제. https://www.hankyung.com/news/article/201306248322g

133 구자경 (1992). 오직 이 길밖에 없다. 행림출판.

134 구자경 (1992). 오직 이 길밖에 없다. 행림출판.

135 구자경 (1992). 오직 이 길밖에 없다. 행림출판.

136 삼성 신경영 실천위원회 (1993). 삼성 신경영—나부터 변해야 한다. 사내한.

137 삼성그룹. 지행 33훈. 사내한.

138 Gerstner, L. V. (2002). Who says elephants can't dance?: inside IBM's historic turnaround. HarperCollins Publishers.

139 진현 (2011). SERI형 조직문화 변화관리 모델. 삼성경제연구소 연구보고서. 2011. 5.

140 진현 (2011). SERI형 조직문화 변화관리 모델. 삼성경제연구소 연구보고서. 2011. 5.

141 Mak, Y. L. (2016). Other-Wordly: words both strange and lovely from around the world. Chronicle Books.

142 Grove, A. S. (1996). Only the paranoid survive: How to exploit the crisis points that challenge every company and career. Currency.

143 추창근 (1993). 내자신부터 변해야 일류된다..이건희 삼성회장 일본강연내용. 한국경제. https://www.hankyung.com/news/article/1993080200451

144 삼성 신경영 실천위원회 (1993). 삼성 신경영—나부터 변해야 한다.

사내한.

145 Porter, M. E. (1996). What is strategy?. Harvard Business Review, 74(6), 61-78.

146 헨리 미츠버그, 브루스 알스트랜드, 조셉 랩펠 (2012). 헨리 민츠버 그 전략 사파리. 윤규상 옮김. 비즈니스맵.

147 https://quoteinvestigator.com/2017/05/23/culture-eats/

148 Schein, E. H. (2010). Organizational culture and leadership (Vol. 2). John Wiley & Sons.

149 Schein, E. H. (2010). Organizational culture and leadership (Vol. 2). John Wiley & Sons.

150 Prahalad, C. K., & Bettis, R. A. (1986). The dominant logic: A new linkage between diversity and performance. Strategic Management Journal, 7(6), 485-501.

151 Bettis, R. A., & Prahalad, C. K. (1995). The dominant logic: Retrospective and extension. Strategic Management Journal, 16(1), 5-14.

152 Peters, T. J. (2011). A Brief History of the 7-S ("McKinsey 7-S") Model. https://tompeters.com/2011/03/a-brief-history-of-the-7-s-mckinsey-7-s-model/

153 Peters, T. J. (2011). A Brief History of the 7-S ("McKinsey 7-S") Model. https://tompeters.com/2011/03/a-brief-history-of-the-7-s-mckinsey-7-s-model/

154 Peters, T. J. (2011). A Brief History of the 7-S ("McKinsey 7-S")

Model. https://tompeters.com/2011/03/a-brief-history-of-the-7-s-mckinsey-7-s-model/

155 황병준 (2011). 무료 문자 전쟁... "카카오톡 게섯거라". 이지경제. http://www.ezyeconomy.com/news/articleView.html?idxno= 15193

156 구글 Loon Project. https://en.wikipedia.org/wiki/Loon_LLC

157 임화섭 (2017). [통신비 인하] 정권마다 반복되는 논란…근본해 결책 없다. 연합뉴스. https://www.yna.co.kr/view/AKR20170622 087700017

158 Horn, K. P., & Brick, R. (2018). Invisible dynamics: Systemic constellations in organisations and in business. Carl-Auer Verlag.

159 Bolman, L. G., & Deal, T. E. (2017). Reframing organizations: Artistry, choice, and leadership. John Wiley & Sons.

160 Dvorak, P. & Takahashi, Y. (2013). Nissan Pins Revival on Leadership Trio. The Wall Street Journal. https://www.wsj.com/articles/nissan-pins-revival-on-leadership-trio-1385088141

161 Lessons of Leadership: David Packard of Hewlett-Packard. Nation's Business (January 1974)

162 Daft, R. L. (2015). Organization theory and design. Cengage learning.

163 톰 피터스·로버트 워터먼, 《초우량 기업의 조건》, 이동혁 옮김, 더난 출판

164 Daft, R. L. (2015). Organization theory and design. Cengage lear-

ning.

165 Miller, D. (1986). Configurations of strategy and structure: Towards a synthesis. Strategic management journal, 7(3), 233-249.

166 Chandler AD. 1962. Strategy and Structure: Chapters in the History of the American Industrial Enterprise. MIT Press: Cambridge, MA

167 Miller, D. (1986). Configurations of strategy and structure: Towards a synthesis. Strategic management journal, 7(3), 233-249.

168 K. R. Andrews (1971). The Concept of Corporate Strategy. IRWIN.

169 Waterman Jr, R. H., Peters, T. J., & Phillips, J. R. (1980). Structure is not organization. Business horizons, 23(3), 14-26.

170 Bower, J. L. (1972). Managing the resource allocation process: A study of corporate planning and investment. Homewood: Irwin.

171 Rumelt, R. P. (1974). Strategy, structure, and economic performance. Cambridge, MA: Harvard University Press.

172 김현석 (2012). 삼성, 건설부문 구조조정…중공업 '쉐르빌' 손뗀다. 한국경제. https://www.hankyung.com/news/article/201212 1107541

173 진성기, 박만원, 박유연 (2009). 롯데기공, 그룹서 회생시킨다. 매일경제. https://www.mk.co.kr/news/business/view/2009/01/47591/

174 Mintzberg, H., Ahlstrand, B., & Lampel, J. (2005). Strategy Safari: a guided tour through the wilds of strategic mangament. Simon and Schuster.

175 Mintzberg, H. (1990). The design school: reconsidering the basic premises of strategic management. Strategic Management Journal, 11(3), 171-195.

176 Mintzberg, H., Ahlstrand, B., & Lampel, J. (2005). Strategy Safari: a guided tour through the wilds of strategic mangament. Simon and Schuster.

177 Amburgey, T. L., & Dacin, T. (1994). As the left foot follows the right? The dynamics of strategic and structural change. Academy of Management Journal, 37(6), 1427-1452.

178 Galan, J. I., & Sanchez-Bueno, M. J. (2009). The continuing validity of the strategy-structure nexus: new findings, 1993-2003. Strategic Management Journal, 30(11), 1234-1243.

179 Hofstede, G. (1994). Management scientists are human. Management science, 40(1), 4-1

180 Schein, E. H. (2009). The corporate culture survival guide (Vol. 158). John Wiley & Sons.

181 Zheng, W., Yang, B., & McLean, G. N. (2010). Linking organizational culture, structure, strategy, and organizational effectiveness: Mediating role of knowledge management. Journal of Business research, 63(7), 763-771. / Yarbrough, L., Morgan, N. A., & Vorhies, D. W. (2011). The impact of product market strategy-organizational culture fit on business performance. Journal of the Academy of Marketing Science, 39(4), 555-573.

182 Naranjo-Valencia, J. C., Jiménez-Jiménez, D., & Sanz-Valle, R. (2011). Innovation or imitation? The role of organizational culture. Management Decision, 49(1), 55-72.

183 이덕로. (1999). 중소 제조업의 조직 문화와 조직 구조와의 관계. 호서문화논총, 13, 195-216. / 이환성, & 진재완. (2014). 조직문화가 조직구조와 조직성과에 미치는 영향―네트워크 조직의 매개효과를 중심으로. 한국거버넌스학회보, 21(3), 363-383.

184 Forsyth, D. R. (2018). Group dynamics. Cengage Learning.

185 https://www.amazon.jobs/en/principles

186 Stenovec, T. (2017, December 07). One Huge Reason For Netflix's Success. https://www.huffingtonpost.com/2015/02/27/netflix-culture-deck-success-n_6763716.html

187 Hass, N. (2013, January 29). Is Netflix the Next HBO? https://www.gq.com/story/netflix-founder-reed-hastings-house-of-cards-arrested-development

188 Huspeni, A. (2017, June 29). 6 Things You Need to Know About How Netflix Built Its Powerful Culture. https://www.entrepreneur.com/article/296209

189 Hass, N. (2013, January 29). Is Netflix the Next HBO? https://www.gq.com/story/netflix-founder-reed-hastings-house-of-cards-arrested-development

190 Engleman, E. (2009). Amazon.com: as frugal as ever?. Business Journal. https://www.bizjournals.com/seattle/blog/techflash/

2009/07/Amazoncom_as_frugal_as_ever50259767.html

191 Staff, D. O. (2018). How to build your own Amazon door desk. https://blog.aboutamazon.com/working-at-amazon/how-to-build-your-own-amazon-door-desk

192 Boudreau, J. W., & Ramstad, P. M. (2007). Beyond HR: The new science of human capital. Harvard Business Press.

193 노재웅 (2017). 정의선 부회장, 정장 대신 청바지 입고 '코나' 소개한 까닭은. 이데일리. https://www.edaily.co.kr/news/read?newsId=03371846615961392

194 변종국, 지민구 (2019). 현대차, 양복 벗고 청바지 입는다. 동아일보. https://www.donga.com/news/Economy/article/all/20190225/94269033/1

195 사티아 나델라. (2018). 히트 리프레시: 마이크로소프트의 영혼을 되찾은 사티아 나델라의 위대한 도전. 최윤희 옮김. 흐름출판.

196 마이크로소프트 홈페이지 참조. https://www.microsoft.com/en-us/about/corporate-values

197 정은혜 (2019). 마이크로소프트 HR의 변화는 '현재 진행형'. HR Insight. https://m.hrinsight.co.kr/view/view.asp?in_cate=110&bi_pidx=29805

최고의 조직
리더가 지켜야 할 것과 버려야 할 것

초판 1쇄 발행	2022년 7월 27일
초판 6쇄 발행	2024년 4월 24일
지은이	김성준
펴낸이	박영미
펴낸곳	포르체
출판신고	2020년 7월 20일 제2020-000103호
전화	02-6083-0128
팩스	02-6008-0126
이메일	porchetogo@gmail.com
포스트	m.post.naver.com/porche_book
인스타그램	www.instagram.com/porche_book

ⓒ김성준(저작권자와 맺은 특약에 따라 검인을 생략합니다.)
ISBN 979-11-91393-87-3 03320

여러분의 소중한 원고를 보내주세요.
porchetogo@gmail.com